LOW CARB
Das Kochbuch

LOW CARB
Das Kochbuch

Autorinnen: Fischer | Lenz | Muliar | Schmedes | Velske
Foodfotos: Studio L'EVEQUE Harry & Tanja Bischof

6

LowCarb – so funktioniert's, jeden Tag!

24

Frühstücksideen & Snacks

44

Bunte Salate

56

Suppen & Eintöpfe

74

Beilagen & Vegetarisches

98

Eierspeisen & Aufläufe

112

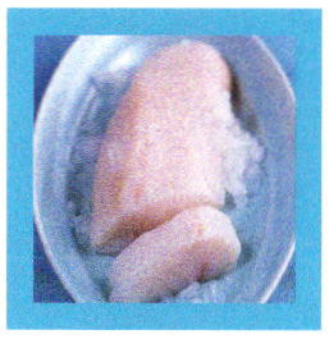

Fischgerichte

130

Mit Geflügel & Fleisch

150

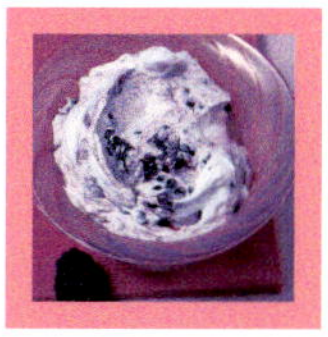

Süßes »low sweet«

160

LowCarb-Backideen

224

Gut zu wissen

Genießen Sie mit unseren Gerichten kalorienarme Sattmacher-Portionen. Hungern für die Figur war gestern.

LowCarb-Rezepte machen Lust auf Genuss und schmecken nicht nur zu zweit.

Wir lassen versteckte Fette weg und kochen mit hochwertigen Ölen. Schluss mit der Angst vor Fett.

Natürliche Zutaten von Qualität machen den Geschmack und den Gesundheitswert der LowCarb-Küche aus.

AUF DAUER SCHLANK UND TROTZDEM SATT

Von Millionen Menschen Tag für Tag gelebt, von der Wissenschaft längst unterstützt: Die moderne Schlank-Formel heißt: Beilagen kleiner, Süßkram und Industrie-Essen links liegen lassen! Wer dauerhaft etwas für seine Figur tun möchte, kocht selber kohlenhydrat- und kalorienarm, mit frischen natürlichen Zutaten. Einfach lecker! Erreichen Sie mit unserer sanften LowCarb-Methode spielend Ihr Wunschgewicht! Und behalten Sie es – und Ihre gute Laune auch!

Doch was genau war nochmal LowCarb? Lesen Sie einleitend alles über das LowCarb-Ernährungskonzept. Knapp und übersichtlich: Eiweiß als idealer Fatburner und Sattmacher. Gute Fette, die helfen, schlank und schön zu machen. Gesunde Kohlenhydrate, die viele Vitalstoffe mitbringen.

Und wie sieht LowCarb im Alltag aus? Auf den folgenden Seiten finden Sie außerdem zahlreiche Tipps für die LowCarb-Praxis: etwa zum entspannten Umgang mit »kleinen Sünden« und wie Sie sich unterwegs satt und fit essen können. Räumen Sie mit uns noch Ihren LowCarb-Vorratsschrank ein. Und schon kann's losgehen! Kochen und genießen Sie lowcarb – ab jetzt jeden Tag!

LowCarb kochen – ab heute, für immer!

Voilà, hier sind über 200 neue LowCarb-Rezepte für jeden Tag. Mit denen können Sie sich kohlenhydratreduziert durchs Jahr kochen – einfach und genussreich. Mit Eiweißen, die den Stoffwechsel ankurbeln, mit supergesunden pflanzlichen Fetten, mit ausgewählten Kohlenhydraten.

Finden Sie Ideen vom Frühstück bis zum Abendessen, vom Imbiss-Drink bis zum Kaffeetisch. Sie suchen schnelle Snacks oder wärmende Sattmacher-Suppen? Wir haben sie! Ganz zu schweigen von den einfach schmackhaften Fisch- und Fleischgerichten, den Rezepten für vegetarischen Low-Carb-Genuss und den vielen LowCarb-Beilagen zum Selber-Kombinieren.

Doch halt! Sie sind LowCarb-Neuling und möchten rasch die ersten Kilos purzeln sehen? Dann nehmen Sie einfach unseren schlanken LowCarb-Speiseplan für Ihre ersten zwei LowCarb-Wochen. Mit den dort zusammengestellten Rezepten und hilfreichen Tipps finden Sie schnell den Einstieg in die kohlenhydratbewusste Lebensweise.

Die allermeisten Rezepte sind für zwei LowCarb-Esser gedacht. Ausnahmen machen wir bei Gerichten, die Sie in kleinen Mengen nicht ganz so einfach zubereiten können. Dazu gehören z. B. die LowCarb-Backrezepte. Und auch die etwas aufwendigeren Gerichte sind meist gleich für vier Personen angegeben. Damit können Sie ohne großes Hochrechnen gut Besuch bewirten.

Sie finden bei allen Rezepten detaillierte Nährwertangaben: wie viele Kalorien eine Portion enthält und wie diese sich auf die Hauptnährstoffe Eiweiß, Fett und Kohlenhydrate verteilen. Diese Prozentangaben erleichtern Ihnen die Zusammenstellung von eigenen LowCarb-Tagesplänen. (Die Rundung der Grammwerte bedingt, dass manche Prozentangaben zusammengezählt nicht genau 100 % ergeben.) Darüber hinaus geben wir bei jedem Gericht die Kalorien pro 100 g an. Das ist das Maß für die Nährstoffdichte. An den Gerichten, die hier ganz niedrige Werte haben, können Sie sich richtig satt essen. Auch mal mit einer Portion mehr. Auf Seite 10 lesen Sie, was es damit auf sich hat.

WAS BEDEUTET LOWCARB EIGENTLICH?

LowCarb setzt sich zusammen aus dem englischen »low«, niedrig, und »carbohydrates«, Kohlenhydrate. Der Ausdruck bedeutet also »niedriger Kohlenhydratgehalt« oder ganz einfach **»wenig Kohlenhydrate«.** Essen nach dem LowCarb-Prinzip heißt, mit einem geschärften Blick auf die kohlenhydrathaltigen Lebensmittel **auf leichte Art genießen.** Doch was steckt dahinter?
Wurde uns nicht jahrzehntelang vorgebetet, dass Brot und Kartoffeln, Mehlspeisen und Teigwaren satt machen und Energie geben? Oh ja! Mit dem Ergebnis, dass wir gleichzeitig hilflos zusehen mussten, wie wir alle immer dicker wurden. Und dabei paradoxerweise hungriger. Da kann doch etwas nicht stimmen!

LowCarb ist ur-köstlich

Genau genommen stimmen zwei Dinge heute nicht mehr. Moderne Schlank-Genießer wissen: Es ist nicht das Fett, das fett macht. Es sind nicht Brot, Reis, Nudeln, die uns über Stunden satt machen. Revolutionär? Nein, retro! Unser sanftes LowCarb-Ernährungskonzept beruht auf Jäger- und Sammler-Wissen.
Unsere Vor-Vorfahren, die jagend und sammelnd umherzogen, aßen vor allem das Fleisch der erlegten Tiere. Dazu gab's ein wenig Pflanzennahrung: Samen und Nüsse, Beeren und andere Früchte. Das ist es, was in unseren Genen angelegt ist: Viel **hochwertiges Eiweiß,** auch Fette nicht zu knapp. Die stammten damals unter anderem aus den Fettschichten der Wildtiere, aus fettreichem Fisch, aus den gesammelten Nüssen und Samen. Nur Getreide gab's damals noch nicht auf dem Speisezettel. Denn um Felder bestellen zu können, mussten die Menschen erst sesshaft werden. Die Jäger und Sammler lebten auf ganz natürliche Art kohlenhydratarm. Sicher, es gab ein paar stärkereiche Wurzeln, etwas süßes Wildobst. Das war's aber auch schon. Die Kraft und Energie für lange Wanderungen ebenso wie für die kraftraubende Jagd holten die Menschen sich offensichtlich aus dem Eiweiß und den Fetten auf dem Speisezettel.

So ist das Essen, das ein Leben lang schmeckt:

→ **Befriedigend** Essen gehört zum Leben wie Atmen. Unsere Nahrung muss zuallererst dazu geeignet sein, den Hunger gut und lange zu stillen (s. Text oben).

→ **Immer wieder anders** Klar, dass Sie nicht ein Dutzend verschiedener Gemüsesorten auf Lager haben oder fünf verschiedene Käsesorten im Kühlschrank. Denn es lässt sich ja auch mit den gleichen Zutaten immer wieder Neues zubereiten: heute Zwiebel-Möhren-Gemüse, morgen Möhrenpüree, heute Käse auf dem Gratin, morgen als Streifen im Salat …

→ **Immer wieder gleich** Haben Sie nicht auch ein Leibgericht – eines, das immer wieder schmeckt; oder frühstücken Sie am liebsten immer das Gleiche? Solche Rituale sind ein wichtiger Wohlfühlfaktor. Jeden Tag ein ultimativ neues Geschmackserlebnis zu entdecken, wäre viel zu aufregend.

→ **Einfach** Speisen, die ein Leben lang schmecken, bestehen aus möglichst natürlichen Zutaten – aus Grundnahrungsmitteln wie Gemüse, Eiern, Fleisch, Hülsenfrüchten, Nüssen, Körnern. Stark verarbeitetes Industrieessen dagegen verdirbt uns schnell den Appetit. Und das Hunger-Satt-Gefühl! Zum Beispiel Fabrikbrot: duftet unwiderstehlich, ist eventuell aber doch nicht das, was über Stunden satt und zufrieden macht.

→ **Vielfältig** Wer saisonale und regionale Lebensmittel bevorzugt, erlebt das jahreszeitlich wechselnde Angebot. Nicht nur bei Obst und Gemüse, sondern auch bei frischem Fisch, Meerestieren, Wildfleisch. Auch das erhält die Lust am Essen.

Lebensmittelvielfalt – lowcarb sortiert

Kohlenhydratarm zu essen, ist also für den Menschen natürlich. Mit dieser Art von Nahrung kann unser Körper seit jeher bestens umgehen. Damit können auch wir heutzutage **dauerhaft schlank** bleiben. Doch was bedeutet moderne LowCarb-Ernährung nun konkret? Was essen wir, was kochen wir? Schauen Sie auf das Bild rechts: Je mehr Platz eine Lebensmittelgruppe dort einnimmt, umso mehr kommt davon auf den Tisch. Fangen wir von unten an:

Fundamental frisch

Basis der LowCarb-Küche ist **Obst und Gemüse** aller Art – von Ananas bis Zuckermelone, von Blattsalat bis Wurzelgemüse. Hier können Sie sich jederzeit reichlichst bedienen. Alles von Natur aus pure Schlankkost! Die zudem nur so protzt mit Vitalstoffen: Vitamine, Mineralstoffe, Ballaststoffe und sekundäre Pflanzenstoffe gibt's hier im Maxi-Mix. Kalorienarme Frischkost ist übrigens ein hervorragender Partner für **hochwertige Pflanzenöle.** Auch die bekommen im LowCarb-Konzept das Prädikat »sehr empfehlenswert«. Im Salatdressing oder an gedünstetem Gemüse, Öle sind zugleich Genuss- und Gesundheits-Plus.

Eins draufgesetzt

Die zweite bedeutende, wenn auch auf dem LowCarb-Teller nicht ganz so große Komponente sind **die eiweißreichen Nahrungsmittel.** Sie ergänzen die Obst- und Gemüsebasis, bieten Spielraum für jeden Tag neuen Genuss. Und machen lange satt! Hier langen Sie am besten querbeet zu: bei Milchprodukten, Eiern, Geflügel, bei magerem Fleisch und allen Arten von Fisch – den fetten und den fettarmen. Auch die **eiweißreiche Pflanzenkost** gehört mit in diese Gruppe: allen voran getrocknete Hülsenfrüchte und Sojaprodukte, aber auch Nüsse und Samen. All diese Nahrungsmittel können richtig powern: Mit ihnen tanken wir wertvolles Eiweiß – Zellbaustoff und Energie in einem.

Das mit Maß

Bleibt nicht mehr allzu viel Platz auf dem Teller. Und dorthin kommt alles, was **aus Vollkorn** ist: kerniger Pumpernickel, softes Weizenvollkornbrot, Naturreis, Vollkornbrötchen, -nudeln, -flocken. Die Kohlenhydrate, die hier in ihrer natürlichsten Form vorliegen, bieten außer Energie noch so Unverzichtbares wie **Ballaststoffe:** Daher heißt die Devise nicht »no«, sondern »low«.

In die Ecke abgedrängt

Kaum Platz in der LowCarb-Pyramide bekommt das Essen, das uns dick macht: Süßes und Weißbrot, weißer Reis und Kartoffelprodukte. Diese Industrie-Lebensmittel sind weit weg von ihren natürlichen Ausgangsprodukten. Sie bestehen vor allem aus Zucker und Stärke, sind ansonsten leer – Kalorien pur, ohne irgendwelche Vitalstoffe. Und das ist es, was uns mästet. Auch Limonaden und andere süße Erfrischungsgetränke gehören zu diesen Dickmachern.

GENIESSEN AUF FRISCHER BASIS

Wissenschaftliche Grundlage dieser Pyramide ist die LOGI-Pyramide von Prof. Dr. David Ludwig, entwickelt an der Harvard Universität, Boston, USA

Um mit unseren LowCarb-Rezepten loslegen zu können, brauchen Sie **keine speziellen Zutaten.** – Vielleicht das eine oder andere aus dem Bioladen oder Reformhaus. Ansonsten treffen Sie lediglich eine bewusste Auswahl:

→ Immer werden Sie eine Menge **frische Zutaten** in Ihren Low-Carb-Einkaufskorb legen, dazu ab und zu eine Flasche Oliven- oder **Rapsöl.** Am Kühlregal mit den **Milchprodukten** werden Sie wohl fast bei jedem Einkauf zugreifen. Und dass **Eier** in Ihrem Vorrat nie fehlen werden, versteht sich von selbst. Ebenso wird es häufig kleine, aber feine Stücke **Fleisch, Geflügel und Fisch** zu besorgen geben. Zum Bäcker dagegen werden Sie nicht mehr so oft gehen. Damit sich der Gang aber lohnt, kaufen Sie ganze Brote und frieren Sie etwas davon aufgeschnitten ein. Weniger Mehl, Reis und Nudelvorräte werden Platz in Ihrem Schrank schaffen, z. B. für **Bohnen und Linsen** [→ Vorratsliste Seite 18].

WIE BESSER-ESSER DEN TELLER ÜPPIG FÜLLEN

Diäten sind einfach anstrengend. Gefrustet sitzt man mit seiner halben Portion am Mittagstisch in der Kantine – der Teller ist längst leer, die anderen essen noch fröhlich. Oder morgens, mit dem teuer erstandenen Spezialdrink im Halbliterglas vor sich. Während der Rest der Familie munter kaut, fühlen wir uns wie arme Schlucker. Den ganzen Tag den leeren Bauch zu überhören, das kostet Kraft. Da hilft auch der Apfel zwischendurch nicht; im Gegenteil. Er scheint den auf Diät gesetzten Magen erst recht zum Knurren zu bringen.

Satt abnehmen – genial!

Diätfrust kommt am LowCarb-Tisch erst gar nicht auf. Denn mit unseren Gerichten bekommen Sie immer ansehnliche Portionen auf den Teller – und können trotzdem abnehmen. LowCarb-Ernährung ist keine Frühjahrsdiät, sondern Genießeressen für alle, die lebenslang schlank und fit sein wollen. Und das bei bester Laune! Kaum zu glauben, aber körper-logisch:

→ Satt fühlen wir uns, wenn der Magen wohlgefüllt ist Das hat die Natur praktisch eingerichtet: Wenn der Magen gut voll ist, gibt er Rückmeldung nach oben – ans Sättigungszentrum im Gehirn. Und dann fühlen wir uns satt, schieben den Teller von uns weg. Aber dem Magen ist es egal, womit er gefüllt ist. Das können sowohl jede Menge an kalorienreichen Dickmachern sein, als auch im günstigsten Fall große Mengen an gesunden Genießergerichten mit wenig Kalorien. Unsere einfache Formel heißt:

→ Niedrige Energiedichte Bevorzugen Sie Produkte, die mit Kalorien knausern und dabei viel hermachen.

So ist das Essen, das ein Leben lang schmeckt:

→ Befriedigend Essen gehört zum Leben wie Atmen. Unsere Nahrung muss zuallererst dazu geeignet sein, den Hunger gut und lange zu stillen (s. Text oben).

→ Immer wieder anders Klar, dass Sie nicht ein Dutzend verschiedener Gemüsesorten auf Lager haben oder fünf verschiedene Käsesorten im Kühlschrank. Denn es lässt sich ja auch mit den gleichen Zutaten immer wieder Neues zubereiten: heute Zwiebel-Möhren-Gemüse, morgen Möhrenpüree, heute Käse auf dem Gratin, morgen als Streifen im Salat …

→ Immer wieder gleich Haben Sie nicht auch ein Leibgericht – eines, das immer wieder schmeckt; oder frühstücken Sie am liebsten immer das Gleiche? Solche Rituale sind ein wichtiger Wohlfühlfaktor. Jeden Tag ein ultimativ neues Geschmackserlebnis zu entdecken, wäre viel zu aufregend.

→ Einfach Speisen, die ein Leben lang schmecken werden, bestehen aus möglichst natürlichen Zutaten – aus Grundnahrungsmitteln wie Gemüse, Eiern, Fleisch, Hülsenfrüchten, Nüssen, Körnern. Stark verarbeitetes Industrie-Essen dagegen verdirbt uns schnell den Appetit. Und das Hunger-Satt-Gefühl. Beispiel Fabrikbrot: duftet unwiderstehlich, ist dann aber doch nicht das, was auf Dauer befriedigt.

→ Vielfältig Wer saisonale und regionale Lebensmittel bevorzugt, erlebt das jahreszeitlich wechselnde Angebot. Nicht nur bei Obst und Gemüse, sondern auch bei frischem Fisch, Meerestieren, Wildfleisch. Auch das erhält die Lust am Essen.

Gewichtige Schlankkost

Blättern Sie nochmals zurück auf die vorige Seite: Die Basis in der LowCarb-Küche sind Obst und Gemüse. Schwer wiegen sie – eine Melone beispielsweise oder eine Salatgurke oder Lauchstangen –, sie sind aber von Natur aus kalorienarm. Denn sie enthalten sehr viel Wasser.

→ Obst und Gemüse Sie also spielen die Hauptrolle auf dem Teller – und im Magen. Denn sie lassen die Kalorienbilanz fast unberührt. Eine große Portion gedünstetes Zucchinigemüse wiegt immerhin 300 g, enthält aber nur 120 Kalorien. Das ist erst ein Zehntel der Kalorienmenge, die Sie selbst an einem äußerst kalorienarmen Tag essen können.

→ Eiweiß ohne überflüssige Kalorien Auch in der zweiten Etage der LowCarb-Pyramide, bei den eiweißreichen Produkten, kommt viel kalorienarmes Sättigendes auf den Teller: Ein gebratenes Putenschnitzel (150 g) beispielsweise liefert nur ca. 200 kcal und auch der ziemlich fettreiche Lachs bringt gedünstet pro 150-g-Portion nur 200 Kalorien mit ins Spiel. Das entspricht jeweils 133 kcal/100 g.

Übrigens spielt auch bei den Eiweißreichen wieder das Wasser eine große Rolle – Beispiel Hülsenfrüchte: Getrocknete Bohnen und Linsen nehmen beim Garen eine Menge Wasser auf. Damit ergibt eine Hand voll rote Linsen (35 g) eine recht große, gut sättigende Portion von immerhin 100 g mit nur 115 Kalorien.

Die Eiweiß-Lebensmittel punkten darüber hinaus noch mit einer ganz besonderen Eigenschaft: Sie sind nicht nur von sich aus kalorienarm, sondern sorgen auch für kalorienarme Stunden nach dem Essen. Denn sie sättigen gut [→ Seite 12]. Unser Magen fühlt sich mit ihnen tatsächlich länger wohlgefüllt an als mit Knödeln, Nudeln oder Müsliriegeln. Erst in der dritten Etage der LowCarb-Pyramide finden sich Nahrungsmittel, in denen die Kalorien dichter gepackt sind: Pumpernickel zum Beispiel, mit ca. 185 kcal/100 g, oder Naturreis und Vollkornnudeln (je 343 kcal/100 g). Und genau die spielen mengenmäßig sowieso nur eine Nebenrolle in unseren LowCarb-Gerichten.

Vitalstoffe dicht an dicht

Die frische Pflanzenkost und die wertvollen Öle, Eier, Fleisch, Fisch und Milchprodukte, die getrockneten Hülsenfrüchte und alles aus dem vollen Korn – so unterschiedlich die Lebensmittel auf den drei Ebenen der LowCarb-Pyramide auch sind, in einer Eigenschaft haben sie die Nase alle gleich weit vorn: Sie sind voll gepackt mit Vitalstoffen – mit wichtigen Vitaminen und Mineralstoffen, mit einer Vielfalt an sekundären Pflanzenstoffen, mit Ballaststoffen, mit gesunden Fettsäuren.

→ Hohe Nährstoffdichte heißt das Schlagwort. Alle natürlichen Nahrungsmittel haben eine hohe Nährstoffdichte. Doch jedes für sich enthält nur einen ganz spezifischen Mix an Vitalstoffen aus der breiten Palette von Vitamin A bis Zink. Deshalb heißt es: Vielfalt auf den Tisch statt Nahrungsergänzungsmittel aus der Apotheke. Allerdings: Je stärker natürliche Produkte verarbeitet werden, desto geringer wird ihre Nährstoffdichte. Daher sehen Sie die Industrie-Nahrungsmittel in der Pyramide in die Ecke abgedrängt. Sie sind wertlos.

Kalorienarme Magenschmeichler

Auf der rechten Seite haben wir einige LowCarb-Rezepte aus diesem Buch konventionellen »HighCarb-Gerichten« gegenübergestellt – mit der jeweiligen Energiedichte. Neun Mal gleich überzeugend: Um auf dieselbe Kalorienzahl zu kommen, können Sie von den LowCarb-Varianten in allen Fällen größere Mengen essen. Diese Gerichte sind Sattmacher mit Frische-Plus, mit Vitalstoff-Plus und mit Genuss-Plus.

statt Clubsandwich mit Tunfisch (266 kcal/100 g) → **Räucherforellen-Schnitten** (S. 30) mit nur 98 kcal/100 g

statt Hühnerbrühe mit Nudeln (87 kcal/100 g) → **Kräuterbrühe mit Zuckererbsen** (S. 58) mit nur 39 kcal/100 g

statt Fast-Food-Cheeseburger (260 kcal/100 g) → **Gegrillter Käse auf Minitoasts** (S. 33) mit nur 159 kcal/100 g

statt Kartoffelpuffer (180 kcal/100 g) → **Zucchini-Möhren-Puffer** (S. 77) mit nur 47 kcal/100 g

statt Fischauflauf mit Kartoffeln (124 kcal/100 g) → **Rotbarsch-Zucchini-Gratin** (S. 104) mit nur 70 kcal/100 g

statt Fast-Food-Hamburger (246 kcal/100 g) → **Tofu-Walnuss-Burger auf Möhren** (S. 89) mit nur 92 kcal/100 g

statt Schweinebraten mit Sauce und Knödel (126 kcal/100 g) → **Schweinefilet im Wirsingmantel** (S. 145) mit 62 kcal/100 g

statt Grießpudding (218 kcal/100 g) → **Quarkbällchen mit Aprikosensauce** (S. 158) mit 138 kcal/100 g

statt klassischer Heidelbeer-Muffins (281 kcal/100 g) → **LowCarb-Beeren-Muffins** (S. 168) mit 202 kcal/100 g

Ganz gleich, welche eiweißreichen Lebensmittel Sie essen, ob pflanzliches Eiweiß oder tierisches – egal ob Tofu, Quark, Linsen, Ei oder Fisch –, Sie werden in jedem Fall lange satt sein und Ihren Fettstoffwechsel ankurbeln.

Ernährungswissenschaftler zollen dem Power-Nährstoff Eiweiß heute viel Respekt: Wurde es früher von manchem als Nährmittel für Muskelprotze und als ungesunder Säurebildner abgetan, gilt Eiweiß heute vor allem als fettmobilisierende Edel-Energie.

EIWEISS – POWER-FATBURNER

Super-Sattmacher

Ernährungswissenschaftliche Studien haben bestätigt: Speisen auf Basis von reichlich Gemüse mit Eiweißreichem wie Fisch oder Fleisch, Quark, Eier und Hülsenfrüchte machen so richtig lange wohlig satt. Das haben wir beim Entwickeln und Testen unserer LowCarb-Rezepte immer wieder selbst erfahren: Kein Drang, mal schnell am Kiosk vorbeizuschauen, kein Appetit auf die gewohnten Naschereien zwischendurch. Eiweiß wirkt als Essbremse. Und so werden Sie nach einem LowCarb-Essen ganz automatisch, gut gelaunt, Stunde für Stunde Kalorien sparen.

Fett-Löser

Doch Eiweiß kann noch mehr: Fleisch und Geflügel, Joghurt und Sojamilch, Linsen und Fisch können auch aktiv helfen, Fettpolster wegzuschmelzen. Wie das geht? Ganz einfach: Der Körper muss tatsächlich Energie investieren, wenn er Nahrungseiweiß in seine Bausteine zerlegt. Das kostet Kalorien. Und die werden bei einem knapp an Kalorien bemessenen Speisezettel eben aus den Fettdepots genommen.

Vielfältig

→ Eier
Preiswert, praktisch, primagesund. Eier sind nährstoffreiches, kalorienarmes Kompakt-Food. Bei dem Sie überhaupt keine Angst vor Cholesterin haben müssen! Es ist widerlegt, dass Gesunde ihren Cholesterinspiegel z. B. mit Eiern in die Höhe treiben. Wer Probleme mit seinen Blutfettwerten hat, achtet idealerweise zunächst auf die Art des Fetts im Essen [→ Seite 13 ganz rechts].

→ Milch & Co.
Unkompliziert und vielfältig – wir verwenden Milch, Quark und Joghurt für Drinks, Frühstücks-Löffelspeisen und Dips, aber auch in saftigen Broten und Kuchen. Saure Sahne und Crème fraîche sind ideal zum Verfeinern – nicht nur von Suppen. Bevorzugen Sie in jedem Fall die Natur-Varianten. Kräuter- oder Obstaroma kann man leicht selbst hineinbringen – ganz ohne Zusatzstoffe. Wenn Sie abnehmen wollen, können Sie bei den konzentrierten Produkten wie saurer Sahne oder Frischkäse zu fettarmen Varianten greifen. Und wer keine Milch verträgt, weicht auf Sojaprodukte aus (s. u.).

→ Mageres Fleisch
Kostet ein bisschen, dafür bringt hier wenig viel: Denn Geflügel, magere Stücke von Schwein und Rind sowie das von Natur aus sehr fettarme Wild enthalten höchstwertiges Eiweiß in kalorienärmster Verpackung.

→ Fisch
Alle Arten von mageren Fischen, Meeresfrüchte und auch die fettreichen Seefische [→ Seite 13 unten] sind Edel-Eiweiß. Genießen Sie das wertvolle Wildfleisch aus dem Wasser in kleinen, feinen Stücken.

→ Hülsenfrüchte
Getrocknete Bohnen, Erbsen und Linsen sind Eiweiß-Protze unter den Pflanzen-Nahrungsmitteln. Sie bestechen Gesund-Genießer zudem mit Ballaststoffen, sekundären Pflanzenstoffen und wichtigen Mineralien. Daher gehören sie in der Low-Carb-Küche zu den Beilagen-Favoriten.

→ Sojaprodukte
Fettarm und eiweißreich, für alle, die keine Milch vertragen, eine prima Alternative, für die anderen willkommene Abwechslung: Die ungesüßten Varianten von Sojamilch, -joghurt und -creme bieten die vielfältigsten Einsatzmöglichkeiten. Und Naturtofu ist sowieso ein Tausendsassa in der Küche.

→ Nüsse & Samen
Mandeln, Pinienkerne, Haselnüsse, Sesam, Pecannüsse, Pistazien. Kleine Portionen der fettreichen aromatischen Kerne ergänzen das Eiweiß aus anderen Pflanzenquellen ideal [→ S. 13 unten].

→ Kohl, grüne Erbsen & Bohnen
Wer denkt bei Kohl schon an Eiweiß! Sollten Sie in Zukunft aber: Alle Arten, von Blumenkohl bis Wirsing, enthalten im Vergleich zu anderem Gemüse richtig viel Eiweiß. Genau wie alle frisch-grünen Hülsenfrüchte.

Im Kombipack optimal

Vor allem pflanzliche Nahrungsmittel enthalten von den natürlichen Eiweißbausteinen nur eine bestimmte Auswahl. Der Körper aber benötigt die ganze Vielfalt. Und die können Sie ihm garantieren, indem Sie verschiedene Eiweißquellen gleichzeitig auf den Teller bringen: z. B. Hülsenfrüchte und Quark, Ei und Kohl, Tofu und Sesam …

FETTE – VERKANNTE FITMACHER

Es darf wieder ein bisschen mehr sein

Fett, das Dauer-Diät-Thema der letzten Jahrzehnte, wird endlich differenziert gesehen. Hier kommen die Tatsachen auf den Tisch:

→ **Zu viele Kalorien machen dick** Wer langfristig zu viel isst, ob zu viel Fett oder zu viel Kohlenhydrate, geht aus der Form. [→ Seite 15]

→ **Unser Körper braucht Fett** Damit wir gesund und leistungsfähig bleiben – und schlank! Wir brauchen allerdings die richtigen Fette! Denn was sich nicht ändern wird: Pommes, Fleisch mit dicker Speckschicht, fette Currywurst vom Imbiss-Stand und Sahnecremetörtchen sind ungesunde Dickmacher.

→ **Fett ist nicht gleich Fett** In unserer Nahrung kommen drei Arten von Fettbausteinen vor: gesättigte, einfach ungesättigte und mehrfach ungesättigte Fettsäuren. Sie haben im Körper ganz unterschiedliche Funktionen.

→ **Gesättigte Fettsäuren mästen die Fettzellen** Gesättigte Fettsäuren sind für unseren Körper hochkonzentrierte Energie – ohne weiteren Gesundheitswert. Wird diese Energie nicht verbraucht, bildet der Körper aus Fettsäuren Fettpolster. Davon haben die Menschen früher in schlechten Zeiten gezehrt. Solche trägen Fettsäuren können wir aber heute kaum mehr brauchen. Sie kommen reichlich in tierischen Nahrungsmitteln vor, also in allem Fettreichen von der Kuh: Butter, Käse, Sahne, in fettem Fleisch und fetter Wurst. Aber auch Kokos- und Palmkernfett bestehen fast ausschließlich aus gesättigten Fettsäuren. Und viele Industrieprodukte vom Fertiggericht bis zum Schokoriegel enthalten reichlich dieser ungünstigen Fette.

→ **Ungesättigte Fettsäuren – flinke Tausendsassas** Sie sind wichtige Bausteine unserer Zellen – von der Haut- bis zur Nervenzelle. Sie sind außerdem Bestandteile von verschiedensten Botenstoffen mit vielfältigen Aufgaben in unserem Körper. Damit versteht sich von selbst, , dass uns üppige Mengen ungesättigter Fettsäuren Tag für Tag gut tun. Mit der richtigen Lebensmittelauswahl erreichen wir diese ganz einfach. [→ Kasten unten]

Gute Fette bringen gute Fettwerte

Jahrzehntelang mussten sich Patienten mit zu hohen Cholesterin- und Triglyceridwerten mit Magerkost quälen. Vom Arzt verordnet sparten sie Fett, aber auch Genuss – und waren nie mehr wohlig satt. Heute sind sich die Ernährungsmediziner einig: Das Fett in unserem Essen kann unsere Blutfettwerte sogar verbessern. Einfach ungesättigte Fettsäuren heißt das Zauberwort (mehr dazu im Kasten unten). Daher kochen wir in diesem Buch auch vorwiegend mit Raps- und Olivenöl, und darum darf sich in unseren Gerichten die Avocado so oft in Szene setzen.

Darin stecken Fette, die schlank, fit und schön machen

→ **Rapsöl und Olivenöl** enthalten am meisten **einfach ungesättigte Fettsäuren** unter allen Pflanzenölen. Einfach ungesättigt – einfach gesund: Diese Fettsäuren wirken aktiv positiv auf die **Blutfettwerte** und damit wiederum schützend für **Herz und Gefäße.** Andere Pflanzenöle wie Sonnenblumen-, Maiskeimöl, Sojaöl enthalten dagegen zum größten Teil mehrfach ungesättigte Omega-6-Fettsäuren. Das sind hochreaktive und hochempfindliche Fettsäuren, von denen wir mit der übrigen Nahrung (z. B. über Nüsse & Co, s. u.) mehr als ausreichende Mengen bekommen. Diese Öle sind daher mehr als Spezialitätenöle, denn als Standardöle in der Küche anzusehen.

→ **Nüsse und Mandeln,** Sonnenblumen- und Pinienkerne, Leinsamen, Sesam & Co. sind die Hauptquellen für **mehrfach ungesättigte Omega-6-Fettsäuren** – Vorstufen für eine Vielzahl von Hormonen in unserem Körper. Die Powerkerne bieten uns diese zusammen mit einem ganzen Bündel weiterer Gesund-Stoffe: Ballaststoffe, Vitamine, Mineralien, sekundäre Pflanzenstoffe. Auch die Avocado ist als natürliche fetthaltige Frucht ein solches Nährstoff-Kompakt-Nahrungsmittel, punktet allerdings wie Raps- und Olivenöl mit einfach ungesättigten Fettsäuren.

→ **Frischer Seefisch,** besonders die fetten und die Kaltwasserarten wie Hering, Lachs, Makrele und Tunfisch sind wichtige Quellen für die mehrfach ungesättigten **Omega-3-Fettsäuren.** Auch diese Fettsäuren wirken positiv auf Herz, Gefäße und Blutfettwerte, kommen aber bei unserer mitteleuropäischen Ernährungsweise eher zu kurz. Von daher spricht viel für öfter Fisch auf dem Tisch.

KOHLENHYDRATE

Aprikosen, Agavendicksaft, Brot, Reis … Welche Art von kohlenhydratreichen Lebensmitteln wir auch verspeisen – süße oder stärkehaltige – im Darm sind sie dann alle gleich: Denn die Verdauungsenzyme zerlegen jede Art von Kohlenhydrat in ihre kleinsten Bestandteile [→ **Seite 185**], Einfachzucker. Und im Blut findet sich von diesen ursprünglich so verschiedenen Lebensmitteln dann vor allem Glukose, d. h. Traubenzucker wieder – Energie pur!

Wären kohlenhydratreiche Nahrungsmittel aber nichts als Energielieferanten, könnten wir gut und gerne für immer auf sie verzichten. Denn überschüssige Kalorien, das war es doch gerade, was wird sparen wollten. Um die gute Figur zu behalten. Um fit zu werden, gesund zu bleiben.

Denn kohlenhydrathaltige Lebensmittel bieten uns viel mehr: Vollkörniges und die vielen saftigen Früchtchen sowie alles knollige und kernige Gemüse haben sich ihren Platz in unserer LowCarb-Küche verdient:

Der Mehrwert

→ **Für den Darm** Ganze Getreidekörner, Vollkornbrot, Naturreis, Gemüse mit Biss – all das enthält reichlich Ballaststoffe. Unverdaulich, aber ausgesprochen quellfreudig wirken sie sanft anregend auf den Darm – und sind damit natürliche Wellnessnahrung für uns.

→ **Für Nerven und Haut** Vor allem in den Randschichten von Getreidekörnern sind reichlich B-Vitamine enthalten. Das ist eine ganze Vitamin-Gruppe, die wir unter anderem für gute Haut, starke Nerven und eine positive Stimmung benötigen.

→ **Für die Power** In natürlichen kohlenhydrathaltigen Lebensmitteln wie Getreidekörnern und daraus hergestellten Vollkorn-Produkten steckt eine Menge an Mineralstoffen, darunter Kalium, Magnesium und Eisen. Und davon brauchen wir reichlich, um uns richtig leistungsfähig zu fühlen.

→ **Für die Abwehr und mehr** Pflanzenkost versorgt uns mit dem »gewissen Etwas« unter den Lebensmittel-Inhaltsstoffen: mit sekundären Pflanzenstoffen – kalorienfrei, aber hoch aktiv. In winzigen Mengen sind sie unter anderem in Vollkorngetreide, Kohlgemüse, Beeren, und anderem Obst enthalten. Und können zum Schutz vor Infektionen oder Herz-Kreislauf-Erkrankungen ebenso beitragen wie zur Vorbeugung vor Krebs.

Natürlich gehaltvoll

Natürliche Nahrungsmittel bestehen aus einem ganzen Mix von Nährstoffen. Auch alle kohlenhydratreichen enthalten noch andere wertvolle Inhaltsstoffe: **Hülsenfrüchte** etwa liefern zusätzlich vor allem Eiweiß. Und **Vollkornprodukte,** ob Brot, Nudeln, Flocken oder Naturreis, punkten mit reichlich kalorienfreien Inhaltsstoffen: Ballaststoffe, Mineralien, Vitamine … Sie stehen daher täglich in mäßigen Mengen auf dem LowCarb-Speisezettel.
Sehr geizig sind wir in der LowCarb-Küche dagegen mit Energieprotzen wie weißem Reis, hellen Teigwaren, Weißbrot … Hier ist vom wertvollen Getreidekorn nichts mehr übrig außer Kalorien pur. Dasselbe gilt für Zuckersüßes – auch nur leere, Heißhunger auslösende Kalorien.

Wie wirkt's auf den Blutzucker

GLYX ist das magische Wort, das seit Jahren durch die Diätwelt spukt. Dieser Ausdruck bezeichnet die Wirkung von kohlenhydratreichen Nahrungsmitteln auf den Blutzucker, auf die Ausschüttung von Insulin. Es gibt lange Listen für den GLYX verschiedenster Einzel-Nahrungsmittel auf die Insulin-Ausschüttung. Nur, wir verspeisen bei jeder Mahlzeit komplexe Mischungen verschiedener Einzel-Lebensmittel: In den Speisen kommen gleichzeitig eiweißreiche, fetthaltige und kohlenhydratreiche Komponenten vor. Was insgesamt die Wirkung der kohlenhydratreichen Bestandteile abschwächt. Ballaststoffreiche Nahrung dämpft zusätzlich die Insulinwirkung von Speisen. Mehr über den Zusammenhang von Kohlenhydraten, Insulin, Blutzucker und Fettdepots finden Sie im Glossar [→ Seite 185].

Zucker, Stärke und Fettpolster

Mit zu vielen Kohlenhydraten mästen wir unsere Fettzellen! Denn das Fettgewebe stellt einfach das Endlager für nicht benötigte Energie dar. Für jede Art von überschüssiger Nahrungsenergie. Hier ein paar Fakten:

→ **Fettgewebe hat jeder** Ob Sie von Natur aus schlank sind oder eher barock gebaut, ob Mann oder Frau – bei jedem Menschen ist an denselben Stellen von Natur aus Fettgewebe angelegt: vor allem unter der gesamten Hautfläche und um die inneren Organe, aber auch an Fußsohlen und Po, an Wangen und Augenhöhlen.

→ **Zellen, die anschwellen** Das Fettgewebe besteht aus besonderen Zellen. Die sind im Urzustand so winzig wie jede andere Zelle auch. Wenn sie aber überschüssige Energie in Form von Fetttröpfchen einlagern, können sie sich um ein Vielfaches vergrößern.

→ **Fettzellen ist egal, was Sie essen** Zu üppiges Essen fährt im Körper immer in die Einbahnstraße – egal, ob Sie bei fettem Braten oder bei Frittiertem, bei der Nudelparty oder am Kuchenbuffet zu oft zugelangt haben. Was an Energie nicht benötigt wird, nimmt die Form von Fettpolstern an.

→ **Zucker und Stärke mästen die Fettzellen** Besonders gut wachsen Fettzellen, wenn viel Insulin im Blut kreist. Das ist immer dann der Fall, wenn wir große Mengen schnell verdauter Kohlenhydrate gegessen haben. Diese Dickmacher-Kohlenhydrate finden sich reichlich in Weißmehlbrötchen, Kuchen und Süßigkeiten. Und in süßen Getränken, von Fruchtnektar bis hin zu manchem trendy Molkedrink [→ Kasten unten].

→ **Good Carbs kommen an den Fettzellen vorbei** Tatsächlich gibt es auch ausgesprochen figurfreundliche Kohlenhydrate: Diese guten stammen beispielsweise aus Vollkornbrot, aus Bohnenkernen und Linsen, aus Möhren, Kohl & Co. Und mit all denen gibt's für Ihren Darm erst einmal eine Weile was zu tun. Denn nur nach und nach können die langen Kohlenhydratketten dieser Nahrungsmittel von den Verdauungsenzymen zerkleinert werden. Nach und nach werden sie als Zucker ins Blut abgegeben – optimal portionierte Energie für Stunden.

Industrie-Kohlenhydraten die kalte Schulter zeigen

Viele Fertigprodukte sind weit weg vom Urprodukt, enthalten Mengen überflüssiger Kohlenhydrate.

→ **Kartoffelpüreepulver** etwa ist Stärke und damit Insulinlocker pur. Ohne irgendeinen weiteren natürlichen Inhaltsstoff einer frisch gekochten Kartoffel. Eine selbst gebackene kleine Ofenkartoffel als Beilage bringt neben viel Geschmack noch Vitamin C und ein paar Ballaststoffe mit.

→ Beispiel **Frühstückscerealien:** Auch wenn es bereits viele Produkte auf Vollkornbasis gibt, alle sind stark gezuckert. Da wird's mit Vitamin- und Mineralzusätzen nicht gesünder. Bei unserem kohlenhydratarmen, zart honig- und fruchtgesüßten Müsli gibt's Vitalstoffe gratis dazu [→ Seite 27].

→ Beispiel **Fertigsaucen und -suppen:** Wussten Sie, dass 2 EL Ketchup die Kohlenhydratmenge von ganzen 2 TL Zucker enthalten können? Dass viele gekaufte Grillsaucen ihre Konsistenz durch Verdickungsmittel bekommen? Leere Kohlenhydrate, die uns null Wert bringen. Unsere zahlreichen Cremes, Dips und Saucen in diesem Buch können mehr [→ z. B. Seite 30, 42, 86, 117, 142].

→ Beispiel **Molke- und Joghurt-Drinks:** In der Natur-Variante sind sie erstklassig lowcarb! Doch unter den 1001 Aroma-Varianten im Supermarkt können auch wahre Kohlenhydratbomben sein. Schon mal auf die Zutatenliste geschaut? Probieren Sie einfach unsere Drinks aus dem Rezeptteil!

Unsere sanfte LowCarb-Ernährung ist keine Diät für ein paar Wochen. Sondern der Ess-Stil für Ihre schlanke, gesunde Zukunft: Probieren Sie es selbst. Sie werden nicht mehr aufhören wollen, lecker kohlenhydratarm zu schlemmen.

Wenn Sie sich auf LowCarb-Art kohlenhydratbewusst schlank essen möchten, wird sich lediglich die Gewichtung einzelner Lebensmittel auf Ihrem täglichen Speiseplan ändern. Wer den Duft und Geschmack von herzhaftem Brot schätzt, wird es beispielsweise als Beigabe zum wärmenden Süppchen genießen. Wer Ofenkartoffeln liebt, serviert sich die Knolle in klein und fein zum Gemüse mit Dip.

LEICHT(ER) LEBEN MIT LOWCARB

Sie finden »richtig essen« nicht so einfach? Weil Sie das Gefühl haben, immer auf der Hut sein zu müssen, damit Ihnen die Kilos nicht aus dem Ruder laufen. Essen auf LowCarb-Art wird Ihnen keine Mühe machen.

→ Weil es so einfach ist, dass Sie den Kopf frei haben für den Alltag.

→ Weil Sie die Speisen mit »ganz normalen« natürlichen Lebensmitteln zubereiten.

→ Weil Sie wie gewohnt mehrmals am Tag essen werden.

→ Weil Sie nicht mehr unter quälenden Heißhungerattacken leiden werden.

Ihr Gewicht wird aufhören, Achterbahn zu fahren, und Sie werden sich gut gelaunt rundum fit fühlen.

Heißhunger ade

→ Insulinebbe hält satt
Was uns die Laune bei so manchem Versuch abzunehmen verdirbt, ist das Insulin. Hormongesteuert flutet es in unsere Adern, sobald dort viel Zucker schwimmt. Und wird diesen möglichst rasch in die Zellen bugsieren. So wird das Blut wieder zuckerfrei, steckt aber voll überaktivem Insulin. Das mangels Zucker »Hunger« signalisiert, »Neuer Zucker her!«. Wer dann dem Heißhunger stand hält, wird sich ganz schön schlapp fühlen. Wer nachgibt – schnell viel Süßes isst oder trinkt, einen Teller Pasta verputzt –, der wird sich zwar kurzfristig besser fühlen, im Blutzuckerkarussell aber mehr und mehr zunehmen.
Der Trick bei der LowCarb-Ernährung ist, dass diese Gerichte nur wenig Insulin als »Hungermelder« in die Adern locken. Weil sie kohlenhydrat- und zuckerarm sind. Sie werden sich mit nur mäßigen Mengen an Insulin in den Adern immer lange Stunden satt fühlen. Und sind damit aus dem Blutzuckerkarussell ausgestiegen.

→ Tägliche Vielfalt macht satt
»3 Kilo weniger! Aber ich hätte ständig Kekse, Nudelberge, Sandwichtürme oder Schokolade essen können«, sagte die Freundin nach einer tapfer durchgehaltenen 2-Wochen-Diät. Warum nur kann man sich mit kalorienleichtem LowCarb-Essen so viel wohler fühlen? Jahrelang!

Je mehr verschiedene Lebensmittel sich auf Ihrem Speiseplan finden, umso satter werden Sie sich fühlen. Weil Körper und Seele alles bekommen, was sie brauchen: Nährstoffe und Aromen. Weiches und Knuspriges, Heißes und Kaltes, Festes und Flüssiges. Einseitiges Essen dagegen macht heißhungrig – auf alles, was man lange nicht hatte.

→ Natürliches macht satt
Unser Hunger-Satt-Gefühl ist ein Instinkt aus Urzeiten. Daher funktioniert er nur mit weitgehend naturbelassenen Lebensmitteln. Auf hoch verarbeitetes Industrie-Essen, z. B. Fertiggerichte, aber auch Kartoffelpüreepulver oder süße Riegel springt unser Hunger-Satt-Regelsystem nicht an. Wir fühlen uns nicht richtig, nicht rechtzeitig, nicht lange genug wohlig satt.
Bestens geeicht ist unser Sättigungsgefühl dagegen auf alles Natürliche: Gemüsesalate, gegartes Gemüse, gebratenes Fleisch, Schinken, Quark-Frucht-Speisen, Linsengemüse, Vollkornbrot … Ohne Geschmacksverstärker, Zusatzstoffe, künstliche Süße, Verdickungsmittel usw. zubereitet, sind das alles einfache, leckere Sattmacher.

Gewichts-Jojo war gestern

Bei vielen Diäten versetzen Sie Ihren Körper in Hungersnot-Zeiten. Geben ihm nicht nur zu wenig, sondern vor allem einseitiges Essen. Und er wird sich schnell an die mageren Zeiten anpassen: Indem er einfach das System auf Sparflamme schaltet. Das wirkt zunächst nur als Abnehmbremse – frustrierend genug. Aber, sobald Sie wieder normal essen, werden Sie unweigerlich zunehmen. Zu viele Kalorien für den ausgebremsten Stoffwechsel!
Es geht auch anders! Mit unseren LowCarb-Gerichten bekommen Sie jeden Tag eine große Vielfalt natürlicher Lebensmittel auf den Teller. Zwar keine üppigen Kalorien-, aber dafür große Sattmacherportionen.
Mit allem, was der Körper braucht: reichlich Eiweiß, gesunde Fette, vollwertige Kohlenhydrate. Von den Powerstoffen – Vitaminen, Mineralien & Co. – ganz zu schweigen.
Diese Rundum-Gesund-Kost hält Ihren Stoffwechsel in Schwung. Darum wird Ihr Gewicht allmählich, aber dauerhaft sinken. Und mit regelmäßiger Bewegung können Sie diesen Effekt noch verstärken.

Bewegung schafft Spielräume

Sie können sich ein Leben ohne saftiges Brot, ohne Kartoffeln nicht vorstellen. Wir ehrlich gesagt auch nicht! Auch wir freuen uns über die Vielfalt an herzhaften Vollkornbrotspezialitäten hier zu Lande. Genießen kleine neue Kartoffeln wie eine wertvolle Spezialität. Und verschaffen uns die Freiheit für einen Nachschlag, für eine Scheibe mehr ganz einfach: mit reichlich Bewegung!

→ **Bewegung verbrennt Kohlenhydrat-Energie** Wie schön! Je mehr Sie sich am Tag bewegen, umso mehr Energie verbrauchen Sie insgesamt. Umso mehr Kohlenhydrate können den Muskeln als Kraftstoff dienen und werden somit nicht zu trägen Fettpolstern.

→ **Bewegung kann Fett wegschmelzen** Ausdauersport verbraucht mehr Energie, als im Muskel und im Blut parat sind. Der Körper muss sich dann aus seinen Reserven bedienen. Und schmilzt Fettpolster ein. Als Ausdauersport kann man jede Bewegung ansehen, die mindestens eine halbe Stunde dauert und so intensiv ist, dass Sie sich dabei gerade noch normal unterhalten können. Ohne nach Luft zu japsen. Probieren Sie aus, was Ihnen am besten zusagt: Radfahren, Schwimmen, Joggen, Walken oder Bergwandern, Rollerskaten oder irgendeine Form von Fitnessgymnastik.

→ **Bewegung wirkt ausgleichend** Sicher haben Sie auch schon einmal erlebt, wie aufgestaute Wut, lange herumgetragener Frust nach einer wilden »Aktion« einfach weg waren. Sie waren nach dem Gewaltmarsch, dem Power-Fitnessprogramm, den 10 Runden in der Schwimmhalle einfach nur wohlig müde, ausgepowert – und wieder in Ihrer Mitte. Und wenn Sie das noch nicht erlebt haben, dann testen Sie das doch einmal. Statt sich die Laune – und das Gewicht – mit Chips, Schokolade oder Alkohol langfristig ganz zu verderben.

→ **Bewegung formt einen schönen Körper** Wenn Sie sich regelmäßig mäßig bewegen, wachsen Ihre Muskeln und wird Fett an den Problemstellen sichtbar weniger. Bietet reichlich Spielraum für neue Erfahrungen, etwa für eine neue Garderobe, die mehr Körper zeigt … Übrigens werden Ihre neuen Muskeln auch in Ruhe Kalorien verbrennen – auch das hält schlank.

Clever kombiniert

Sanft lowcarb heißt in unserem Konzept: Von den verzehrten Kalorien stammen ca. 30 % aus Eiweiß, 40–60 % aus Fett und maximal 35 % aus Kohlenhydraten – im Tagesschnitt. Ein Beispiel:
Sie haben morgen Mittag Lust auf **Lachs mit Früchtesalsa und Wildreis** [→ Seite 129]. Das sind 27 % Eiweiß-Kalorien, 38 % Kalorien aus Fett, 25 % aus Kohlenhydraten. Was kombinieren Sie idealerweise über den Tag hinweg dazu? Zum Frühstück beispielsweise **Cashew-Quark-Müsli** [→ Seite 27] und abends einen **Salat mit Käse und Putenschinken** [→ Seite 48].

→ macht in der Tagessumme: 1000 kcal, 31 % Eiweiß, 39 % Fett, 30 % Kohlenhydrate

Genuss ohne Zahlenverdruss

Warum nur verlieren wir an Diäten oft so schnell die Lust? – Ein Grund ist sicherlich das Zählen. Kalorien, Gramm-Mengen, Fettpunkte, GLYX-Punkte. Bestimmt haben Sie auch schon einmal gespürt, wie diese Zahlen in Ihrem Kopf herumschwirren. Wie sie gar keinen Platz mehr lassen für anderes. Weil man ständig überlegt, wie viel man schon hat, wie viel man noch darf …

→ **Dimensionen für den Einstieg** Dennoch werden Sie auch bei den Rezepten in diesem Buch natürlich Kalorien- und Nährstoffmengen finden. Das ist vor allem für LowCarb-Einsteiger nützlich. Die Eiweiß-, Fett- und Kohlenhydratprozente sowie die Energiedichte sollen Ihnen anfangs helfen, ein Gespür für die Art und »Schwere« des Gerichts zu entwickeln. Schon bald werden Sie aber ganz ohne Zahlenhilfe einschätzen können, wie dicht gepackt die Kalorien in Ihrem Lachs-Snack auf Pumpernickel sind und wie Sie die Mahlzeiten eines Tages sinnvoll kombinieren [→ siehe dazu auch den Kasten rechts oben].

→ **Spüren statt zählen** Lassen Sie sich von den vielen Rezepten in diesem Buch zum Nachkochen verführen, lassen Sie sich inspirieren. Weil die Zubereitung schon Vor-Freude macht. Weil selbst gekochtes Essen prima schmeckt. Weil es den Genuss steigert, wenn wir satt werden und uns trotzdem unbeschwert fühlen [→ siehe dazu auch die Besser-Esser-Seite 10].

GRUNDAUSSTATTUNG FÜR DIE LOWCARB-KÜCHE

Basis-Vorrat

- → Essig (Aceto balsamico, Apfelessig)
- → Öle (ein kaltgepresstes Öl, dazu Rapsöl und Olivenöl zum Kochen, Braten, Frittieren)
- → geschälte Tomaten (ganz, stückig)
- → Tunfisch naturel
- → getrocknete Bohnenkerne, Linsen
- → gegarte Hülsenfrüchte als Konserve (Kichererbsen, Bohnenkerne)
- → eine Dose Linseneintopf mit Gemüse für Blitzgerichte
- → Pumpernickel (Scheiben, Taler)
- → Vollkornflocken und -nudeln
- → Vollkornmehl
- → Naturreis
- → Nüsse, Mandeln und Samen
- → Nussmus (z. B. Erdnuss-, Sesammus)
- → Kokosraspel, Kokosmilch
- → Honig, Agavendicksaft
- → zuckerfreie Konfitüre nach Belieben
- → Gluten und Weinstein-Backpulver zum Backen

Alles, was Würze bringt

- → Cayennepfeffer (Chilipulver)
- → gemahlener Koriander
- → Piment, Kümmel (ganze Samen)
- → frische Kräuter auf der Fensterbank ganz nach Platz und Belieben
- → frische Ingwerwurzel (hält sich in Alufolie eingewickelt wochenlang)
- → eingelegte Kapern und Sardellen
- → getrocknete Tomaten (mit oder ohne Öl)
- → Sojasauce (hell)
- → Pesto

Die kühlen Weißen

- → Joghurt/Sojajoghurt, Quark und (fettreduzierter) Frischkäse
- → Sahne, saure Sahne bzw. Schmand, nach Belieben Sojacreme
- → Feta und Hartkäse sowie extraharte Käse (z. B. Parmesan) am Stück
- → Natur-Buttermilch und -Kurmolke (als schnelle Drinks für zwischendurch)

Was sich nur eine Weile hält

- → unbehandelte Zitronen/Limetten
- → einige säuerliche Äpfel
- → Gurken, Paprikaschoten, Tomaten
- → robustes Gemüse wie Fenchel, Möhren, Sellerie und Staudensellerie
- → gegarte Rote Beten (Vakuumpack)
- → luftgetrockneter Schinken

Der Tiefkühl-Vorrat

- → verschiedene Kräuterpäckchen
- → Fleisch (z. B. Schweine-, Puten-, Hähnchenfilet, Lammscheiben, Rindersteak)
- → Beeren und Beerenmix
- → TK-Fischfilets (z. B. Lachs, Seelachs, Kabeljau, Scholle)
- → Garnelen (geschält und ungeschält)
- → (portionierbarer) Blattspinat
- → Gemüsemischungen (am besten ohne Fettanteil)

Nicht zu vergessen ...

... die absoluten Grundzutaten. Die finden sich in der LowCarb-Küche genauso wie in jeder anderen. Und so haben die folgenden Dinge in Ihren Schränken bestimmt auch bisher nicht gefehlt: **Zwiebeln und Knoblauchknollen** und die **Grundgewürze** wie Salz, Pfeffer, Paprikapulver, Currypulver, Muskat, getrocknete gerebelte Kräuter und Lorbeerblätter. Außerdem haben Sie sicher **Weißweinessig** im Vorrat sowie eine **Basis für Gemüse- und Fleischbrühe** (möglichst ohne Geschmacksverstärker), darüber hinaus **Tomatenmark, Senf, Butter, Milch, Eier ...**

Für Fortgeschrittene

Selbstverständlich können Sie Ihren Vorrat ganz nach Ihrem Geschmack erweitern. Ideen für LowCarb-Genießer:

→ eingelegter Knoblauch Wer mit der intensiven Knolle nicht täglich ein Stelldichein haben möchte, ist mit in Öl eingelegten Zehchen gut bedient. Die halten sich monatelang.

→ ganze getrocknete Gewürze Wer einen Mörser besitzt, kann von verschiedensten Gewürzsamen einen kleinen Vorrat anlegen und mahlt sie jeweils frisch: z. B. Kardamom, Kreuzkümmel (Cumin), Korianderkörner, Fenchelsamen. Zermahlen würzen aber auch getrocknete Chilis oder Gewürznelken besonders intensiv.

→ getrocknete Pilze Zusammen mit dem aromatischen Einweichwasser bringen sie herbe Waldwürze an Suppen, Saucen und Eintöpfe.

→ natürliche Würzsaucen und Würzpasten Thai-Fischsauce, klassische Worcestersauce, Tabasco oder auch grobkörniger Senf bringen wohldosiert und wohlplatziert das gewisse Etwas.

→ Wildreis Die schwarzen Wildgrassamen sind ballaststoffreich, lecker nussig und was fürs Auge. Perfekte LowCarb-Zutat – auch weil Wildreis nicht gerade billig ist. So kommt man nicht in Versuchung, von den kohlenhydratreichen Körnern zu viel auf den Teller zu geben.

Einfach, praktisch, preiswert

→ **LowCarb heißt nicht NoCarb** Ein Leben ohne Brot und Bami goreng, ohne Pasta und Pizza, Paella und Pita? Aber sicher nicht! Sie müssen nichts von Ihrem Speiseplan streichen, was Sie gerne essen. Sanft heißt unsere LowCarb-Ernährung auch deshalb, weil wir dabei mit uns selbst sanft umgehen. Behutsam Essgewohnheiten in eine gesündere Richtung lenken. Ohne das Essen ganz neu zu erfinden. Das heißt konkret: Mehr Gemüse und Fisch in die Paella, statt Bergen von Reis oder Mini-Pizza-Margherita als Beigabe zu einem üppigen Gemüsesalat mit Geflügel. Oder ein paar Vollkornnudeln als Tüpfelchen auf dem i in einem paprikascharfen Fleischragout.

→ **Hier darf's einfach durchschnittlich sein** Machen Sie sich nicht verrückt mit exakten Nährwerten. Auch wenn wir zu jedem Gericht genaue Nährwertangaben liefern, auch wenn man zu jedem Einzel-Lebensmittel die Inhaltsstoffe und Kalorien in Tabellen findet. Was zunächst zählt, ist die richtige Lebensmittelwahl. Wichtig ist, dass Sie Gemüse und Obst den Vorrang lassen, dass Sie ausreichend Eiweißhaltiges essen und mäßige Mengen an Kohlenhydraten. Und dass Sie natürliche Lebensmittel bevorzugen, statt Fertigprodukte, Fastfood und Süßigkeiten. Und dann muss nur noch eines stimmen: der Durchschnitt, der Tages- oder sogar nur der Mehrtages-Schnitt an Kalorien und Kohlenhydraten [→ Tagesmenü-Beispiel auf Seite 17]. Schließlich sind wir keine Maschinen!

→ **Die beiden mit Verstand gekoppelt** Eine einfache Regel für Figurbewusste ist: Süßes und Fett vertragen sich nur schlecht. Denn viel Zucker im Blut hemmt die Fettverbrennung und öffnet in den Fettzellen alle Schleusen. Schwappt dann noch reichlich Fett aus dem Essen an, wird es sofort eingelagert. Das ist auch der Grund dafür, dass lowcarb gleichzeitig »low sweet« bedeutet. Ein Plus für die Figur – und für die Geschmacksnerven. Probieren Sie es selbst, z. B. mit unseren Desserts [→ Seite 152–158] oder auch beim Gebäck [→ ab Seite 168]. Weniger süß schmeckt einfach nach mehr.

→ **LowCarb – low Budget** Sie sorgen sich, dass das LowCarb-Leben nicht nur Sie selbst, sondern auch Ihren Geldbeutel abspeckt? Weil so preiswerte Zutaten wie Pasta, weißer Reis, helles Brot und Kartoffeln in der neuen Ernährung kaum mehr vorkommen. – Einerseits. Andererseits aber werden Sie über den Tag verteilt insgesamt weniger essen und damit auch weniger für Ihr Essen ausgeben müssen. Weil es einfach lange satt macht, auf LowCarb-Art zu speisen. Das liegt am hochwertigen Eiweiß und an den ausgewählten ballaststoffreichen Kohlenhydraten [→ Seiten 12, 14 f.]. Das liegt aber auch daran, dass Sie schlechte Essensgewohnheiten einfach abgelegt haben. Etwa das Naschen von Zuckerkram oder ungesundes Fast-Food-Snacken beim Einkauf.

Die LowCarb-Ernährung bietet ballaststoffreichen Nahrungsmitteln eine große Bühne: Unter anderem auch deswegen sind Hülsenfrüchte, Möhre und Petersilienwurzel so geschätzte Zutaten.

Viele Asia-Gerichte sind im Original perfekt lowcarb: aromatische Gemüsevielfalt, die sehr fettarm ist. Das bietet Spielraum für ein paar Kohlenhydrate – ohne den Blutzucker auf die Achterbahn zu schicken.

Innovativ und kreativ: LowCarb-Backen

Traditionell gibt vor allem weißes Mehl dem Gebäck die Fülle – und nicht nur diesem, sondern auch uns. Da sind wir beim LowCarb-Backen doch um einiges pfiffiger.

→ **voll das Korn** Getreide kommt bei uns mit allem, was es kann, in den Teig: und zwar in der Vollkorn-Variante von grobkörnig bis feinst gemahlen oder zumindest mit dem größten Teil seiner wertvollen Randschichten als Type 1050 (Weizen und Dinkel) bzw. 1150 (Roggen).

→ **Ge-Nüsse** Nüsse, Kerne und Samen veredeln LowCarb-Teige mit hochwertigen Fetten und viel Geschmack. Mandeln und Sonnenblumenkerne tun's auf die milde Art, Walnüsse und Haselnüsse geben kräftiges Aroma. Pinienkerne und Sesam sind die eher Herben.

→ **Eiweiß-Plus – LowCarb-Muss** Konventionelle Backwaren sind wahre Kohlenhydrat-Fallen. LowCarb-Gebäck punktet dagegen mit richtig viel Eiweiß. Wir verbacken reichlich Joghurt, Quark und Frischkäse sowie Gluten, ein besonderes Getreide-Eiweiß [→ Seite 184].

→ **zart gesüßt** statt wüst versüßt; freut Geschmacksnerven und die Figur [→ Seite 179].

DIE 1. WOCHE LOWCARB FÜR EINSTEIGER

Jedes Tagesmenü ist von den **Nährstoffen abgestimmt:** kalorien- und kohlenhydratarm. Mittags ist immer ein leichtes, flugs zubereitetes Gericht vorgesehen. Die meisten davon können Sie auch gut vorbereiten und mit in die Arbeit nehmen. **Tauschen Sie nach Belieben** Mittag- und Abendessen – beispielsweise, wenn Sie lieber mittags richtig zulangen und abends stattdessen sehr kalorienarm genießen möchten.

Und wenn Ihnen die Tage mit weniger als 900 Kalorien allzu »leicht« sind, genehmigen Sie sich von dem einen oder anderen Gericht einfach eine **größere Portion.** Ihr Speiseplan bleibt dennoch schlank und optimal lowcarb. Und Sie sollen sich schließlich **wohl fühlen.**

1. Tag

morgens
→ Cashew-Quark-Müsli (S. 27)

mittags
→ Geschnetzeltes mit Zuckererbsen (S. 145)

abends
→ Roastbeefröllchen (S. 29) mit 1 Scheibe Sauerteigbrot (S. 165)

zwischendurch Rote-Beten-Drink (S. 34)

Nährwerte 1183 kcal, 39 % E · 28 % F · 33 % KH

Tipp Fangen Sie schon heute an, sich mehr zu bewegen: einfach, z. B. indem Sie Treppen steigen und dem Aufzug die kalte Schulter zeigen.

4. Tag

morgens
→ Cashew-Quark-Müsli (S. 27)

mittags
→ Brokkoli mit Grapefruitsahne (S. 76)

abends
→ Hähnchenbrust mit Pesto (S. 132)

zwischendurch Avocado-Orangen-Milch (S. 34)

Nährwerte 913 kcal, 38 % E · 38 % F · 25 % KH

Tipp Schmeckt Ihnen ein Gericht besonders gut? Dann kochen Sie es ruhig mehrmals in der Woche und lassen dafür ein anderes Gericht weg.

5. Tag

morgens
→ Buttermilchbrötchen (S. 162) mit Lachsschinken und Radieschen

mittags
→ Milde Selleriecremesuppe (S. 66)

abends
→ Kidneybohnen mit Avocado (S. 97)

zwischendurch Sesam-Joghurt-Drink (S. 26)

Nährwerte 816 kcal, 24 % E · 41 % F · 35 % KH

Tipp Planen Sie für das kommende Wochenende einen Ausflug in die Natur. Dort kommt man auf andere Gedanken und tut Haut und Lungen nur das Beste.

2. Tag

morgens

→ Mandel-Buttermilch mit Erdbeeren (S. 26)

mittags

→ Tomatensalat mit Schafkäse (S. 48)

abends

→ Gemüsesticks in Putenbrust (S. 32)

zwischendurch Sojadrink mit Aprikosen (S. 152)

Nährwerte 988 kcal, 22 % E · 44 % F · 34 % KH

Tipp Sollten Sie am Anfang noch lästiges Magenknurren hören, gönnen Sie sich eine Tasse Kaffee, Cappuccino oder ein Glas Latte Macchiato. Füllt den Magen – mit wohlig-warmem Urlaubsfeeling.

3. Tag

morgens

→ 1 Scheibe Sauerteigbrot (S. 165) mit Lachsschinken und Gurke

mittags

→ Gemüsepuffer mit Joghurtdip (S. 89)

abends

→ Ratatouille mit Linsen (S. 93)

zwischendurch Möhren-Kokosmilch-Mix (S. 34)

Nährwerte 911 kcal, 22 % E · 39 % F · 39 % KH

Tipp Keine Scheu – sagen Sie Ihren Kollegen oder Ihrer Familie, dass Sie Ihre Ernährung umstellen. Vielleicht finden Sie ja ein paar Gleichgesinnte, die auch Lust auf leckeres Essen und weniger Pfunde haben. Zu zweit macht alles doppelt so viel Spaß!

6. Tag

morgens

→ Mandel-Buttermilch mit Erdbeeren (S. 26)

mittags

→ Matjessalat mit Äpfeln (S. 53)

abends

→ Überbackene Tomaten (S. 40)

zwischendurch Apfel-Muffins (S. 169)

Nährwerte 1080 kcal, 19 % E · 49 % F · 31 % KH

Tipp Trinken Sie mindestens 2 Liter am Tag – stilles Mineralwasser, Früchte- oder Kräutertees. Die schmecken auch im Sommer: und zwar eisgekühlt.

7. Tag

morgens

→ Rührei auf italienische Art (S. 100)

mittags

→ Scharfe Kidneybohnen mit Sauerkraut (S. 85)

abends

→ Tunfisch mit Tomaten und Bohnen (S. 125)

zwischendurch rohes Gemüse zum Knabbern

Nährwerte 1018 kcal, 31 % E · 42 % F · 27 % KH

Tipp Auch wenn Sie gerne die ersten Erfolge schwarz auf weiß sehen möchten: Wiegen Sie sich nur einmal pro Woche, dann ist der Abnehmerfolg größer, und kleine Schwankungen fallen nicht so auf.

EINE 2. WOCHE LOWCARB FÜR EINSTEIGER

Jetzt haben Sie schon sieben Tage mit Ihrem neuen Essens-Stil gelebt. Und möchten weitermachen. Weil Sie den **Schlank-Effekt** sehen und spüren. Weil Sie sich wohl fühlen. Dann starten Sie gut gelaunt in eine zweite Low-Carb-Schnupperwoche mit Rezepten aus diesem Buch.

Nehmen Sie die vier Gerichtevorschläge für jeden Tag einfach als Rahmen. Wenn es ein **besonders aktiver Tag** für Sie ist, brauchen Sie vielleicht eine Extra-Portion guter **Kohlenhydrate.** Schauen Sie doch einmal bei den Snack-Tipps [→ Seite 182], da locken z. B. ein Hirse-Pilz-Snack oder Polentarauten. Noch mehr rundum gesunde Kohlenhydrate finden Sie im Beilagenkapitel [→ ab Seite 74].

Und falls Ihnen an dem einen oder anderen supersatten Tag einfach zu viel auf dem Speiseplan steht, können Sie natürlich gerne ein **Gericht weglassen.**

8. Tag

morgens
→ Avocado-Orangen-Milch (S. 34)

mittags
→ Spargelsalat mit Lachswürfeln (S. 39)

abends
→ Lauch mit Gorgonzolacreme (S. 86)

zwischendurch Rote-Beten-Drink (S. 34)

Nährwerte 1071 kcal, 20 % E · 60 % F · 20 % KH

Tipp Richten Sie Ihre Mahlzeiten lieber auf kleineren Tellern an. Vielleicht sind Sie nach dem ersten Teller schon satt und können den Rest am nächsten Tag aufwärmen. Das spart Kalorien – und Zeit.

11. Tag

morgens
→ 1 Sonnenblumenbrötchen (S. 163) mit 2 Scheiben Roastbeef und Gurke

mittags
→ Gemüsesticks mit Roquefortquark (S. 36)

abends
→ Seelachsstreifen mit Lauch (S. 118)

zwischendurch rohes Gemüse zum Knabbern

Nährwerte 1154 kcal, 33 % E · 41 % F · 26 % KH

Tipp Wie sieht es aus mit Sport? Gezielte Gymnastik lässt die Fettpolster genau an den Problemzonen verschwinden und strafft die Muskeln. Mit Bewegung schon vor dem Frühstück verbrennen Sie besonders viel Fett!

12. Tag

morgens
→ Mandel-Buttermilch mit Erdbeeren (S. 26)

mittags
→ Zucchini-Möhren-Puffer (S. 77)

abends
→ Spinatsalat mit Lammsteaks (S. 54)

zwischendurch Möhren-Kokosmilch-Mix (S. 34)

Nährwerte 1077 kcal, 19 % E · 55 % F · 26 % KH

Tipp Laden Sie Freunde ein, und kochen Sie Ihre Lieblings-LowCarb-Gerichte. Sie werden sehen, alle sind begeistert. Selbstverständlich können Sie auch einen Nachtisch reichen, z. B. das Mandelgelee mit Himbeer-Joghurt-Sauce von Seite 157.

9. Tag

morgens
→ Mandel-Buttermilch mit Erdbeeren (S. 26)

mittags
→ Tomatencremesuppe mit Forelle (S. 68)

abends
→ Putenstreifen »rot-weiß« (S. 134)

zwischendurch Honigmelonensalat mit Mascarponecreme (S. 155)

Nährwerte 1040 kcal, 31 % E · 38 % F · 32 % KH

Tipp Holen Sie Ihre Lieblingsjeans von vor drei Jahren aus dem Schrank. Was, die passt nicht mehr? Dann freuen Sie sich auf Ihr neues LowCarb-Leben, denn dann wird die Hose bald wieder wie angegossen sitzen.

10. Tag

morgens
→ Cashew-Quark-Müsli (S. 27)

mittags
→ Provenzalisches Rührei (S.33)

abends
→ Gefüllte Avocado (S. 39)

zwischendurch Sojadrink mit Aprikosen (S. 152)

Nährwerte 944 kcal, 23 % E · 46 % F · 30 % KH

Tipp Haben Sie Gelüste auf Süßes? Na und! Bevor Sie sich lange quälen, genießen Sie lieber ein Stück Bitterschokolade (Kakaoanteil mind. 70 %) und lassen dieses ganz langsam auf der Zunge zergehen. Mmh!

13. Tag

morgens
→ Buttermilchbrötchen (S. 162) mit Frischkäse und einem Klecks zuckerfreier Konfitüre

mittags
→ Mozzarella-Spieße (S. 29)

abends
→ Hähnchenbrust im Walnussmantel (S. 137)

zwischendurch Sesam-Joghurt-Drink (S. 26)

Nährwerte 1065 kcal, 37 % E · 40 % F · 22 % KH

Tipp Purzeln bei Ihnen schon die Pfunde? Dann gönnen Sie sich doch zur Belohnung einen Friseurbesuch oder einen Termin bei der Kosmetikerin. Tut der Seele gut, macht Laune und entspannt.

14. Tag

morgens
→ Rührei auf italienische Art (S. 100)

mittags
→ Quarkbällchen mit Aprikosensauce (S. 158)

abends
→ Lachstatar mit Dillpesto (S. 37)

zwischendurch Mango-Lassi (S. 152)

Nährwerte 1092 kcal, 22 % E · 47 % F · 31 % KH

Tipp Der letzte Tag der Einstiegswochen – und Sie fühlen sich leichter mit unserer sanften LowCarb-Ernährung. Die Rezepte haben Ihnen Appetit auf mehr gemacht? Dann blättern Sie auf Seite 24 und genießen Sie ganz lowcarb Frühstück, Snacks, Salate, Aufläufe, Süßes und vieles, vieles mehr. Jeden Tag, durchs Jahr, für immer.

Frühstücksideen & Snacks

Wie möchten Sie denn gerne **munter werden?** Mit einem sanft-fruchtigen Müsli, das leise nussig knuspert – oder dürfen Ihre Geschmacksnerven **morgens** schon kräftig gekitzelt werden? Vielleicht sind Sie ja so früh noch gar nicht auf was Festes aus. In diesem Fall hätten wir auch **allerlei Cremiges, genussvoll** aus dem Glas zu schlürfen. Für wohlig satte, kalorienleichte **Morgenstunden.**

Knackiges und Pikantes gibt's dann später, warm oder kalt, für zwischendurch – vielleicht auch als **Abendimbiss**. Denn leicht und eiweißreich gesnackt lässt sich's **satt und unbeschwert** einschlafen.

Mandel-Buttermilch mit Erdbeeren

Muntermacher
15 Min.
pro Glas ca. 274 kcal, 63 kcal/100 g
11 g E (13 %) · 16 g F (41 %) · 39 g KH (46 %)

ZUTATEN FÜR 2 GLÄSER

2 EL Haferflocken
250 g Erdbeeren
500 ml Buttermilch
2 EL Mandelmus (Reformhaus, Bioladen)
2 TL Honig

ZUBEREITUNG

1. Haferflocken mit 5 EL Wasser vermischen und ca. 15 Min. quellen lassen. Erdbeeren waschen, putzen und in Stücke schneiden.

2. Mit dem Pürierstab die Buttermilch mit Erdbeeren, Mandelmus, Honig, den eingeweichten Haferflocken und dem Einweichwasser fein pürieren.

Austauschen Keine Erdbeersaison? Sie können den Drink ebenso gut mit TK-Erdbeeren zubereiten. Es reicht, wenn die Beeren nur knapp aufgetaut sind, das ergibt einen besonders kühlen Drink. Und auch Himbeeren oder eine Beerenmischung eignen sich für dieses vitaminreiche Schlückchen.

Sesam-Joghurt-Drink mit Grapefruit

mit dem besonderen Aroma
20 Min.
pro Glas ca. 274 kcal, 78 kcal/100 g
15 g E (24 %) · 10 g F (35 %) · 26 g KH (41 %)

ZUTATEN FÜR 2 GROSSE GLÄSER

2 EL Sojaflocken
2 große Grapefruits
400 g Sojajoghurt
1 EL Tahin (Sesampaste; Bioladen, türk. Lebensmittelgeschäft)
2 TL Honig
1 Prise Zimtpulver

ZUBEREITUNG

1. Die Sojaflocken mit 5 EL Wasser vermischen und 15 Min. quellen lassen. Die Grapefruits auspressen.

2. Mit dem Pürierstab den Joghurt mit dem Grapefruitsaft, mit Tahin, Honig, Zimt und den eingeweichten Sojaflocken gut mixen.

Variante Wenn Sie das Grapefruitfruchtfleisch mit dazugeben, wird der Drink zur leckeren Kaltschale, die am besten mit dem Löffel zu essen ist.

Austauschen Bereiten Sie den Drink auch einmal mit frisch gepresstem Orangen- oder Mandarinensaft zu.

Besonders Aromatischer Kardamom und eine Prise fein gehackte Ingwerwurzel geben diesem Drink den echt orientalischen Touch.

Cashew-Quark-Müsli mit Melonen

mit milder Süße
20 Min.
pro Portion ca. 225 kcal, 60 kcal/100 g
26 g E (35 %) · 7 g F (21 %) · 34 g KH (44 %)

ZUTATEN FÜR 2 PORTIONEN

2 EL Haferflocken
300 g Zuckermelone
2 EL Cashewkerne (20 g)
300 g Magerquark
100 g Joghurt (3,5 % Fett)
1 TL Honig

ZUBEREITUNG

1. Die Haferflocken mit 4 EL kaltem Wasser vermischen und 15 Min. quellen lassen.

2. Zuckermelone schälen und die Samen entfernen. Das Fruchtfleisch in kleine Stücke schneiden. Die Cashewkerne hacken.

3. Den Quark mit Joghurt und Honig glatt rühren. Eingeweichte Haferflocken und gehackte Cashewkerne untermischen.

4. Das Cashew-Quark-Müsli portionsweise anrichten und mit den Melonenstücken bestreuen.

Austauschen Im Sommer kann dieses knackige, nussige Müsli auch mit klein geschnittenen Pfirsichen und Aprikosen zubereitet werden. Im Winter schmecken dazu saftige Kiwi- und Birnenstücke, aber auch Mango und Papaya.

Zitrusfrüchte-Salat auf körniger Joghurtcreme

knackig fein
15 Min.
pro Portion ca. 344 kcal, 60 kcal/100 g
24 g E (28 %) · 9 g F (24 %) · 41 g KH (48 %)

ZUTATEN FÜR 2 PORTIONEN

1 kleine Grapefruit
1 kleine Blutorange
1 Kiwi · 2 Mandarinen
1 EL Walnusskerne
150 g körniger Frischkäse
100 g Joghurt (3,5 % Fett)
1 TL Honig
150 g Magerquark

ZUBEREITUNG

1. Die Grapefruit und die Blutorange mit einem scharfen Messer schälen. Über einer Schüssel das Fruchtfleisch zwischen den Trennwänden herausschneiden, den Saft auffangen. Grapefruit- und Orangenfruchtfleisch nach Belieben in Stücke schneiden.

2. Die Kiwi schälen, halbieren und in Scheiben schneiden. Mandarinen auspressen und die Walnüsse hacken.

3. Grapefruit- und Orangenstücke sowie die Kiwischeibchen mit dem Mandarinensaft vermischen.

4. Den Frischkäse mit Joghurt und Honig mischen. Dann den Quark unterrühren. Die körnige Joghurtcreme portionsweise mit dem Zitrusfrüchte-Salat anrichten und mit den gehackten Walnüssen bestreuen.

Mozzarella-Tomaten-Spießchen

klein und fein
15 Min.
pro Portion ca. 304 kcal, 107 kcal/100 g
22 g E (30 %) · 20 g F (60 %) · 8 g KH (10 %)

ZUTATEN
FÜR 2 PORTIONEN

150 g kleine Cocktailtomaten
150 g Gurke (am besten Mini-Gurken)
6 Basilikumzweige
2 Pumpernickeltaler (à 10 g)
200 g Mini-Mozzarella-Kugeln
Salz · Pfeffer
Holzspieße

ZUBEREITUNG

1. Die Tomaten waschen, Gurke(n) schälen. Kleine Gurken quer in Scheiben schneiden, große vorher längs halbieren oder vierteln. Das Basilikum waschen, trockenschütteln und abzupfen.

2. Cocktailtomaten, Gurkenscheibchen, Mozzarellakugeln und Basilikumblätter auf die Holzspieße stecken. Die Spießchen anrichten, nach Belieben mit Salz und grob gemahlenem Pfeffer würzen. Die Pumpernickeltaler dazureichen.

Austauschen Appetit auf herzhaften Käsegenuss? Dann verwenden Sie für die Spießchen Bergkäse oder Cheddar.

Variante Sie können auch Käse und gewürfelte Hähnchenbrust abwechselnd auf die Spießchen stecken.

Gorgonzolacreme mit Birnen

tolle Kombination
15 Min.
pro Portion ca. 326 kcal, 89 kcal/100 g
25 g E (31 %) · 12 g F (32 %) · 30 g KH (37 %)

ZUTATEN
FÜR 2 PORTIONEN

70 g Gorgonzola
250 g Magerquark
Pfeffer · Salz
2 große saftige Birnen
1 EL gehackte glatte Petersilie oder einige Petersilienblättchen

ZUBEREITUNG

1. Den Gorgonzola mit der Gabel fein zerdrücken und mit dem Quark glatt rühren. Die Creme mit Pfeffer und Salz abschmecken.

2. Birnen waschen und halbieren. Jeweils Stiel, Blütenansatz und Kernhaus entfernen. Das Fruchtfleisch in Schnitze schneiden.

3. Die Birnenschnitze portionsweise mit der Gorgonzolacreme anrichten und mit der Petersilie garnieren.

Tipp Vom Frühstücks-Snack zum Buffetstar: Schneiden Sie rote, grüne und gelbe Paprikaschoten in große Schnitze. Mit Hilfe von zwei Teelöffeln aus der Gorgonzolacreme kleine Klößchen abstechen und in die Paprikaschnitze setzen. Statt mit Birnenschnitzen mit schwarzen Oliven und Basilikumblättern garnieren.

Roastbeef-Röllchen mit Möhrencreme

macht was her
15 Min.
pro Portion ca. 245 kcal, 48 kcal/100 g
35 g E (58 %) · 5 g F (17 %) · 15 g KH (25 %)

ZUTATEN
FÜR 2 PORTIONEN

1 rote Paprikaschote
1 kleine Möhre
5 Stangen Staudensellerie
1 kleine Essiggurke
200 g Magerquark
2 EL gehackte glatte Petersilie
Salz · Pfeffer
150 g Roastbeef

ZUBEREITUNG

1. Paprikaschote waschen, putzen und das Fruchtfleisch sehr klein würfeln. Die Möhre schälen, putzen und fein reiben. Selleriestangen waschen, putzen und in Streifen schneiden. Die Essiggurke in sehr feine Würfel schneiden.

2. Den Quark mit Paprika- und Essiggurkenwürfeln, geriebenen Möhren und Petersilie vermischen. Die Füllung mit Salz und Pfeffer abschmecken.

3. Auf jede Roastbeefscheibe etwas Möhrenfüllung geben und die Scheiben aufrollen. Die Roastbeefröllchen portionsweise mit den Sellerie-Sticks anrichten.

Besonders Sie mögen es morgens gerne pikant? Dann vermischen Sie doch die Möhrencreme mit Meerrettich oder mit fein gehacktem grünem Pfeffer aus dem Glas.

Variante Die Möhrencreme schmeckt auch gut in Tomaten oder auf Chicoréeblättchen.

Lachs auf Gurken-Carpaccio

knackig, zart & cremig
15 Min.
pro Portion ca. 267 kcal, 75 kcal/100 g
20 g E (31 %) · 11 g F (36 %) · 21 g KH (32 %)

ZUTATEN
FÜR 2 PORTIONEN

300 g Salatgurke
Salz · Pfeffer
2 EL Zitronensaft
1 EL gehackter Dill
100 g Joghurt (3,5 % Fett)
50 g saure Sahne (10 % Fett)
2 EL Schnittlauchröllchen
2 Scheiben Vollkorntoast
150 g Räucherlachs

ZUBEREITUNG

1. Die Gurke schälen und in sehr feine Scheiben schneiden oder hobeln. Gurkenscheiben auf großen Tellern dekorativ anrichten. Salzen und pfeffern. Das Gurken-Carpaccio mit Zitronensaft beträufeln und mit gehacktem Dill bestreuen.

2. Joghurt und saure Sahne glatt rühren. Die Schnittlauchröllchen untermischen. Die Sauce mit Salz und Pfeffer würzen.

3. Die Toastscheiben in Würfel oder Streifen schneiden, in einer beschichteten Pfanne ohne Fett kurz knusprig braun rösten.

4. Den Lachs dekorativ auf das Gurken-Carpaccio legen, die Schnittlauchsauce und das Brot dazuservieren.

Gefüllte Eier auf Tomaten

einfach, lecker
20 Min.
pro Portion ca. 164 kcal, 98 kcal/100 g
10 g E (24 %) · 12 g F (65 %) · 5 g KH (11 %)

ZUTATEN FÜR 2 PORTIONEN

2 Eier
2 TL Kapern
30 g Crème fraîche
2 TL Senf
2 TL Zitronensaft
Salz · Pfeffer
4 Tomaten
3 Frühlingszwiebeln

ZUBEREITUNG

1. Die Eier hart kochen, in kaltem Wasser abschrecken, pellen und mit einem scharfen Messer längs halbieren.

2. Eihälften mit einem Esslöffel aus der Schale heben. Eigelbe mit der Gabel fein zerdrücken. Die Kapern fein hacken. Eigelbe, Kapern, Crème fraîche, Senf und Zitronensaft verrühren. Die Creme mit Salz und Pfeffer abschmecken, in die Eihälften füllen.

3. Tomaten waschen und Stielansätze entfernen. Die Früchte in dünne Scheiben schneiden. Die Frühlingszwiebeln waschen, putzen und in Ringe oder Julienne schneiden.

4. Die Tomaten portionsweise anrichten, leicht salzen und pfeffern. Die gefüllten Eier auf die Tomaten setzen und mit den Frühlingszwiebeln garnieren.

Paprikaschiffchen mit Camembertcreme

knackig frisch
15 Min.
pro Portion ca. 247 kcal, 124 kcal/100 g
20 g E (31 %) · 14 g F (47 %) · 14 g KH (22 %)

ZUTATEN FÜR 2 PORTIONEN

1 gelbe Paprikaschote
1 rote Paprikaschote
1/2 Kästchen Kresse
2 Scheiben Vollkornknäckebrot
120 g reifer Camembert
100 g Magerquark
Pfeffer

ZUBEREITUNG

1. Die Paprikaschoten waschen und putzen. Das Fruchtfleisch in große Schnitze schneiden. Kresse abbrausen und abtropfen lassen. Die Knäckebrote zerkrümeln.

2. Camembertrinde dünn abschneiden. Den Camembert mit der Gabel zerdrücken und mit dem Quark vermischen. Die Creme mit Pfeffer abschmecken.

3. Aus der Käsecreme mit Teelöffeln kleine Nocken abstechen. Diese in die Paprikaschnitze setzen und mit den Knäckekrümeln bestreuen. Mit Kresse garniert servieren.

Variante Dieses Rezept ist ideal zur peppigen Verwertung von Käseresten. Schmeckt auch mit Roquefort, geriebenem Parmesan und Emmentaler.

Räucherforellen-Schnitten mit Meerrettichcreme

schmeckt nach Norden
15 Min.
pro Portion ca. 283 kcal, 98 kcal/100 g
27 g E (39 %) · 9 g F (29 %) · 22 g KH (32 %)

ZUTATEN FÜR 2 PORTIONEN

200 g geräucherte Forellenfilets
200 g Radieschen
4 Salatblätter
3 EL Crème fraîche
1–2 TL geriebener Meerrettich (aus dem Glas)
2 Scheiben Roggenvollkornbrot (à 50 g)
1 EL gehackte glatte Petersilie

ZUBEREITUNG

1. Forellenfilets in Stücke schneiden. Die Radieschen waschen, putzen und in Stücke schneiden. Salatblätter waschen, abtropfen lassen und grob zerzupfen.

2. Die Crème fraîche mit dem Meerrettich verrühren. Die Brotscheiben mit der Meerrettichcreme bestreichen, mit den Salatblättern und den Forellenstücken belegen.

3. Die Brötchen mit der gehackten Petersilie bestreuen. Die Radieschen dazuessen.

Besonders Fingerfood: Eine dicke Gurke in Scheiben schneiden. Auf jede Gurkenscheibe einen Klecks Meerrettichcreme, 1 Stück geräucherte Forelle und 1 Radieschen geben. Das Ganze wird mit einem Zahnstocher festgehalten und eignet sich auch prima für Überraschungsgäste.

Räuchertofu-Happen mit pikanter Nusscreme

vegetarisch
15 Min.
pro Portion ca. 292 kcal, 140 kcal/100 g
14 g E (18 %) · 22 g F (62 %) · 15 g KH (20 %)

ZUTATEN FÜR 2 PORTIONEN

200 g geräucherter Tofu (Reformhaus, Bioladen)
2 Tomaten
1/2 Bund Rucola
2 Frühlingszwiebeln
1 EL Haselnusskerne
1 EL Haselnussmus
2 TL Nussöl (ersatzweise Rapsöl)
1–2 TL scharfer Senf
1–2 EL Zitronensaft
1 EL Sojasauce
2 Scheiben Vollkorntoast

ZUBEREITUNG

1. Den Tofu in dünne Scheiben schneiden. Tomaten waschen und in dünne Scheiben schneiden, dabei die Stielansätze entfernen.

2. Rucola verlesen, waschen und trockenschütteln. Die Frühlingszwiebeln waschen, putzen und in Ringe schneiden. Die Haselnüsse grob hacken.

3. Das Haselnussmus mit Nussöl, Senf, Zitronensaft und der Sojasauce glatt rühren. Die Toastscheiben rösten und mit der Nusscreme bestreichen.

4. Die Toastbrote mit Rucola, Räuchertofu- und Tomatenscheiben belegen, auf Teller setzen. Übrigen Belag daneben anrichten. Alles mit den Frühlingszwiebeln und den gehackten Haselnüssen garnieren.

Gefüllte Eier (hinten), Räucherforellen-Schnitten (2. von hinten), Paprikaschiffchen (2. von vorne), Räuchertofu-Happen (vorne)

Gemüsesticks in geräucherter Putenbrust mit Senfrahm

würzig leicht
15 Min.
pro Portion ca. 242 kcal, 62 kcal/100 g
29 g E (49 %) · 6 g F (23 %) · 17 g KH (28 %)

ZUTATEN FÜR 2 PORTIONEN

1 Möhre
1 rote Paprikaschote
150 g Salatgurke
1/4 Bund Schnittlauch
80 g saure Sahne (10 % Fett)
2 TL Senf · Salz · Pfeffer
200 g geräucherte Putenbrust (in feine Scheiben geschnitten)
2 Scheiben Vollkornknäckebrot
Zahnstocher oder Schnittlauchhalme zum Fixieren

ZUBEREITUNG

1. Möhre schälen, putzen und in dünne Streifen schneiden. Die Paprikaschote waschen und putzen, das Fruchtfleisch ebenfalls in Streifen schneiden. Die Gurke schälen und in Streifen schneiden.

2. Den Schnittlauch waschen und trockenschütteln. Saure Sahne und Senf vermischen, mit Salz und Pfeffer abschmecken.

3. Die Gemüsesticks und den Schnittlauch auf den Putenbrustscheiben verteilen. Die Scheiben aufrollen und mit Zahnstochern oder Schnittlauchschleifen fixieren.

4. Den Senfrahm zu den Putenröllchen anrichten. Das Knäckebrot dazureichen.

Avocadofächer mit Garnelen und Tomaten-Paprika-Salsa

macht was her
15 Min.
pro Portion ca. 247 kcal, 122 kcal/100 g
13 g E (21 %) · 19 g F (68 %) · 7 g KH (11 %)

ZUTATEN FÜR 2 PORTIONEN

1 kleine reife Avocado (ca. 175 g)
2–3 EL Zitronensaft
1 Tomate
1 gelbe Paprikaschote
1 Frühlingszwiebel
2 EL gehacktes Koriandergrün (ersatzweise glatte Petersilie)
Salz · Cayennepfeffer
150 g gegarte geschälte Garnelen

ZUBEREITUNG

1. Die Avocado halbieren und den Kern entfernen. Die Schale mit einem scharfen Messer abschneiden. Fruchtfleisch fächerförmig einschneiden und portionsweise auf flachen Tellern anrichten. Die Avocadofächer mit 1 EL Zitronensaft beträufeln.

2. Tomate waschen, den Stielansatz entfernen und fein würfeln. Die Paprikaschote waschen und putzen, das Fruchtfleisch fein würfeln. Frühlingszwiebeln waschen, putzen und in Ringe schneiden.

3. Tomaten- und Paprikawürfel, Frühlingszwiebeln, gehacktes Koriandergrün und 1–2 EL Zitronensaft vermischen. Die Salsa mit Salz und Cayennepfeffer abschmecken.

4. Die Garnelen auf die Avocadofächer geben und die Salsa darüber verteilen.

Provenzalisches Rührei mit Tomaten-Paprika-Sauce

einfach pfiffig
30 Min.
pro Portion ca. 258 kcal, 81 kcal/100 g
17 g E (27 %) · 17 g F (61 %) · 5 g KH (9 %)

ZUTATEN FÜR 2 PORTIONEN

1 Schalotte
1 grüne Paprikaschote
300 g Tomaten
2 TL Olivenöl
Salz · Pfeffer
4 Eier
Basilikumblätter zum Garnieren

ZUBEREITUNG

1. Die Schalotte schälen und hacken. Die Paprikaschote waschen und putzen, das Fruchtfleisch würfeln. Tomaten kurz in kochendes Wasser legen, kalt abschrecken und die Haut abziehen. Stielansätze entfernen und das Fruchtfleisch würfeln.

2. 1 TL Olivenöl in einer beschichteten Pfanne erhitzen, Schalotten darin anbraten. Paprika dazugeben und anbraten. Tomaten hinzufügen und zu einer Sauce einkochen. Mit Salz und Pfeffer würzen.

3. Die Eier verquirlen, salzen und pfeffern. 1 TL Öl in einer zweiten beschichteten Pfanne erhitzen. Die Eier in die Pfanne gießen und unter Rühren ein Rührei braten.

4. Das Rührei mit der Tomaten-Paprika-Sauce anrichten. Mit Basilikum – ganzen oder geschnittenen Blättchen – garnieren.

Gegrillter Käse auf Mini-Toasts mit Kräutercreme

ofenfrisch am besten
15 Min.
pro Portion ca. 327 kcal, 159 kcal/100 g
21 g E (26 %) · 19 g F (53 %) · 16 g KH (21 %)

ZUTATEN FÜR 2 PORTIONEN

1 Bund Radieschen
2 Frühlingszwiebeln
2 Scheiben Vollkorntoast
100 g Cheddar oder Gouda
50 g Magerquark
50 g Joghurt (3,5 % Fett)
1 EL gehackter Dill
1 EL gehackte glatte Petersilie
Salz · Pfeffer
1 TL Senf

ZUBEREITUNG

1. Den Backofen auf 200° (Umluft 180°) vorheizen. Radieschen waschen, putzen und in Schnitze schneiden. Frühlingszwiebeln waschen, putzen und in Ringe schneiden.

2. Die Toastscheiben vierteln. Den Cheddar in Streifen schneiden.

3. Quark mit dem Joghurt glatt rühren. Dill und Petersilie untermischen. Die Kräutercreme mit Salz und Pfeffer abschmecken.

4. Die Mini-Toasts auf ein Backblech legen und im heißen Ofen 3 Min. rösten.

5. Toastviertel mit Senf bestreichen, mit dem Cheddar belegen und noch ca. 4 Min. überbacken, bis der Käse zu schmelzen beginnt.

6. Die Mini-Toasts portionsweise mit Kräutercreme und Radieschenschnitzen anrichten. Mit Frühlingszwiebeln bestreuen.

Möhren-Kokosmilch-Mix

mit Ingwer-Frische
5 Min.
pro Portion ca. 172 kcal, 82 kcal/100 g
4 g E (10 %) · 12 g F (60 %) · 12 g KH (30 %)

ZUTATEN FÜR 2 GLÄSER (à 200 ml)

1 haselnussgroßes Stück Ingwerwurzel
200 ml Möhrensaft
100 ml Kokosmilch
100 g Kefir (1,5 % Fett)
1 EL Apfeldicksaft
Kokoschips zum Garnieren nach Belieben

ZUBEREITUNG

1. Den Ingwer schälen und fein reiben. Mit Möhrensaft, Kokosmilch, Kefir und Dicksaft in einen Mixer geben und pürieren.

2. Den Drink in Gläser gießen und nach Belieben mit Kokoschips garnieren.

Austauschen Statt mit frischer Ingwerwurzel den Drink mit gemahlenem Ingwer würzen. Macht auch scharf, allerdings ohne die frisch-säuerliche Note.

Tipp Der Mix ist gut gekühlt herrlich erfrischend. Darum Möhrensaft und Kokosmilch schon vorher für einige Stunden in den Kühlschrank stellen.

Gurken-Sojamilch

Sommerhit
10 Min.
pro Portion ca. 69 kcal, 24 kcal/100 g
4 g E (26 %) · 2 g F (26 %) · 8 g KH (47 %)

ZUTATEN FÜR 2 GLÄSER (à 200 ml)

1 Salatgurke (ca. 400 g)
1/2 Bund Dill
150 ml ungesüßter Soja-Drink (Reformhaus)
1 TL Apfeldicksaft
Salz · Pfeffer

ZUBEREITUNG

1. Die Gurke schälen, längs halbieren und in Stücke schneiden. Den Dill waschen und die Blättchen abzupfen.

2. Gurke, Dill, Soja-Drink und Apfeldicksaft in einen Mixer geben und pürieren.

3. Den Drink mit Salz und Pfeffer würzen. In Gläser füllen und servieren.

Austauschen Statt des Soja-Drinks können Sie auch fettarme Milch verwenden.

Besonders Mit einigen Spritzern grünem Tabasco oder Worcestersauce wird das Getränk noch würziger.

Tipp Schön kalt wird der Drink, wenn Sie einige Eiswürfel mit in den Mixer geben und mit den übrigen Zutaten pürieren.

Rote-Beten-Drink

besonders reich an Eisen
5 Min.
pro Portion ca. 112 kcal, 54 kcal/100 g
4 g E (17 %) · 2 g F (12 %) · 19 g KH (71 %)

ZUTATEN FÜR 2 GLÄSER (à 200 ml)

200 ml Rote-Beten-Saft
200 g Joghurt (1,5 % Fett)
2 EL Apfeldicksaft
Salz · Cayennepfeffer

ZUBEREITUNG

1. Rote-Beten-Saft, Joghurt und Apfeldicksaft in einen Mixer geben und pürieren.

2. Den Drink mit Salz und Cayennepfeffer abschmecken, in Gläser füllen und servieren.

Austauschen Schmeckt auch toll mit Dickmilch oder Kefir.

Besonders Noch würziger schmeckt der Drink, wenn Sie von einigen Stängeln Dill die Blättchen abzupfen und mit den Zutaten im Mixer pürieren.

Info Apfeldicksaft wird durch Einkochen von Apfelsaft hergestellt. Er schmeckt leicht säuerlich und charakteristisch fruchtig. Der Sirup harmoniert ausgesprochen gut mit dem Rote-Beten-Aroma. Alternativ können Sie aber auch mit dem milden Agavendicksaft süßen.

Avocado-Orangen-Milch

mit dem besonderen Aroma
5 Min.
pro Portion ca. 262 kcal, 100 kcal/100 g
6 g E (9 %) · 20 g F (69 %) · 14 g KH (22 %)

ZUTATEN FÜR 2 GLÄSER (à 200 ml)

2 Orangen
1 kleine reife Avocado (175 g)
200 ml ungesüßter Soja-Drink (Reformhaus)
2 EL Apfeldicksaft

ZUBEREITUNG

1. Die Orangen auspressen (ergibt 150 ml Saft). Die Avocado halbieren, Kern entfernen und Fruchtfleisch herauslösen.

2. Avocado, Orangensaft, Soja-Drink und Apfeldicksaft in einen Mixer geben und pürieren. In Gläser füllen.

Austauschen Schneller geht's, wenn Sie statt frisch gepresstem einfach fertig gekauften reinen Orangensaft nehmen.

Tipp Wer es pikant mag, würzt das Getränk mit etwas Cayennepfeffer.

Info Eine reife Avocado ist absolutes Muss für diesen Drink. Kaufen Sie also eine Frucht, die sich weich anfühlt und deren Schale auf leichten Druck nachgibt. Ist die Avocado noch nicht ganz weich, wird sie das in einigen Tagen zu Hause. Keinesfalls aber steinharte Avocados nehmen, denn die reifen oftmals nicht richtig nach.

Avocado-Orangen-Milch (hinten), Möhren-Kokosmilch-Mix (rechts), Gurken-Sojamilch (vorne), Rote-Beten-Drink (links)

Gemüsesticks mit Roquefort-Quark

für zwischendurch
30 Min.
pro Portion ca. 380 kcal, 46 kcal/100 g
31 g E (34 %) · 13 g F (31 %) · 31 g KH (35 %)

ZUTATEN
FÜR 2 PORTIONEN

- 50 g Roquefort
- 250 g Magerquark
- 3 EL Milch
- 3 EL kohlensäurehaltiges Mineralwasser
- Salz · Pfeffer
- 1/2 Bund Schnittlauch
- 250 g Möhren
- 250 g Staudensellerie
- 200 g Kohlrabi
- 300 g rote und gelbe Paprikaschoten
- 1/2 Salatgurke
- 1 EL gehackte Walnusskerne

ZUBEREITUNG

1. Roquefort mit einer Gabel fein zerdrücken. Mit Quark, Milch und Mineralwasser verrühren, salzen und pfeffern.

2. Den Schnittlauch waschen, trockenschütteln, in Röllchen schneiden und in den Roquefort-Quark rühren.

3. Das Gemüse schälen bzw. waschen, putzen und in lange Stifte schneiden. Dekorativ auf einer Platte anrichten. Den Dip mit Walnüssen bestreuen und separat dazureichen.

Austauschen Statt Roquefort einen anderen Edelpilzkäse nehmen, z. B. Gorgonzola.

Tipp Die Gemüsestifte mit dem pikanten Dip sind ein prima Imbiss für unterwegs. Dazu beides separat in gut schließende Dosen verpacken.

Radieschen-Kräuterquark-Schiffchen

preiswerte Genießer-Vitamine
25 Min.
pro Portion ca. 163 kcal, 31 kcal/100 g
22 g E (57 %) · 1 g F (6 %) · 14 g KH (37 %)

ZUTATEN
FÜR 2 PORTIONEN

- 1 Bund Radieschen (150 g)
- 1 kleine Zwiebel
- 1/2 Bund Schnittlauch
- 1/2 Bund glatte Petersilie
- 1 Bund Dill
- 250 g Magerquark
- Salz · Pfeffer
- 25 g Radieschensprossen
- 1 Salatgurke (500 g)

ZUBEREITUNG

1. Die Radieschen waschen, putzen und in Stifte schneiden. Die Zwiebel schälen und fein würfeln.

2. Kräuter waschen und trockenschütteln. Den Schnittlauch in Röllchen schneiden. Petersilienblättchen abzupfen und hacken. Dill fein schneiden.

3. Radieschen, Zwiebeln, Kräuter und Quark verrühren. Mit Salz und Pfeffer würzen. Sprossen waschen und abtropfen lassen.

4. Die Gurke waschen, putzen und längs halbieren. Samen mit einem Teelöffel herausschaben. Gurkenhälften quer in je 4 Stücke teilen und mit Quark füllen. Die Sprossen darauf verteilen.

Austauschen Statt Gurkenschiffchen längs halbierte Spitzpaprikaschoten füllen.

Dazu passt Knäckebrot

Mango-Frischkäse mit Ingwer

fruchtig-scharf
20 Min.
pro Portion ca. 146 kcal, 86 kcal/100 g
7 g E (21 %) · 3 g F (19 %) · 21 g KH (60 %)

ZUTATEN FÜR 2 PORTIONEN

1/2 reife Mango (200 g)
1 walnussgroßes Stück Ingwerwurzel
100 g Frischkäse (16 % Fett absolut)
Salz · Cayennepfeffer
4 Scheiben Pumpernickeltaler (à 10 g)
einige Halme Schnittlauch

ZUBEREITUNG

1. Mango schälen, das Fruchtfleisch gegebenenfalls vom Kern schneiden. Die Hälfte des Mangofruchtfleisches in feine Würfel, den Rest in dünne Spalten schneiden.

2. Den Ingwer schälen und fein reiben. Frischkäse, Ingwer und Mangowürfel verrühren. Mit Salz und Cayennepfeffer würzen.

3. Einen Teil des Mango-Frischkäses auf die Brotscheiben geben, pro Portion 2 Scheiben auf Teller setzen. Restlichen Frischkäse daneben geben, mit den Mangospalten garnieren.

4. Schnittlauch waschen, trockenschütteln und in Röllchen schneiden. Das Gericht damit garnieren.

Tipp Die übrige Mangohälfte würfeln, mit anderem klein geschnittenen Obst mischen und als Dessert oder Imbiss genießen.

Austauschen Es ist Pfirsichzeit? Nehmen Sie frische Pfirsiche statt der Mango.

Lachstatar mit Dillpesto

raffiniert
35 Min.
pro Portion ca. 304 kcal, 176 kcal/100 g
19 g E (25 %) · 18 g F (54 %) · 16 g KH (21 %)

ZUTATEN FÜR 2 PORTIONEN

150 g Lachsfilet (ohne Haut)
1 Schalotte
1 TL geriebener Meerrettich (aus dem Glas)
abgeriebene Schale und 1 EL Saft von einer unbehandelten Limette
Salz · Pfeffer
10 g Pinienkerne
1/2 Bund Dill
10 g frisch geriebener Parmesan
3 TL Olivenöl
einige Salatblätter
8 Pumpernickeltaler (à 10 g)

ZUBEREITUNG

1. Vom Lachsfilet das gräuliche Fleisch abschneiden. Das Filet kalt abspülen, trockentupfen und in sehr feine Würfel schneiden.

2. Schalotte schälen und ebenfalls fein würfeln. Lachs, Schalotte, Meerrettich, Limettenschale und -saft verrühren. Mit Salz und Pfeffer würzen, zugedeckt 30 Min. ziehen lassen.

3. Inzwischen die Pinienkerne in einer Pfanne ohne Fett rösten, herausnehmen und auskühlen lassen. Dill waschen, trockenschütteln und fein schneiden. Parmesan, Pinienkerne und Olivenöl im Mixer zerkleinern. Dill unterrühren. Mit Salz und Pfeffer abschmecken.

4. Salat waschen, putzen, trockenschütteln und in Stücke zupfen. Die Pumpernickeltaler damit belegen. Lachstatar darauf anrichten. Mit etwas Dillpesto beträufeln.

Tipp Statt Limette können Sie auch etwas abgeriebene Schale von einer unbehandelten Zitrone und 1 EL Zitronensaft nehmen.

Spargelsalat mit Lachswürfeln (hinten), Gratinierte Ziegenkäsetaler auf Feldsalat (vorne)

Spargelsalat mit Lachswürfeln

für Spargelfans
35 Min.
pro Portion ca. 270 kcal, 71 kcal/100 g
22 g E (33 %) · 17 g F (55 %) · 8 g KH (12 %)

ZUTATEN FÜR 2 PORTIONEN

500 g grüner Spargel · Salz
200 g Lachsfilet
1 EL Zitronensaft
Pfeffer
2 EL kaltgepresstes Rapsöl
2 EL Weißweinessig
1 EL Apfeldicksaft
Cayennepfeffer

ZUBEREITUNG

1. Vom Spargel nur das untere Drittel schälen, die Enden abschneiden. Die Stangen in mundgerechte Stücke schneiden. In kochendem Salzwasser in ca. 7 Min. bissfest garen. Abgießen, abschrecken und abtropfen lassen.

2. Das Lachsfilet kalt abspülen, trockentupfen, in ca. 2 cm große Würfel schneiden. Mit Zitronensaft beträufeln, salzen und pfeffern. 1 TL Öl in einer beschichteten Pfanne erhitzen. Die Lachswürfel darin kräftig anbraten und herausnehmen.

3. Essig, Apfeldicksaft, Salz und Cayennepfeffer verrühren. Das übrige Öl unterrühren. Spargel und Lachs anrichten, mit der Marinade begießen und etwas ziehen lassen.

Austauschen Der Salat schmeckt auch gut mit Seelachsfilet.

Gratinierte Ziegenkäsetaler auf Feldsalat

fein für Besuch
30 Min.
pro Portion ca. 256 kcal, 73 kcal/100 g
12 g E (21 %) · 14 g F (51 %) · 16 g KH (28 %)

ZUTATEN FÜR 2 PORTIONEN

100 g Feldsalat
300 g Cocktailtomaten
1 kleine Zwiebel
1 TL mittelscharfer Senf
1 TL Apfeldicksaft
2 EL Weißweinessig
Salz · Pfeffer
2 EL Rapsöl
1 kleiner Apfel
10 g gehobelte Haselnüsse
2 Ziegenfrischkäsetaler (à 40 g)

ZUBEREITUNG

1. Den Feldsalat gründlich, gegebenenfalls mehrmals, waschen, putzen und trockenschütteln. Die Tomaten waschen und halbieren oder vierteln.

2. Den Backofengrill vorheizen. Die Zwiebel schälen und fein würfeln. Mit Senf, Apfeldicksaft, Essig, Salz und Pfeffer verrühren. Das Öl unterrühren.

3. Den Apfel waschen, vierteln und das Kernhaus entfernen. Das Fruchtfleisch in kleine Würfel schneiden, mit der Marinade mischen. Die Nüsse in einer Pfanne ohne Fett kurz rösten, herausnehmen.

4. Frischkäsetaler auf ein Stück Backpapier setzen und unter dem heißen Grill des Backofens ca. 4 Min. gratinieren.

5. Salat, Cocktailtomaten und Apfelmarinade mischen und auf Tellern anrichten. Die Käsetaler darauf verteilen. Mit Nüssen bestreuen.

Gefüllte Avocado

besonders lecker
15 Min.
pro Portion ca. 263 kcal, 95 kcal/100 g
11 g E (17 %) · 19 g F (63 %) · 12 g KH (20 %)

ZUTATEN FÜR 2 PORTIONEN

250 g Tomaten
1 Frühlingszwiebel
1 EL Zitronensaft
Salz · Pfeffer
75 g Nordseekrabbenfleisch
1 kleine reife Avocado (à 175 g)
4 Pumpernickeltaler (à 10 g)

ZUBEREITUNG

1. Die Tomaten kurz in kochendes Wasser legen, kalt abschrecken und die Haut abziehen. Tomaten vierteln, Stielansätze und Samen entfernen, das Fruchtfleisch klein würfeln. Frühlingszwiebel waschen, putzen und in feine Ringe schneiden.

2. Tomaten und Frühlingszwiebeln mit dem Zitronensaft mischen, mit Salz und Pfeffer würzen. Das Krabbenfleisch unterheben.

3. Die Avocado halbieren, den Kern entfernen und die Avocadohälften mit der Tomatenmischung anrichten. Mit den Pumpernickeltalern servieren. Beim Essen nach und nach auch das Avocadofleisch aus der Schale lösen und mitgenießen.

Variante Sie können die Avocado auch halbieren, das Fruchtfleisch aus den Schalen heben, würfeln und unter die Tomatenmischung heben. Dann das Ganze auf Eisbergsalatstreifen als Salat anrichten.

Gefüllte Champignons auf Zucchini

mit aromatischem Käse
40 Min.
pro Portion ca. 194 kcal, 81 kcal/100 g
11 g E (23 %) · 14 g F (63 %) · 7 g KH (14 %)

ZUTATEN FÜR 2 PORTIONEN

4 große Champignons (à ca. 40 g)
1 kleine Zwiebel
2 TL Olivenöl
2 Stängel Thymian
Salz · Pfeffer
50 g Ziegenfrischkäse
25 g Magerquark
200 g Zucchini
2 TL Apfeldicksaft zum Beträufeln
Fett für die Form

ZUBEREITUNG

1. Den Backofen auf 200° vorheizen. Champignons putzen, die Stiele herausdrehen und fein hacken. Zwiebel schälen und fein würfeln, in einer beschichteten Pfanne in 1 TL Öl mit den Champignonstielen dünsten, bis alle Flüssigkeit verdampft ist.

2. Thymian waschen, trockenschütteln und die Blättchen abzupfen. Zwei Drittel davon zu den gedünsteten Champignons geben. Salzen, pfeffern und etwas abkühlen lassen.

3. Champignonmasse mit Frischkäse und Quark verrühren und in die Pilzhüte füllen. In eine gefettete Auflaufform setzen. Im Ofen (Mitte, Umluft 180°) ca. 20 Min. backen.

4. Inzwischen Zucchini waschen, putzen und in Scheiben schneiden. Im restlichen Öl von beiden Seiten anbraten. Mit Salz, Pfeffer und übrigem Thymian würzen und auf zwei Teller verteilen. Die Champignons darauf setzen und mit etwas Apfeldicksaft beträufeln.

Überbackene Tomaten

einfach, lecker
35 Min.
pro Portion ca. 192 kcal, 74 kcal/100 g
13 g E (27 %) · 13 g F (60 %) · 6 g KH (13 %)

ZUTATEN FÜR 2 PORTIONEN

4 Tomaten (ca. 400 g)
Salz · Pfeffer
70 g Mozzarella (gut 1/2 Kugel)
2 Stängel Basilikum
8 Scheiben fettarme Salami (25 g)
1 TL Pinienkerne
Fett für die Form

ZUBEREITUNG

1. Backofen auf 220° (Umluft 200°) vorheizen. Tomaten waschen, die Stielansätze entfernen und die Früchte waagerecht halbieren. Tomatenhälften an der unteren gewölbten Seite eventuell etwas flacher schneiden, damit sie dann waagerecht in der Form liegen.

2. Tomaten mit der Schnittfläche nach oben in eine leicht gefettete flache Auflaufform setzen und mit Salz und Pfeffer würzen.

3. Mozzarella in 8 dünne Scheiben schneiden. Basilikum waschen, trockenschütteln und Blättchen abzupfen.

4. Die Tomaten mit je 1 Salamischeibe belegen. Basilikum darauf verteilen. Mit Mozzarella belegen und pfeffern. Mit Pinienkernen bestreuen. Tomaten im heißen Ofen (Mitte) 15–20 Min. überbacken.

Bohnenbällchen auf orientalische Art

gibt's auch mal für Gäste

15 Min.

pro Portion ca. 221 kcal, 89 kcal/100 g
7 g E (14 %) · 14 g F (54 %) · 18 g KH (32 %)

ZUTATEN FÜR 2 PORTIONEN

- 125 g gegarte weiße Bohnenkerne (1/2 Dose à 425 ml Inhalt)
- 1 kleine Zwiebel
- 1 Stängel Thymian
- 10 g Kichererbsenmehl (Reformhaus)
- 10 g gehackte Pistazien
- Salz · Pfeffer
- 1/4 TL gemahlener Kreuzkümmel
- 1 Msp. Zimtpulver
- 2 EL Olivenöl
- 300 g Fleischtomaten

ZUBEREITUNG

1. Die Bohnen in ein Sieb geben, kalt überbrausen und abtropfen lassen. Zwiebel schälen und fein würfeln. Thymian waschen, trockenschütteln und die Blättchen abzupfen.

2. Die Bohnen mit einer Gabel zerdrücken. Mit Zwiebeln, Thymian, Kichererbsenmehl, Pistazien, Salz, Pfeffer, Kreuzkümmel und Zimt gut mischen. Aus der Masse mit angefeuchteten Händen ca. 12 Bällchen formen.

3. Öl in einer beschichteten Pfanne erhitzen. Die Bällchen darin unter gelegentlichem vorsichtigem Wenden goldbraun braten.

4. Tomaten waschen, halbieren, die Stielansätze entfernen und die Früchte in Scheiben schneiden. Eine Platte damit auslegen. Tomaten mit Salz und Pfeffer bestreuen. Die Bohnenbällchen darauf verteilen.

Tipp Die übrigen Bohnen aus der Dose passen z. B. in einen Tomaten-Rucola-Salat.

Kohlrabi-Sesam-Sticks

krosse Kombi

25 Min.

pro Portion ca. 289 kcal, 73 kcal/100 g
15 g E (23 %) · 14 g F (48 %) · 19 g KH (29 %)

ZUTATEN FÜR 2 PORTIONEN

- 2 Kohlrabi (ca. 500 g)
- Salz
- 250 g Dickmilch (1,5 % Fett)
- 1 TL Apfeldicksaft
- 1/2 Bund Dill, fein geschnitten
- Pfeffer
- gemahlener Koriander
- 1 Eiweiß
- 75 g geschälter Sesam
- 80 ml Rapsöl

ZUBEREITUNG

1. Kohlrabi schälen, in ca. 1 cm dicke Sticks schneiden, 8 Min. in kochendem Salzwasser garen. Dickmilch, Apfeldicksaft und Dill verrühren. Mit Salz, Pfeffer, Koriander würzen.

2. Kohlrabisticks abgießen, abtropfen lassen und auf Küchenpapier legen. Eiweiß verquirlen. Etwas Sesam auf einen Teller geben.

3. So viele Sticks, wie in die Pfanne zum Ausbacken passen, im Eiweiß wenden, abtropfen lassen, auf den Sesam-Teller geben, mit den Samen bestreuen und diese etwas andrücken.

4. Das Öl in der Pfanne erhitzen. Die Sticks darin goldbraun braten, auf Küchenpapier entfetten und warm stellen. Das Öl durch ein feines Metallsieb in eine Schüssel gießen, wieder zurück in die Pfanne geben.

5. Übrige Kohlrabisticks genauso panieren und braten. Nach jeder Portion das Öl durchsieben. Mit dem Dickmilch-Dip servieren.

Lammspieße mit Apfel-Erdnuss-Sauce

schmeckt einfach toll
45 Min.

pro Portion ca. 509 kcal, 113 kcal/100 g
38 g E (30 %) · 32 g F (56 %) · 17 g KH (13 %)

ZUTATEN FÜR 2 PORTIONEN

200 g ausgelöster Lammrücken (Lammlachs) · 1 Zwiebel
1 Knoblauchzehe · Pfeffer
2 kleine Tomaten
1 rote Paprikaschote
1/2 Salatgurke · 1 kleiner Apfel
50 g geröstete gesalzene Erdnusskerne · 50 ml Gemüsebrühe
1 EL Sojasauce · Sambal oelek
3 TL Rapsöl · Salz
Holzspieße

ZUBEREITUNG

1. Das Fleisch quer zur Faser in dünne Scheiben schneiden. Zwiebel und Knoblauch schälen und sehr fein hacken. Zum Fleisch geben, dieses mit Pfeffer würzen und das Fleisch abgedeckt durchziehen lassen.

2. Tomaten, Paprikaschote und Gurke waschen, putzen und in Stücke oder Streifen schneiden. Zugedeckt beiseite stellen. Apfel schälen, vierteln, das Kernhaus entfernen und das Fruchtfleisch in kleine Würfel schneiden. 1 TL Erdnüsse hacken, den Rest fein mahlen.

3. Gemüsebrühe, Sojasauce und Apfelwürfel aufkochen und ca. 10 Min. köcheln lassen.

4. Inzwischen das Lammfleisch wellenartig auf Holzspieße stecken. Im heißen Öl in einer beschichteten Pfanne von beiden Seiten ca. 3 Min. braten, dann leicht salzen.

5. Unter die Äpfel die gemahlenen Erdnüsse rühren. Die Sauce mit Salz, Pfeffer und Sambal oelek würzen. Das Gemüse mit den Lammspießen und der Apfel-Erdnuss-Sauce anrichten. Die Sauce mit den gehackten Erdnüssen bestreuen.

Austauschen Schmeckt auch gut mit Hähnchenfilet.

Kidneybohnentaler mit Tomatensauce

vegetarisch
45 Min.

pro Portion ca. 206 kcal, 51 kcal/100 g
9 g E (17 %) · 11 g F (48 %) · 17 g KH (35 %)

ZUTATEN FÜR 2 PORTIONEN

2 Möhren · 1 Zwiebel
1 Knoblauchzehe
2 EL Olivenöl · 1 kleine Dose geschälte Tomaten (400 g)
1/2 TL getrockneter Thymian
125 g gegarte Kidneybohnen (1/2 Dose)
2 EL verquirltes Eiweiß
Salz · Pfeffer
4 Stängel glatte Petersilie

ZUBEREITUNG

1. Die Möhren schälen und putzen. Zwiebel und Knoblauch schälen. Alles sehr fein würfeln. 1 EL Olivenöl in einem Topf erhitzen. Möhren, Knoblauch und die Hälfte der Zwiebeln darin ca. 5 Min. andünsten.

2. Die Tomaten mit Saft zugießen. Tomaten etwas zerdrücken. Den Thymian unterrühren. Das Ganze offen ca. 20 Min. köcheln lassen.

3. Bohnen in ein Sieb geben, kalt überbrausen, abtropfen lassen und mit einer Gabel zerdrücken. Mit den übrigen Zwiebeln, Eiweiß, Salz und Pfeffer mischen.

4. Das restliche Öl in einer beschichteten Pfanne erhitzen. Die Bohnenmasse esslöffelweise hineingeben, zu Talern formen und von beiden Seiten goldbraun braten. Die Taler sehr vorsichtig wenden, damit sie nicht auseinander fallen.

5. Petersilie waschen, trockenschütteln und hacken. Die Tomatensauce mit Salz und Pfeffer abschmecken. Mit den Talern anrichten und mit Petersilie bestreuen.

Tipp Mit den restlichen Kidneybohnen aus der Dose am nächsten Tag z. B. ein Chili con carne aus Hackfleisch, Gemüsemais und Dosentomaten zubereiten.

Hähnchen-Nuggets mit Joghurtsauce

Gabelfood mit Genuss-Plus
40 Min.

pro Portion ca. 254 kcal, 63 kcal/100 g
38 g E (43 %) · 15 g F (37 %) · 18 g KH (20 %)

ZUTATEN FÜR 2 PORTIONEN

4 Stängel glatte Petersilie
250 g Joghurt (0,1 % Fett)
Salz · Cayennepfeffer
200 g Hähnchenfilets
Pfeffer · 1 Msp. Zimtpulver
60 g Cashewkerne, geröstet, ungesalzen · 1 Eiweiß
2 1/2 EL Rapsöl
1/2 Eisbergsalat (200 g)

ZUBEREITUNG

1. Die Petersilie waschen, trockenschütteln und hacken. Mit dem Joghurt verrühren. Mit Salz und Cayennepfeffer würzen.

2. Hähnchenfilets kalt abspülen, mit Küchenpapier trockentupfen und in Würfel schneiden. Mit Salz, Pfeffer und Zimt würzen. Cashewkerne hacken. Das Eiweiß in einem tiefen Teller verquirlen. Hähnchenwürfel durch die Eimasse ziehen und in den Cashewkernen wenden.

3. Öl in einer beschichteten Pfanne erhitzen. Das Hähnchenfleisch darin bei mittlerer Hitze, gegebenenfalls in zwei Portionen, rundherum goldbraun braten, dabei jeweils vorsichtig wenden.

4. Eisbergsalat waschen, putzen und in Streifen schneiden. Eine Platte damit auslegen. Mit etwas Joghurtsauce beträufeln. Hähnchen-Nuggets darauf anrichten. Restliche Sauce dazureichen.

Hähnchen-Nuggets

Kidneybohnentaler

Bunte Salate

Ihnen genügten bisher Anleitungen für Saucen, Dips und Vinaigrettes? Denn Blattsalate putzen, Gurken und Tomaten schneiden, das geht auch ohne Rezept. Das ja! Aber hier kommt mehr: Entdecken Sie auf den folgenden Seiten eine Premium-Salatküche. Mit herrlich intensiven Aromen von kräuterfrisch bis schafkäsepikant. Mit einer ganzen Vielfalt an rohknackigen und zart gegarten Zutaten. Unsere Salate beanspruchen

die Hauptrolle auf dem Tisch. Sie beeindrucken und verführen mit edlen Draufgaben von Walnuss bis Garnele. Sie sind Sattmacher-Salate voll von Vitalstoffen, Genießer-Rezepte, die Sie nie mehr missen wollen werden.

Blattsalate mit geschmolzenem Ziegenkäse (hinten), Toskanischer Bohnensalat (vorne)

Blattsalate mit geschmolzenem Ziegenkäse, Speck und Minzvinaigrette

himmlisch lecker
25 Min.

pro Portion ca. 336 kcal, 114 kcal/100 g
16 g E (20 %) · 24 g F (65 %) · 12 g KH (15 %)

ZUTATEN
FÜR 2 PORTIONEN

1 Radicchio · 100 g Feldsalat · 2 Stängel Staudensellerie · 1 rote Zwiebel · 100 g Ziegencamembert (z. B. Crottin)
20 g magerer Frühstücksspeck in Scheiben

Für die Minzvinaigrette:
1 Knoblauchzehe
1 Zweig Minze
1 EL Essig · 1/4 TL abgeriebene Schale von einer unbehandelten Zitrone
1 EL Zitronensaft
2 EL Olivenöl · Salz
Pfeffer · 4 Pumpernickeltaler (à 10 g)

ZUBEREITUNG

1. Radicchio und Feldsalat waschen, putzen und trockenschütteln. Den Staudensellerie waschen, putzen und in dünne Scheiben schneiden. Zwiebel schälen, halbieren und in feine Halbringe schneiden. Den Ziegenkäse in dicke Scheiben schneiden.

2. Den Backofen auf 200° (Umluft 180°) vorheizen. Den Frühstücksspeck in Stücke schneiden, in einer trockenen Pfanne knusprig braten und zwischen Küchenpapier ausdrücken.

3. Für die Vinaigrette den Knoblauch schälen und hacken. Die Minze waschen, trockenschütteln und fein schneiden. Essig, Zitronenschale, Zitronensaft, Knoblauch, Minze und Olivenöl vermischen. Die Vinaigrette mit Salz und Pfeffer abschmecken.

4. Käse auf ein kleines Blech geben und im heißen Ofen ca. 4 Min. gratinieren, bis der Käse am Rand zu schmelzen beginnt.

5. Radicchio, Feldsalat und Staudensellerie portionsweise anrichten. Den warmen Käse darauf setzen. Die Vinaigrette darüber träufeln und den Salat mit Speckstückchen und Zwiebelringen bestreuen. Mit dem Pumpernickel servieren.

Variante Dieser knackige Salat mit dem kräuterwürzigen Dressing lässt sich auch hervorragend mit schnell gebratenen Hähnchenstreifen kombinieren. Würzen Sie das zarte Geflügelfleisch mit wenig heller Sojasoße und ein paar Tropfen Sesamöl.
Und auch Lachs versteht sich gut mit dem frischen Grün. Am besten Sie schneiden das Filet in Würfel und braten diese rundum in Olivenöl an. Aber nur ganz kurz, dann ist der Fisch innen noch fast roh und damit besonders saftig.

Austauschen Statt mit Kurzgebratenem schmeckt der Salat auch mit geräucherter Forelle oder Makrele.

Toskanischer Bohnensalat mit Parmesan, Oliven und Pesto-Dressing

nicht nur für Italienfans
30 Min.

pro Portion ca. 332 kcal, 117 kcal/100 g
15 g E (18 %) · 22 g F (60 %) · 18 g KH (22 %)

ZUTATEN
FÜR 2 PORTIONEN

300 g grüne Bohnen
2–3 EL Essig
4 EL kalte Gemüsebrühe
Salz · Pfeffer
1 Knoblauchzehe
1 Tomate
1 kleines Bund Basilikum
1 EL Pinienkerne
4 entsteinte schwarze Oliven
40 g Parmesan
2 EL Olivenöl
1–2 EL Zitronensaft
4 Scheiben Vollkornbaguette (ca. 40 g)

ZUBEREITUNG

1. Die Bohnen waschen, putzen und in 3 cm lange Stücke schneiden, zugedeckt in einem Dämpfeinsatz über Wasserdampf bissfest garen. Bohnen mit 1 EL Essig, 2 EL Gemüsebrühe, Salz und Pfeffer vermischen und durchziehen lassen.

2. Knoblauchzehe schälen und hacken. Die Tomate waschen, den Stielansatz entfernen und die Frucht in Schnitze schneiden. Das Basilikum waschen und trockenschütteln. Die Hälfte der Basilikumblätter fein schneiden, die andere Hälfte ganz belassen.

3. Pinienkerne hacken und Oliven in Ringe schneiden. Den Parmesan mit dem Spargelschäler in Späne schneiden. Mit dem Mixstab Pinienkerne, Olivenöl, Zitronensaft, 2 EL Gemüsebrühe und das geschnittene Basilikum fein pürieren.

4. Den Bohnensalat mit dem Pesto-Dressing vermischen und portionsweise mit den Tomatenschnitzen anrichten. Mit Olivenringen, Parmesanspänen und Basilikumblättern garnieren. Mit dem Brot servieren.

Tipp Ein vielseitiges Rezept: Reichen Sie das Pesto-Dressing auch einmal zu grünem Spargel. Der verträgt sich ebenfalls hervorragend mit würzigem Parmesan. Aber auch zu gegrilltem Fisch, Hähnchen- oder Lammfleisch schmeckt das Dressing.

Pesto-Dressing zum Bohnensalat

Knackiger Salat mit Käse und Putenschinken

schmeckt immer
15 Min.
pro Portion ca. 292 kcal, 89 kcal/100 g
22 g E (30 %) · 19 g F (59 %) · 8 g KH (11 %)

ZUTATEN FÜR 2 PORTIONEN

1 Schalotte
8 Radieschen
1/2 Salatgurke
1 gelbe Paprikaschote
6 Zweige glatte Petersilie
50 g Emmentaler
100 g Putenschinken
1–2 EL Essig
3 EL kalte Gemüsebrühe
Salz · Pfeffer
2 EL Rapsöl

ZUBEREITUNG

1. Die Schalotte schälen und hacken. Radieschen waschen, putzen und in feine Schnitze schneiden. Die Gurke schälen und in feine Streifen schneiden.

2. Die Paprikaschote waschen und putzen. Das Fruchtfleisch in feine Streifen schneiden. Die Petersilie waschen, trockenschütteln die Blätter hacken.

3. Emmentaler und Putenschinken in feine Streifen schneiden. Essig, Gemüsebrühe, Salz und Pfeffer mit dem Schneebesen verrühren. Das Öl unterrühren.

4. Putenschinken, Emmentaler, Schalotten, Radieschen, Gurken, Paprika und Petersilie mit der Marinade vermischen. Den Salat mit Salz und Pfeffer würzen.

Tipp Dieser Salat ist bestens zum Mitnehmen geeignet.

Austauschen Nehmen Sie statt Käse und Putenschinken doch auch einmal Räuchertofu, Garnelen oder fein zerpflückten Tunfisch (naturel) aus der Dose. Und statt Radieschen und Gurken darf es auch aromatischer Staudensellerie und saftiger Kohlrabi sein. Im Winter verderben grob geriebene Möhren, kleine Fenchelwürfel und Sprossen mit vielen Vitaminen den Schnupfen-Bazillen den Spaß.

Dazu passt Essen Sie, wenn Ihnen nach ein paar Kohlenhydraten ist, eine Scheibe feines Vollkornbrot zu diesem Salat. Ganz nach Geschmack vielleicht auch knusprig getoastet und mit Knoblauch kräftig eingerieben.

Salate – Premium-LowCarb

LowCarb-Genuss par excellence sind üppige Salate mit viel frischem Blattgrün und Gemüse. Dazu wohl dosiert Fisch, Fleisch oder Käse. Bedienen Sie sich auch unterwegs öfters am Salatbuffet, dann geht auch außer Haus der schlanke LowCarb-Plan auf.

Gemüsereste: Ab in die Marinade!

Auch Gemüse wie Brokkoli, Lauch oder Blumenkohl sind knackig gedämpft und fein mariniert mit von der Salatpartie. Darum erst den Kühlschrank leer kochen und dann einkaufen – spart Zeit und Geld.

Tomatensalat mit gegrilltem Schafkäse

wie in Griechenland
30 Min.

pro Portion ca. 274 kcal, 80 kcal/100 g
13 g E (20 %) · 20 g F (66 %) · 10 g KH (14 %)

ZUTATEN FÜR 2 PORTIONEN

400 g Tomaten
1 kleine rote Zwiebel
1 kleines Bund Basilikum
2 Zweige Minze
6 Zweige glatte Petersilie
100 g Feta
1 Knoblauchzehe
2 TL Kapern
1 EL Essig
2 EL Olivenöl
Salz · Pfeffer
1 TL getrockneter Oregano

ZUBEREITUNG

1. Die Tomaten waschen. Stielansätze entfernen und Früchte in dünne Scheiben schneiden. Die Zwiebel schälen und in feine Ringe schneiden.

2. Basilikum, Minze und Petersilie waschen und trockenschütteln. Die Blättchen von den Stielen zupfen. Schafkäse in Würfel schneiden.

3. Die Knoblauchzehe schälen. Knoblauch und die Kapern hacken. Für die Marinade Knoblauch, Kapern, Essig und Öl verrühren. Die Marinade mit Salz und Pfeffer abschmecken.

4. Tomatenscheiben portionsweise auf großen Tellern anrichten und mit der Kapernvinaigrette beträufeln. Den Backofengrill vorheizen.

5. Die Schafkäsewürfel nebeneinander in eine kleine Form setzen, mit Oregano bestreuen und unter dem Backofengrill erhitzen, bis sich auf dem Käse kleine braune Pünktchen bilden.

6. Den Schafkäse auf dem Tomatensalat verteilen. Den Salat mit Basilikum, Minze, Petersilie und Zwiebelringen garnieren.

Tipp Wenn Sie keinen Backofengrill haben, den Ofen auf 220° (Umluft 200°) vorheizen und den Käse darin ca. 5 Min. backen.

Dazu passt 2 Portionen **Bulgur:** 150 ml Salzwasser zum Kochen bringen. 120 g Bulgur einstreuen, zugedeckt 3 Min. köcheln, vom Herd nehmen und 15 Min. ausquellen lassen. Bulgur, vorgekochten und wieder getrockneten Hartweizengrieß, gibt es in türkischen Lebensmittelläden, im Reformhaus und Bioladen.

Rote-Beten-Salat mit Birnen

Frucht an die Knolle!
20 Min. + 30 Min. Marinieren

pro Portion ca. 252 kcal, 78 kcal/100 g
4 g E (6 %) · 14 g F (51 %) · 26 g KH (43 %)

ZUTATEN FÜR 2 PORTIONEN

15 g geschälter Sesam
1/2 Packung gegarte Rote Beten (250 g)
1 reife Birne (250 g)
1 EL Zitronensaft
4 Frühlingszwiebeln
3 TL Apfelessig
Salz · Pfeffer
2 EL Rapsöl

ZUBEREITUNG

1. Den Sesam in einer Pfanne ohne Fett rösten. Rote Beten in dünne Spalten schneiden.

2. Die Birne schälen, vierteln, das Kernhaus entfernen und das Fruchtfleisch in Spalten schneiden. Birnen mit dem Zitronensaft beträufeln. Die Frühlingszwiebeln waschen, putzen und in dünne Ringe schneiden.

3. Essig, Salz und Pfeffer verrühren. Öl unterrühren. Alles mit den vorbereiteten Zutaten mischen und ca. 30 Min. ziehen lassen. Nochmals abschmecken.

Besonders Noch würziger schmeckt der Salat, wenn Sie ihn mit 1 TL Sesam Würzöl (aus gerösteten Samen) abschmecken.

Tipp Die restlichen Roten Beten aus der Packung können Sie am nächsten Tag für einen Eintopf mit Kohl und magerem Rindfleisch nehmen. Ein Rezept finden Sie auf Seite 62.

Austauschen Sie haben keine gegarten Roten Beten bekommen? Dann können Sie auch 300 g rohe Rote Beten waschen und in Wasser ca. 40 Min. kochen. Anschließend die Knollen abgießen, etwas abkühlen lassen und schälen. Dabei am besten Einmalhandschuhe tragen, weil sich der rote Gemüsesaft schwer wieder von den Händen entfernen lässt. Die Roten Beten vollständig auskühlen lassen.

Tomatensalat mit Schafkäse

Indonesischer Salat mit Ei und Erdnussdip

gut für Gäste
30 Min.

pro Portion ca. 254 kcal, 95 kcal/100 g
13 g E (22 %) · 17 g F (57 %) · 12 g KH (20 %)

ZUTATEN
FÜR 4 PORTIONEN

4 Eier · 2 Möhren · 1 Kohlrabi
1/2 Salatgurke · 1 rote Paprikaschote · 4 Stangen Staudensellerie · 2 Frühlingszwiebeln

Für den Erdnussdip
1 Knoblauchzehe
4 EL Erdnussmus (s. Info)
je 2–3 EL helle Sojasauce und Zitronensaft · 1 TL Honig
100 ml Kokosmilch
Salz · Cayennepfeffer

ZUBEREITUNG

1. Für den Dip den Knoblauch schälen und hacken. Mit dem Pürierstab das Erdnussmus mit Knoblauch, Sojasauce, Zitronensaft, Honig und der Kokosmilch glatt pürieren. Den Erdnussdip mit Salz und Cayennepfeffer abschmecken.

2. Für den Salat zunächst die Eier hart kochen, kalt abschrecken, pellen und mit einem scharfen Messer längs vierteln.

3. Das Gemüse waschen und putzen. Möhren, Kohlrabi und Gurke in Stifte schneiden. Paprika, Staudensellerie und Frühlingszwiebeln in Streifen schneiden.

4. Das Gemüse mit den Eiern portionsweise anrichten. Den Erdnussdip in ein Schälchen füllen und separat dazuservieren.

Info Ungesüßtes bzw. ungesalzenes Erdnussmus bekommen Sie im Reformhaus oder Bioladen.

Austauschen Sie haben keine Kokosmilch für den Dip zur Hand? Nehmen Sie Buttermilch oder Joghurt.

Tipp Den Dip nach Belieben mit 1 EL gehacktem Koriandergrün verfeinern und mit Korianderblättchen garnieren.

Sprossensalat mit Tofu und Sesam-Kokos-Streuseln

Asia-Vegi-Food
40 Min.

pro Portion ca. 287 kcal, 85 kcal/100 g
18 g E (25 %) · 19 g F (59 %) · 11 g KH (16 %)

ZUTATEN
FÜR 2 PORTIONEN

200 g Tofu · 2–3 EL helle Sojasauce · 100 g Weißkohl
Salz · 1 grüne Paprikaschote
1 Möhre · 2 Frühlingszwiebeln
100 g Sojasprossen
2 TL ungeschälter Sesam
2 TL Kokosraspel
1 TL gehackte Ingwerwurzel
1 Prise Cayennepfeffer
1 EL Öl · 1 EL Essig
1 EL Zitronensaft

ZUBEREITUNG

1. Den Tofu kalt abspülen, trockentupfen und in Würfel schneiden, mit 1–2 EL Sojasauce vermischen und 30 Min. marinieren.

2. Inzwischen das Gemüse waschen und putzen. Den Kohl fein schneiden oder fein hobeln, mit wenig Salz vermischen, mit den Händen gut durchkneten und etwas ziehen lassen.

3. Paprika in feine Streifen und die Möhre in sehr feine Stifte schneiden. Die Frühlingszwiebeln in feine Ringe schneiden. Sprossen abbrausen und abtropfen lassen.

4. Sesam und Kokosraspel in einer trockenen Pfanne kurz unter Rühren anrösten. Mit Ingwer, Salz und Cayennepfeffer mischen. Den Tofu aus der Marinade nehmen, abtropfen lassen. In einer beschichteten Pfanne das Öl erhitzen. Tofu darin anbraten, die Sprossen kurz mitbraten.

5. In einer großen Schüssel das Kraut mit Paprika, Möhren, Frühlingszwiebeln, Tofu und Sprossen mit 1–2 EL Sojasauce, Essig und Zitronensaft vermischen. Den Salat mit Salz und Cayennepfeffer abschmecken und mit Sesam-Kokosraspeln bestreuen.

Info Ungeschälten Sesam bekommen Sie ebenso wie den Tofu im Reformhaus oder Bioladen.

Rucola-Fenchel-Salat mit Garnelen

mit Frischekick
20 Min.

pro Portion ca. 242 kcal, 102 kcal/100 g
22 g E (37 %) · 14 g F (48 %) · 9 g KH (15 %)

ZUTATEN
FÜR 2 PORTIONEN

1 kleine rote Zwiebel
1 Fenchelknolle
1 Bund Rucola
4 Zweige Koriandergrün
1 rosa Grapefruit
1 unbehandelte Limette
2 EL Öl · 1/2 TL gehackte Ingwerwurzel
Salz · Cayennepfeffer
200 g gekochte geschälte Garnelen

ZUBEREITUNG

1. Die Zwiebel schälen, halbieren und in feine Scheiben schneiden. Fenchelknolle waschen, putzen und in feine Streifen schneiden.

2. Rucola verlesen, waschen und trockenschütteln. Das Koriandergrün waschen, trockenschütteln und fein hacken.

3. Die Schale der Grapefruit mit einem scharfen Messer abschneiden. Über einer Schüssel die Grapefruitfilets zwischen den Trennwänden herausschneiden. Den herabtropfenden Saft auffangen.

4. Die Limette heiß waschen und abtrocknen. Schale von einem Viertel der Frucht dünn abschneiden und fein hacken. Die Limette auspressen.

5. Den aufgefangenen Grapefruitsaft, Limettensaft und Öl verrühren. Koriander, Ingwer und Limettenschale untermischen. Das Dressing mit Salz und Cayennepfeffer würzen. Rucola, Fenchel, Grapefruit, Garnelen und Zwiebeln mit dem Dressing vermischen.

Austauschen Keine Limetten und kein Koriandergrün bekommen? Dann nehmen Sie einfach Zitrone und glatte Petersilie.

Sprossensalat mit Tofu

Rucola-Fenchel-Salat mit Garnelen

Roter Bohnensalat mit Schafkäse

Roter Bohnensalat mit Schafkäse

schnell gezaubert
20 Min.
pro Portion ca. 295 kcal, 118 kcal/100 g
11 g E (20 %) · 17 g F (64 %) · 19 g KH (16 %)

ZUTATEN FÜR 2 PORTIONEN

1 kleine Dose Kidneybohnen (250 g Abtropfgewicht)
1 Schalotte
1 Knoblauchzehe
1 grüne Chilischote
2 EL Essig
2 EL Olivenöl
1 Prise Oregano · Salz
1 grüne Paprikaschote
1 Tomate
6 Zweige glatte Petersilie
70 g Schafkäse

ZUBEREITUNG

1. Die Bohnen abgießen und abtropfen lassen. Schalotte und Knoblauch schälen und hacken. Die Chilischote waschen, putzen und fein hacken.

2. Bohnen, Schalotten, Knoblauch, Chili, Essig und Olivenöl vermischen. Den Bohnensalat mit Oregano und Salz abschmecken und durchziehen lassen.

3. Die Paprikaschote waschen und putzen. Das Fruchtfleisch klein würfeln. Tomate waschen, den Stielansatz entfernen und das Fruchtfleisch in Stücke schneiden. Petersilie waschen, trockenschütteln und fein hacken. Den Schafkäse in kleine Würfel schneiden.

4. Paprika, Tomaten und Petersilie unter die Bohnen mischen. Den Salat anrichten und mit Schafkäsewürfeln bestreuen.

Matjessalat mit Äpfeln

sauer, saftig, super!
20 Min.
pro Portion ca. 395 kcal, 114 kcal/100 g
23 g E (24 %) · 27 g F (62 %) · 15 g KH (13 %)

ZUTATEN FÜR 2 PORTIONEN

1 kleiner Kopfsalat
1 kleine rote Zwiebel
1 roter saftiger, säuerlicher Apfel
4 Zweige Dill
1 Essiggurke
50 g saure Sahne (10 % Fett)
150 g Joghurt (1,5 % Fett)
2 TL Zitronensaft
Salz · Pfeffer
2 Matjesfilets (à 100 g)

ZUBEREITUNG

1. Kopfsalat waschen, putzen, trockenschütteln und in Stücke zerpflücken. Die Zwiebel schälen und hacken. Den Apfel waschen und halbieren. Stiel, Blütenansatz und Kernhaus entfernen. Das Fruchtfleisch in kleine Stücke schneiden.

2. Den Dill waschen, trockenschütteln und hacken. Die Essiggurke fein würfeln. Saure Sahne, Joghurt und Zitronensaft glatt rühren. Das Dressing salzen und pfeffern.

3. Die Matjesfilets in Stücke schneiden, zusammen mit Zwiebeln, Äpfeln, Dill und dem Dressing portionsweise auf dem Kopfsalat anrichten.

California-Salat mit Walnüssen, Roquefort und Avocadodressing

macht für mehr was her
40 Min.
pro Portion ca. 463 kcal, 138 kcal/100 g
17 g E (16 %) · 27 g F (52 %) · 36 g KH (32 %)

ZUTATEN FÜR 4 PORTIONEN

1 Lollo bianco oder Kopfsalat · 2 Tomaten
100 g Champignons
2 Stangen Staudensellerie · 4 Frühlingszwiebeln
1 Kästchen Gartenkresse
50 g Walnusskerne
120 g Blauschimmelkäse (z. B. Roquefort, Bavaria Blue, Stilton)

Für das Avocadodressing:
1 Knoblauchzehe
4 Zweige Koriandergrün
1 kleine reife Avocado (175 g) · 1 große unbehandelte Zitrone
100 g Joghurt (1,5 % Fett)
Salz · Cayennepfeffer
4 Scheiben feines Dinkelvollkornbrot

ZUBEREITUNG

1. Den Salat waschen, putzen und trockenschütteln. Tomaten waschen und den Stielansatz entfernen. Die Tomaten in Stücke schneiden. Champignons putzen und in Scheiben schneiden. Staudensellerie waschen, putzen und in Scheiben schneiden.

2. Frühlingszwiebeln waschen, putzen und in Ringe schneiden. Kresse abschneiden, abbrausen und abtropfen lassen. Die Walnüsse hacken. Den Blauschimmelkäse in kleine Stücke schneiden.

3. Für das Dressing den Knoblauch schälen und fein hacken. Das Koriandergrün waschen, trockenschütteln und hacken. Die Avocado halbieren, den Kern entfernen. Das Fruchtfleisch aus der Schale lösen und mit einer Gabel fein zerdrücken. Die Zitrone heiß waschen, trocknen und ein Viertel der Schale abreiben. Den Saft auspressen.

4. Mit dem Handrührgerät Avocadopüree, Knoblauch, Koriander, Joghurt, Zitronensaft und -schale glatt rühren. Das Dressing mit Salz und Cayennepfeffer abschmecken.

5. Blattsalat, Tomaten, Pilze und Sellerie portionsweise mit dem Avocadodressing anrichten. Blauschimmelkäse, Walnüsse, Frühlingszwiebeln und Kresse über den Salat streuen. Die Brotscheiben toasten, dazureichen.

Matjessalat mit Äpfeln

Spinatsalat mit Lammsteaks und Sommerkräutern

raffiniert kombiniert
30 Min.

pro Portion ca. 488 kcal, 147 kcal/100 g
30 g E (25 %) · 37 g F (68 %) · 8 g KH (7 %)

ZUTATEN
FÜR 2 PORTIONEN

1 Knoblauchzehe
200 g junger Spinat
1 Möhre
2 Frühlingszwiebeln
4 Lammsteaks (à 75 g)
1 unbehandelte Zitrone
1/2–1 EL Essig
2 EL Olivenöl
je 1/4 TL gehackter Oregano, Thymian und gehacktes Basilikum
Salz · Pfeffer

ZUBEREITUNG

1. Den Knoblauch schälen und hacken. Den Spinat verlesen, waschen und abtropfen lassen.

2. Die Möhre schälen, putzen und mit dem Spargelschäler in feine Streifen schneiden. Frühlingszwiebeln waschen, putzen und in Ringe schneiden. Die Lammsteaks trockentupfen und leicht klopfen.

3. Für das Dressing die Zitrone heiß waschen, trocknen, die Schale von einem Viertel der Zitrone abreiben. Die Frucht auspressen. Zitronensaft, Zitronenschale, Essig, 1 EL Olivenöl, Knoblauch, Oregano, Thymian und Basilikum vermischen. Das Dressing mit Salz und Pfeffer abschmecken.

4. In einem flachen Topf 1/2 EL Öl erhitzen. Den Spinat hinzufügen, leicht salzen und unter Rühren kurz erhitzen. Die Blättchen sollen nur leicht zusammenfallen. Den Spinat mit dem Dressing vermischen und portionsweise anrichten.

5. Eine beschichtete Pfanne mit 1/2 EL Öl ausstreichen und erhitzen. Die Lammsteaks pfeffern und auf beiden Seiten braten. Danach salzen und auf dem Spinatsalat anrichten. Den Salat mit Möhrenstreifen und Frühlingszwiebeln vermischen.

Austauschen Genießen Sie das Aroma, das aus der Kälte kommt! TK-Kräutermischungen zaubern auch im tiefsten Winter den Süden auf den Teller.

Salat von gegrillten Paprikaschoten mit Hähnchenfilet

bestens für Besuch
45 Min.

pro Portion ca. 331 kcal, 107 kcal/100 g
41 g E (51 %) · 14 g F (38 %) · 9 g KH (11 %)

ZUTATEN
FÜR 4 PORTIONEN

je 2 rote, grüne und gelbe Paprikaschoten
1 Knoblauchzehe · 1 Zwiebel
2 EL Essig · 4 EL Olivenöl
Salz · Pfeffer
600 g Hähnchenbrustfilet
4 EL Sojasauce
1 Bund Basilikum

ZUBEREITUNG

1. Den Ofen auf 200° vorheizen. Die Paprikaschoten waschen und trockentupfen. Die Schoten auf den Backofenrost legen und im Ofen (Mitte, Umluft 180°) 20–30 Min. backen, bis die Haut Blasen wirft und sich dunkelbraun färbt.

2. Die Paprikaschoten aus dem Ofen nehmen und zugedeckt in einer Schüssel etwas abkühlen lassen. Die Schoten über einer Schüssel anstechen und den herabtropfenden Saft auffangen. Von den Schoten die Haut abziehen. Stielansatz und Trennwände entfernen. Das Fruchtfleisch in breite Streifen schneiden.

3. Knoblauchzehe und Zwiebel schälen, fein hacken. Paprikastreifen, aufgefangenen Paprikasaft, Knoblauch, Zwiebeln, Essig und 2 EL Olivenöl vermischen. Den Salat mit Salz und Pfeffer würzen und etwas durchziehen lassen.

4. Die Hähnchenbrust kalt abspülen und mit Küchenpapier trockentupfen. Das Fleisch in Streifen schneiden. In einer beschichteten Pfanne 1 EL Öl erhitzen. Die Hälfte der Fleischstreifen darin anbraten. Mit 2 EL Sojasauce ablöschen und mit Pfeffer würzen. Unter Rühren weiterbraten bis die Sauce verdampft und das Fleisch gar ist. Mit der zweiten Fleischhälfte genauso verfahren.

5. Das Basilikum waschen, trockenschütteln und die Blättchen abzupfen. Den Paprikasalat portionsweise anrichten und das Hähnchenfleisch darauf verteilen. Den Salat mit Basilikum bestreuen.

Tipp Den Paprikasalat können Sie gut vorbereiten, denn er kann ruhig ein paar Stunden durchziehen. So ist das Gericht auch ein prima Gästeessen. In den Backofen passen leicht noch ein paar mehr Paprikaschoten. Und das Fleisch ist vor dem Servieren in zwei großen Pfannen im Nu gebraten.

Spinatsalat mit Lammsteaks

Suppen & Eintöpfe

Sie finden Suppen unspannend? Gleich nicht mehr! Denn bei den Löffelspeisen haben wir uns so richtig ins Zeug gelegt. Weil es sich im Suppentopf so herrlich unkompliziert lowcarb kochen lässt: mit

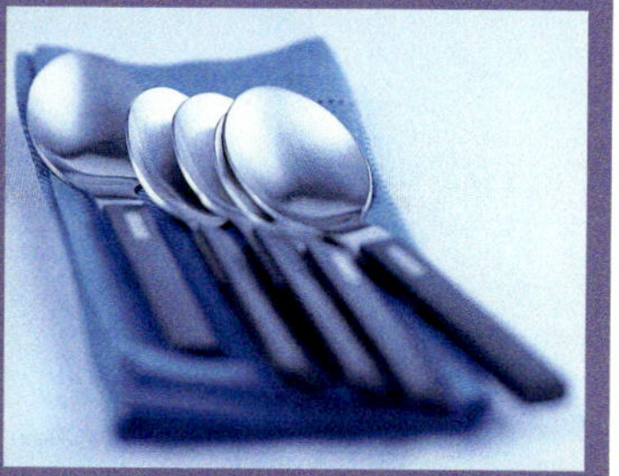

buntem Gemüse – von knackig stückig bis cremig püriert, begleitet von tollen Aromen aus Kräutern, Früchten, Pilzen. Und was erst obendrauf kommt! Kalbfleischröllchen, gebratenes Lamm, Käseüberbackenes. Alles Gerichtchen zum Schlankschlemmen, von denen wir auch ein paar sommerlich kühle im Repertoire haben. Spannend, oder?

Kräuterbrühe mit Zuckererbsen

Grün light
30 Min.

pro Portion ca. 190 kcal, 39 kcal/100 g
9 g E (19 %) · 13 g F (60 %) · 10 g KH (21 %)

ZUTATEN
FÜR 2 PORTIONEN

200 g Zuckererbsen
1 Zwiebel
3 Stängel Thymian
10 g Butter
600 ml Gemüsebrühe
Salz · Pfeffer
1/2 Topf Kerbel
1/2 Bund Schnittlauch
1 Ei · geriebene Muskatnuss

ZUBEREITUNG

1. Die Zuckererbsen waschen, putzen und in Streifen schneiden. Zwiebel schälen und fein würfeln. Thymian waschen, trockenschütteln und hacken.

2. Die Butter in einem Topf erhitzen. Zwiebeln darin andünsten. Zuckererbsen und Thymian zufügen, kurz mitdünsten. Mit der Brühe ablöschen, mit Salz und Pfeffer würzen. Ca. 10 Min. köcheln lassen.

3. Kerbel und Schnittlauch waschen und trockenschütteln. Den Kerbel hacken, den Schnittlauch in Röllchen schneiden. Das Ei verquirlen, mit Salz, Pfeffer und Muskat würzen.

4. Ei in dünnem Strahl unter Rühren in die Suppe träufeln und nochmals aufkochen. Kerbel und Schnittlauch einrühren. Die Suppe mit Salz und Pfeffer abschmecken.

Besonders Nach Belieben 1 EL geriebenen Parmesan oder Pecorino in das verquirlte Ei rühren – bringt feinsalzige Käsewürze.

Tipp Ein an sich schon schnelles Gericht, bei dem ganz leicht noch ein bisschen Zeit gespart werden kann: Statt der frischen Kräuter einfach 1 Päckchen TK-Kräutermischung nehmen.

Tabouleh-Suppe

minz-aromatisch
40 Min.

pro Portion ca. 304 kcal, 39 kcal/100 g
13 g E (17 %) · 12 g F (36 %) · 34 g KH (47 %)

ZUTATEN
FÜR 2 PORTIONEN

400 g Tomaten
1/2 Salatgurke (ca. 250 g) · 4 Frühlingszwiebeln · 1 Knoblauchzehe · 2 EL Olivenöl
50 g Bulgur (s. Info)
700 ml Gemüsebrühe
Salz · Pfeffer
1 Bund glatte Petersilie
2 Stängel Minze
1 EL Zitronensaft
gemahlener Koriander

ZUBEREITUNG

1. Die Tomaten kurz in kochendes Wasser legen, kalt abschrecken und die Haut abziehen. Tomaten vierteln, Stielansätze und Samen entfernen, das Fruchtfleisch in Würfel schneiden.

2. Gurke schälen, längs halbieren und mit einem Teelöffel die Samen herausschaben. Das Fruchtfleisch würfeln. Frühlingszwiebeln waschen, putzen und in ca. 1 cm breite Ringe schneiden. Den Knoblauch schälen und hacken.

3. Das Öl in einem großen Topf erhitzen. Bulgur und Knoblauch darin andünsten. Die Frühlingszwiebeln zufügen, weitere 3 Min. andünsten. Gurken zufügen, kurz andünsten und mit der Brühe ablöschen. Mit Salz und Pfeffer würzen. Ca. 10 Min. köcheln lassen.

4. Kräuter waschen, trockenschütteln und hacken. Tomaten in die Suppe geben und weitere 3 Min. köcheln. Die Kräuter einrühren. Die Suppe mit Salz, Pfeffer, Zitronensaft und Koriander abschmecken.

Info Bulgur ist vorgegarter Hartweizengrieß, den Sie im Reformhaus, Bioladen oder im türkischen Lebensmittelladen bekommen.

Zwiebel-Lauch-Suppe mit Käsetalern

deftig, kräftig
30 Min.

pro Portion ca. 227 kcal, 52 kcal/100 g
10 g E (34%) · 7 g F (32 %) · 18 g KH (34 %)

ZUTATEN
FÜR 2 PORTIONEN

200 g Zwiebeln · 1 kleine Stange Lauch (100 g)
2 EL Rapsöl
1 Lorbeerblatt
400 ml Gemüsebrühe
100 ml Weißwein
Salz · Pfeffer
1/2 TL gemahlener Koriander · 4 Pumpernickeltaler (à 10 g)
20 g Greyerzer

ZUBEREITUNG

1. Die Zwiebeln schälen und in Halbringe schneiden. Den Lauch putzen, längs aufschlitzen, gründlich waschen und quer in Ringe schneiden.

2. Das Öl in einem Topf erhitzen. Zwiebeln und Lauch darin glasig dünsten. Lorbeer zufügen. Mit Brühe und Wein ablöschen. Mit Salz, Pfeffer und Koriander würzen. Ca. 10 Min. köcheln lassen.

3. Den Backofengrill vorheizen. Ein Blech mit Backpapier belegen. Pumpernickeltaler darauf legen. Den Käse raspeln und auf die Brote streuen. Unter dem Grill goldbraun überbacken. Die Suppe auf zwei Suppentassen verteilen und mit den Käse-Pumpernickeltalern servieren.

Austauschen Statt Weißwein ersatzweise dieselbe Menge Brühe nehmen.

Besonders Nach Belieben Suppe mit 2 EL Cognac oder Weinbrand abschmecken.

Tabouleh-Suppe

Zwiebel-Lauch-Suppe mit Käsetalern

Paprika-Seelachs-Suppe

leicht und lecker

40 Min.

pro Portion ca. 343 kcal, 51 kcal/100 g
26 g E (31 %) · 18 g F (47 %) · 18 g KH (21 %)

ZUTATEN
FÜR 2 PORTIONEN

200 g Seelachsfilet
1 EL Zitronensaft
1 rote Zwiebel
je 1 rote und gelbe Paprikaschote (400 g)
2 EL Olivenöl
1/2 TL getrocknete Kräuter der Provence
700 ml Gemüsebrühe
Salz · Pfeffer
edelsüßes Paprikapulver
1 TL Tomatenmark

ZUBEREITUNG

1. Das Seelachsfilet kalt abspülen, trockentupfen und in Stücke schneiden, mit Zitronensaft beträufeln. Zwiebel schälen und fein würfeln. Paprikaschoten waschen, putzen und in Würfel schneiden.

2. 1 EL Olivenöl in einem Topf erhitzen. Zwiebeln darin glasig dünsten. Paprika und getrocknete Kräuter zufügen und kurz mit andünsten. Mit der Brühe ablöschen. Mit Salz, Pfeffer und Paprikapulver würzen. Ca. 15 Min. köcheln lassen. Das Tomatenmark einrühren.

3. Fischwürfel mit Küchenpapier trockentupfen, mit Salz und Pfeffer würzen und mit Paprikapulver bestäuben. Das restliche Öl in einer Pfanne erhitzen und die Fischwürfel darin bei mittlerer Hitze rundherum nur kurz braten (sonst verbrennt das Paprikapulver). Auf Suppenteller verteilen.

4. Die Suppe nochmals abschmecken und in die Teller auf die Fischwürfel geben.

Letscho-Suppe mit Cabanossi

würzig-pikant

45 Min.

pro Portion ca. 253 kcal, 40 kcal/100 g
11 g E (18 %) · 16 g F (56 %) · 16 g KH (26 %)

ZUTATEN
FÜR 2 PORTIONEN

1 kleine Gemüsezwiebel · 1 grüne Paprikaschote (250 g)
25 g Cabanossi (Knoblauchwurst)
1 EL Olivenöl
1 TL edelsüßes Paprikapulver
500 ml Gemüsebrühe
Salz · Pfeffer
300 g mittelgroße Tomaten
50 g Ajvar (Paprikapaste; aus dem Glas)
50 g saure Sahne (10 % Fett)
1/2 Bund Schnittlauch

ZUBEREITUNG

1. Die Gemüsezwiebel schälen und würfeln. Paprika waschen, putzen, ebenfalls in Würfel schneiden. Cabanossi in Scheiben schneiden.

2. Öl in einem großen Topf erhitzen. Wurstscheiben darin anbraten, herausnehmen. Zwiebeln im Bratöl glasig dünsten. Paprikawürfel kurz mit andünsten. Paprikapulver darüber stäuben, kurz anschwitzen. Mit der Brühe ablöschen, mit Salz und Pfeffer würzen. Zugedeckt 15 Min. köcheln lassen.

3. Inzwischen die Tomaten kurz in kochendes Wasser legen, kalt abschrecken und die Haut abziehen. Tomaten vierteln, Stielansätze und Samen entfernen. Die Viertel halbieren, zur Suppe geben und 5 Min. mitköcheln lassen.

4. Ajvar und saure Sahne verrühren. Schnittlauch waschen, trockenschütteln und in feine Röllchen schneiden. Suppe nochmals abschmecken und anrichten. Je 1 Klecks Ajvarsahne darauf geben. Mit Cabanossischeiben und Schnittlauch garnieren.

Asia-Suppe mit Hähnchenfleisch

fernöstlicher Eintopf-Klassiker
40 Min.

pro Portion ca. 287 kcal, 60 kcal/100 g
25 g E (37 %) · 13 g F (42 %) · 15 g KH (21 %)

ZUTATEN
FÜR 2 PORTIONEN

1 Hähnchenfilet (ca. 125 g)
75 g Mungobohnensprossen
4 Frühlingszwiebeln (75 g)
1 rote Chilischote
3 TL Sojaöl (ersatzweise Rapsöl)
600 ml Hühnerbrühe
25 g Glasnudeln
1 TL geschälter Sesam
25 g Miso (s. Info)

ZUBEREITUNG

1. Das Hähnchenfilet kalt abspülen und mit Küchenpapier trockentupfen. Mungobohnensprossen waschen und abtropfen lassen. Die Frühlingszwiebeln waschen, putzen und schräg in lange Stücke schneiden. Chili waschen, putzen, längs einritzen, Samen entfernen und die Schote quer in feine Streifen schneiden.

2. Öl in einem Topf erhitzen. Das Hähnchenfilet darin rundherum anbraten. Frühlingszwiebeln und Chili zufügen und kurz mit anbraten. Mit Hühnerbrühe ablöschen, aufkochen und zugedeckt ca. 10 Min. köcheln lassen.

3. Die Glasnudeln mit kochendem Wasser überbrühen und ca. 5 Min. quellen lassen. Die Nudeln abgießen, abschrecken, abtropfen lassen und mit einer Küchenschere in Stücke schneiden.

4. Den Sesam in einer Pfanne ohne Fett kurz rösten, bis er duftet und hellbraun ist; herausnehmen.

5. Hähnchenfilet aus der Suppe nehmen. Mungobohnensprossen und Glasnudeln darin erhitzen. Miso mit ca. 75 ml Suppe verrühren und in die Suppe zurückgießen. Das Hähnchenfleisch in Scheiben schneiden und mit der Suppe anrichten. Mit Sesam bestreut servieren.

Info Miso ist eine milchsauer vergorene Würzpaste aus Sojabohnen, Salz und Getreide. Es hat eine cremige bis feste Konsistenz und wird für Suppen und Eintöpfe, pikante Dressings, Saucen und Dips verwendet. Misopaste enthält alle wichtigen essenziellen Aminosäuren, viele Mineralstoffe sowie Vitamin B_{12}. Sie bekommen die Paste im Asiengeschäft, im Reformhaus oder Bioladen. Nach dem Einrühren in heiße Speisen sollten diese nicht mehr kochen. Sie können die Suppe ersatzweise auch mit Sojasauce abschmecken.

Variante Statt Hähnchenfilet können Sie auch ein Putenbrustschnitzel nehmen. Dann das Fleisch nach dem Braten aber nur ca. 5 Min. zugedeckt in der Brühe köcheln lassen, sonst wird es trocken.

Austauschen Mit einer ganzen frischen Chilischote zubereitet wird die Suppe recht scharf. Wer es lieber etwas milder mag, schmeckt mit einer Messerspitze Sambal oelek ab.

Besonders Sie können die Suppe – stilecht – mit getrockneten Mu-Err-Pilzen verfeinern. Dazu 10 g Pilze vorher in warmem Wasser für ca. 30 Min. einweichen. Dann abtropfen lassen, in Streifen schneiden und in der Suppe mitkochen.

Involtini-Suppe

mit Aroma in der Rolle

60 Min.

pro Portion ca. 279 kcal, 55 kcal/100 g

31 g E (46 %) · 14 g F (44 %) · 7 g KH (10 %)

ZUTATEN FÜR 2 PORTIONEN

250 g grüner Spargel
1 Zwiebel
2 große dünne Kalbsschnitzel (à ca. 80 g)
Salz · Pfeffer
2 Scheiben Parmaschinken (ca. 25 g)
6 Salbeiblätter
2 EL Olivenöl
500 ml Fleischbrühe
12 Holspießchen zum Fixieren

ZUBEREITUNG

1. Den Spargel waschen, im unteren Drittel schälen, die Enden abschneiden. Die Stangen in mundgerechte Stücke schneiden. Zwiebel schälen und fein würfeln.

2. Die Schnitzel quer dritteln, mit Salz und Pfeffer würzen. Schinken ebenfalls quer dritteln und auf dem Fleisch verteilen. Auf jedes Stück Fleisch 1 Salbeiblatt legen.

3. Das Fleisch aufrollen. Jede Rolle quer halbieren, mit Holzspießchen fixieren. 1 EL Öl in einer Pfanne erhitzen. Die Röllchen darin rundherum anbraten und herausnehmen.

4. Restliches Öl in einem Topf erhitzen. Die Zwiebeln darin glasig dünsten. Spargel kurz mit andünsten. Mit Brühe ablöschen, salzen, pfeffern und 10 Min. kócheln lassen.

5. Holzspießchen aus den Röllchen ziehen. Röllchen nach 8 Min. Garzeit in die Suppe geben und kurz mitgaren. Suppe nochmals abschmecken und anrichten.

Rote Kohlsuppe mit Steakstreifen

Sattmacher mit Stil

45 Min.

pro Portion ca. 362 kcal, 63 kcal/100 g

26 g E (30 %) · 21 g F (53 %) · 15 g KH (17 %)

ZUTATEN FÜR 2 PORTIONEN

2 Frühlingszwiebeln
1 Spalte Spitzkohl (ca. 200 g; ersatzweise junger Weißkohl)
1/2 Packung gekochte Rote Beten (250 g)
150 g Rumpsteak
1 EL Rapsöl
Salz · Pfeffer
500 ml Fleischbrühe
1 Msp. gemahlener Kümmel
gemahlener Piment
1/2 Bund Schnittlauch
1 TL Rotweinessig
60 g saure Sahne (10 % Fett)

ZUBEREITUNG

1. Frühlingszwiebeln waschen, putzen und in Ringe schneiden. Spitzkohl waschen, vierteln, den Strunk entfernen und den Kohl in breite Streifen schneiden. Rote Beten würfeln.

2. Das Rumpsteak trockentupfen und in feine Streifen schneiden. Öl in einem Topf erhitzen und das Fleisch darin kräftig anbraten. Mit Salz und Pfeffer würzen, aus dem Topf nehmen.

3. Die Frühlingszwiebeln im Bratöl andünsten. Den Kohl zufügen und kurz mit andünsten. Rote Beten zufügen, mit der Brühe ablöschen. Mit Salz, Pfeffer, Kümmel und Piment würzen. Ca. 10 Min. köcheln lassen.

4. Schnittlauch waschen, trockenschütteln und in Röllchen schneiden. Die Steakstreifen in der Suppe erhitzen. Die Suppe mit Salz, Pfeffer, Kümmel, Piment und Essig abschmecken und auf Tellern anrichten. Je 1 Klecks saure Sahne darauf geben. Mit dem Schnittlauch bestreuen.

Miesmuschelsuppe mit Gemüse und Basilikum

Meeresfrüchte und mehr
60 Min.

pro Portion ca. 264 kcal, 38 kcal/100 g
15 g E (23 %) · 11 g F (38 %) · 25 g KH (39 %)

ZUTATEN
FÜR 2 PORTIONEN

500 g frische Miesmuscheln
1 Zwiebel
1 Knoblauchzehe
125 g Staudensellerie
100 g Möhren
50 g getrocknete in Öl eingelegte Tomaten
1 Lorbeerblatt
100 ml Weißwein
Salz · Pfeffer
400 ml Gemüsebrühe
1/2 Bund Basilikum
1 TL Zitronensaft

ZUBEREITUNG

1. Die Miesmuscheln gründlich kalt waschen und entbarten. Beschädigte oder bereits geöffnete Muscheln wegwerfen.

2. Zwiebel und Knoblauch schälen und fein würfeln. Sellerie waschen, putzen und fein würfeln, das Selleriegrün beiseite legen. Möhren schälen, putzen und ebenfalls fein würfeln.

3. Die getrockneten Tomaten abtropfen lassen, das Öl dabei auffangen. Tomaten in Streifen schneiden.

4. 3 TL Tomatenöl in einem Topf erhitzen. Zwiebeln und Knoblauch darin glasig dünsten. Lorbeer, Sellerie Möhren und Tomatenstreifen kurz mitdünsten. Mit Weißwein ablöschen. Mit Salz und Pfeffer würzen. Zugedeckt ca. 8 Min. köcheln lassen.

5. Die Muscheln zufügen und ca. 5 Min. im geschlossenen Topf kochen, bis sich alle geöffnet haben; den Topf zwischendurch hin- und herrütteln. Muscheln, die sich nicht öffnen, herausnehmen und wegwerfen.

6. Die Muscheln mit einer Schaumkelle aus dem Topf heben und etwas abkühlen lassen. Die Gemüsebrühe in den Topf gießen, aufkochen und alles ca. 10 Min. köcheln lassen.

7. Inzwischen das Basilikum waschen, trockenschütteln und ebenso wie das Selleriegrün fein hacken. Das Muschelfleisch aus den Schalen lösen. Zusammen mit Basilikum und Selleriegrün in die Suppe geben und darin erhitzen. Die Suppe mit Salz, Pfeffer und Zitronensaft abschmecken.

Dazu passt Pumpernickel

Besonders Fein schmeckt die Muschelsuppe, wenn Sie sie mit 2 EL weißem Portwein oder trockenem Sherry abschmecken.

Austauschen Es soll aus dem Meer sein, aber keine Muschel? Die Suppe ist auch mit Fischfilet ein Genuss und darüber hinaus noch schneller zubereitet: Statt der Muscheln 200 g Fischfilet, z. B. Steinbeißer oder Tunfisch, waschen, trockentupfen, würfeln und mit 2 EL Zitronensaft beträufeln. Die Fischwürfel zum Schluss in ca. 3 Min. in der Brühe gar ziehen lassen.

Fruchtige Kürbiscremesuppe

raffiniert kombiniert

40 Min.

pro Portion ca. 325 kcal, 68 kcal/100 g
7 g E (9 %) · 21 g F (58 %) · 27 g KH (34 %)

ZUTATEN
FÜR 2 PORTIONEN

250 g Kürbisfruchtfleisch
1/2 reife Mango (225 g)
1 rote Zwiebel
1 EL Rapsöl
300 ml Gemüsebrühe
100 ml Kokosmilch
Salz · Cayennepfeffer
gemahlener Koriander
15 g Sonnenblumenkerne

ZUBEREITUNG

1. Das Kürbisfleisch würfeln. Mango schälen, Fruchtfleisch vom Kern schneiden und in kleine Würfel schneiden. Zwiebel schälen und fein würfeln.

2. Öl in einem hohen Topf erhitzen. Die Zwiebeln darin glasig dünsten und mit einer Schaumkelle herausheben. Kürbis und drei Viertel der Mangowürfel im Bratöl andünsten. Mit Brühe und Kokosmilch ablöschen. Mit Salz, Cayennepfeffer und Koriander würzen. Zugedeckt ca. 15 Min. köcheln lassen.

3. Inzwischen die Sonnenblumenkerne goldbraun rösten und abkühlen lassen. Die Suppe pürieren. Mit Salz, Cayennepfeffer und Koriander nochmals abschmecken. Die restlichen Mangowürfel und Zwiebeln darin erhitzen. Die Suppe mit Sonnenblumenkernen bestreut servieren.

Tipp Die übrige halbe Mango in Spalten schneiden, mit etwas Limettensaft beträufeln und als Nachtisch oder Imbiss genießen.

Blumenkohl-Apfel-Cremesuppe

gut für Gäste

45 Min.

pro Portion ca. 193 kcal, 40 kcal/100 g
9 g E (19 %) · 10 g F (46 %) · 17 g KH (35 %)

ZUTATEN
FÜR 2 PORTIONEN

300 g Blumenkohl
1 kleine Zwiebel
1 säuerlicher Apfel
1 EL Rapsöl
1/2 TL Kurkuma
450 ml Gemüsebrühe
Salz · Pfeffer
10 g Sonnenblumenkerne
1 EL Sojacreme (ersatzweise Crème légère)
3 Stängel Koriandergrün (ersatzweise glatte Petersilie)

ZUBEREITUNG

1. Blumenkohl waschen, putzen und in kleine Röschen teilen. Den Strunk schälen und würfeln. Die Zwiebel schälen und fein würfeln. Apfel waschen. Ein Viertel herausschneiden, den Rest schälen, das Kernhaus entfernen und den Apfel in Stücke schneiden.

2. Das Öl in einem Topf erhitzen. Zwiebeln darin glasig dünsten. Blumenkohl, Apfelstücke und Kurkuma zufügen und andünsten. Mit Brühe ablöschen und mit Salz und Pfeffer würzen. Ca. 15 Min. köcheln lassen.

3. Inzwischen Sonnenblumenkerne in einer Pfanne ohne Fett goldbraun rösten, herausnehmen. Apfelviertel schälen, Kernhaus entfernen, das Fruchtfleisch in Stifte schneiden.

4. Kohl und Apfelstücke in der Brühe fein pürieren, die Sojacreme einrühren. Suppe mit Salz und Pfeffer abschmecken. Koriander waschen, die Blättchen abzupfen. Die Suppe mit Sonnenblumenkernen, Apfelstiften und Koriandergrün bestreut servieren.

Cremesuppe von weißen Bohnen

super einzufrieren
45 Min.
pro Portion ca. 306 kcal, 53 kcal/100 g
18 g E (23 %) · 12 g F (33 %) · 33 g KH (44 %)

ZUTATEN FÜR 2 PORTIONEN

- 1 Dose weiße Bohnenkerne (250 g Abtropfgewicht)
- 1 kleine Zwiebel
- 1 Knoblauchzehe
- 4 Stängel Thymian
- 1 EL Olivenöl
- 500 ml Gemüsebrühe
- Salz · Pfeffer
- 250 g Brechbohnen (TK) · 100 g Dicke Bohnen (TK)
- 15 g gehobelte Mandeln

ZUBEREITUNG

1. Bohnen in ein Sieb gießen, kalt überbrausen und gut abtropfen lassen. Zwiebel und Knoblauch schälen und fein würfeln. Thymian waschen, trockenschütteln und abzupfen.

2. Das Öl in einem Topf erhitzen. Zwiebeln und Knoblauch darin glasig dünsten. Weiße Bohnenkerne zufügen. Mit 250 ml Brühe ablöschen und mit Salz, Pfeffer und Thymian würzen. Ca. 15 Min. köcheln lassen.

3. Inzwischen Brechbohnen und Dicke Bohnen in der restlichen Brühe in einem zweiten Topf ca. 10 Min. kochen. Die Mandeln in einer Pfanne ohne Fett goldbraun rösten.

4. Die weißen Bohnen in der Brühe pürieren. Die übrigen Bohnen mit der Brühe vorsichtig zugießen. Alles aufkochen lassen, nochmals mit Salz und Pfeffer abschmecken. Die Suppe mit Mandelblättchen bestreut servieren.

Austauschen Statt Thymian getrocknetes Bohnenkraut zum Würzen nehmen.

Rosenkohl-Cremesuppe

im Winter was Warmes
45 Min.
pro Portion ca. 310 kcal, 52 kcal/100 g
13 g E (24 %) · 7 g F (33 %) · 9 g KH (43 %)

ZUTATEN FÜR 2 PORTIONEN

- 350 g Rosenkohl
- 1 Zwiebel
- 1 EL Rapsöl
- 1 EL Currypulver
- 400 ml Gemüsebrühe
- Salz · Pfeffer
- 15 g gehobelte Haselnüsse
- 20 g Alfalfasprossen
- 100 ml ungesüßter Soja-Drink (Reformhaus)

ZUBEREITUNG

1. Den Rosenkohl waschen, putzen und am Stielansatz kreuzweise einschneiden. Die Zwiebel schälen und fein würfeln.

2. Das Öl in einem Topf erhitzen. Zwiebeln darin glasig dünsten. Mit Curry bestäuben und anschwitzen. Rosenkohl zufügen. Mit Brühe ablöschen und mit Salz und Pfeffer würzen. Ca. 15 Min. köcheln lassen.

3. Inzwischen Haselnüsse in einer Pfanne ohne Fett leicht rösten und herausnehmen. Sprossen kalt waschen und abtropfen lassen.

4. 2 Kohlröschen aus der Brühe nehmen, den Rest in der Brühe fein pürieren. Sojamilch zugießen und erhitzen. Die Suppe mit Salz und Pfeffer abschmecken. Kohlröschen in Spalten schneiden. Die Suppe mit Rosenkohl, Sprossen und Haselnüssen bestreut servieren.

Austauschen Keine Rosenkohlsaison? Sie können die Suppe statt mit frischem Rosenkohl auch mit TK-Rosenkohl zubereiten.

Petersilien-Kohlrabi-Cremesuppe

mit Aroma-Plus

40 Min.

pro Portion ca. 162 kcal, 34 kcal/100 g
9 g E (24 %) · 8 g F (43 %) · 13 g KH (33 %)

ZUTATEN FÜR 2 PORTIONEN

100 g Petersilienwurzel
250 g Kohlrabi
1 Zwiebel · 1 EL Rapsöl
500 ml Gemüsebrühe
Salz · Pfeffer
1/2 Bund glatte Petersilie
1 EL Sahne

ZUBEREITUNG

1. Petersilienwurzel und Kohlrabi schälen und in Stücke schneiden. Die Zwiebel schälen und fein würfeln.

2. Das Öl in einem Topf erhitzen. Zwiebeln darin glasig dünsten. Petersilienwurzel und Kohlrabi zufügen und andünsten. Mit Brühe ablöschen, salzen, pfeffern und zugedeckt ca. 15 Min. köcheln lassen.

3. Inzwischen die Petersilie waschen und trockenschütteln, die Blättchen abzupfen und fein schneiden.

4. Das Gemüse in der Brühe fein pürieren. Mit Sahne verfeinern. Die Suppe mit Salz und Pfeffer abschmecken und anrichten. Mit der Petersilie garnieren.

Tipp Petersilienstängel mitgaren, vor dem Pürieren aus der Suppe nehmen.

Dazu passt Pumpernickel

Milde Selleriecremesuppe

rundum leicht

25 Min.

pro Portion ca. 129 kcal, 35 kcal/100 g
6 g E (21 %) · 6 g F (45 %) · 10 g KH (34 %)

ZUTATEN FÜR 2 PORTIONEN

250 g Knollensellerie
1 Zwiebel · 1 EL Rapsöl
400 ml Gemüsebrühe
Salz · Pfeffer
Cayennepfeffer
20 g Pumpernickel
einige Schnittlauchhalme
50 g Sojacreme (ersatzweise Crème légère)

ZUBEREITUNG

1. Sellerie waschen, schälen und bis auf einen Rest von ca. 25 g in kleine Stücke schneiden. Die Zwiebel schälen und fein würfeln.

2. 1 TL Öl in einem Topf erhitzen. Zwiebeln darin glasig dünsten. Selleriestücke zufügen und andünsten. Mit Brühe ablöschen und mit Salz, Pfeffer und Cayennepfeffer würzen. Ca. 15 Min. köcheln lassen.

3. Inzwischen den Pumpernickel zerbröseln, in einer Pfanne ohne Fett leicht rösten. Übrigen Sellerie klein würfeln. Restliches Öl in der Pfanne erhitzen. Sellerie darin anbraten, salzen und pfeffern. Schnittlauch waschen, trockenschütteln und in Röllchen schneiden.

4. Die Selleriestücke in der Brühe fein pürieren. Sojacreme unterrühren und erhitzen. Suppe nochmals mit Salz, Pfeffer und Cayennepfeffer abschmecken und anrichten. Pumpernickelbrösel, Selleriewürfel und Schnittlauch auf die Suppe streuen.

Kalte Zucchinisuppe mit Schinken

frisch und fein

30 Min. + 3 Std. Kühlen

pro Portion ca. 199 kcal, 45 kcal/100 g
13 g E (27 %) · 11 g F (50 %) · 11 g KH (23 %)

ZUTATEN FÜR 2 PORTIONEN

1 Zwiebel
1 Knoblauchzehe
375 g Zucchini
1 EL Olivenöl
250 ml Gemüsebrühe
10 g gehobelte Mandeln
Salz · Pfeffer
geriebene Muskatnuss
50 g Schwarzwälder Schinken
125 ml Milch (1,5 % Fett)

ZUBEREITUNG

1. Zwiebel und Knoblauch schälen und fein würfeln. Zucchini waschen, putzen und in Würfel schneiden.

2. Das Öl in einem Topf erhitzen. Zwiebeln und Knoblauch darin glasig dünsten. Zucchini zufügen und andünsten. Mit Brühe ablöschen und ca. 15 Min. köcheln lassen. Inzwischen die Mandeln in einer Pfanne ohne Fett goldbraun rösten.

3. Zucchini in der Brühe pürieren, mit wenig Salz, mit Pfeffer und Muskat würzen. Suppe abkühlen lassen und ca. 3 Std. kalt stellen.

4. Schinken in Streifen schneiden. Die Milch in die Suppe rühren, mit Salz, Pfeffer und Muskat abschmecken. Die Suppe mit Schinken und Mandeln bestreut servieren.

Besonders Schmeckt auch lecker mit italienischer Coppa, gepökeltem luftgetrocknetem Schweinenacken.

Kalte Radieschen-Kräuter-Suppe

Sommerhit!

40 Min. + 1 Std. Kühlen

pro Portion ca. 151 kcal, 37 kcal/100 g
9 g E (24 %) · 7 g F (44 %) · 12 g KH (32 %)

ZUTATEN FÜR 2 PORTIONEN

1 Zwiebel
1 Knoblauchzehe
1 EL Olivenöl
250 ml Gemüsebrühe
200 g Dickmilch (1,5 % Fett)
Salz, Cayennepfeffer
1 Bund Radieschen (250 g)
1/2 Bund glatte Petersilie
3 Zweige Zitronenmelisse
1/2 Bund Schnittlauch

ZUBEREITUNG

1. Zwiebel und Knoblauch schälen, fein würfeln und im Öl glasig dünsten. Mit der Brühe ablöschen und 5 Min. köcheln lassen. Abkühlen lassen.

2. Dickmilch und kalte Brühe verrühren. Mit Salz und Cayennepfeffer würzen. Ca. 1 Std. kalt stellen.

3. Die Radieschen waschen, putzen und in feine Stifte hobeln oder schneiden. Kräuter waschen und trockenschütteln. Petersilie und Zitronenmelisse, bis auf einige Blättchen zum Garnieren, fein hacken. Schnittlauch in Röllchen schneiden.

4. Radieschen – bis auf 1 EL – in die Suppe rühren und nochmals mit Salz und Cayennepfeffer abschmecken. Die Suppe anrichten. Mit den Radieschen und Kräutern bestreuen.

Tipp Nach Belieben einige Radieschensprossen über die fertige Suppe streuen.

Tomatencremesuppe mit Forelle

Klassiker mit Kick
30 Min.

pro Portion ca. 209 kcal, 51 kcal/100 g
16 g E (32 %) · 10 g F (44 %) · 12 g KH (24 %)

ZUTATEN FÜR 2 PORTIONEN

1 Zwiebel · 1 Knoblauchzehe · 1 EL Olivenöl
1 kleine Dose geschälte Tomaten (400 g)
200 ml Gemüsebrühe
Salz, Cayennepfeffer
20 g Pumpernickel
100 g geräuchertes Forellenfilet · 50 g saure Sahne (10 % Fett)

ZUBEREITUNG

1. Zwiebel und Knoblauch schälen und fein würfeln. Öl in einem Topf erhitzen. Zwiebeln und Knoblauch darin glasig dünsten.

2. Tomaten mit Saft zufügen und die Tomaten etwas zerdrücken. Mit Brühe ablöschen, mit Salz und Cayennepfeffer würzen. Ca. 15 Min. köcheln lassen.

3. Inzwischen den Pumpernickel würfeln und in einer beschichteten Pfanne ohne Fett rösten. Forellenfilet in mundgerechte Stücke zupfen.

4. Die Tomaten in der Brühe fein pürieren. Die Suppe mit Salz und Cayennepfeffer abschmecken, anrichten. Die saure Sahne glatt rühren und jeweils 1 Klecks auf die Suppe geben. Forellenstücke darauf verteilen. Mit Pumpernickelcroûtons bestreuen.

Tipp Nach Belieben die Suppe mit gehacktem Basilikum verfeinern.

Rote-Linsen-Suppe mit Lamm

zum stilvoll Sattessen
50 Min.

pro Portion ca. 369 kcal, 67 kcal/100 g
28 g E (30 %) · 15 g F (36 %) · 30 g KH (32 %)

ZUTATEN FÜR 2 PORTIONEN

1 Bund Frühlingszwiebeln
125 g Möhren
1 Knoblauchzehe
3 TL Olivenöl · Salz · Pfeffer
75 g rote Linsen
1/2 TL gemahlener Kreuzkümmel · 600 ml Gemüsebrühe
100 g ausgelöster Lammrücken (Lammlachs)
1/2 Bund glatte Petersilie

ZUBEREITUNG

1. Die Frühlingszwiebeln waschen, putzen und in Ringe schneiden. Die Möhren schälen, putzen und in kleine Würfel schneiden. Knoblauch schälen und fein würfeln.

2. 2 TL Öl in einem Topf erhitzen. Möhren und die Hälfte des Knoblauchs darin zugedeckt ca. 5 Min. dünsten. Frühlingszwiebeln zufügen und weitere 3 Min. dünsten. Mit Salz und Pfeffer würzen. Dann die Hälfte des Gemüses herausnehmen.

3. Linsen und Kreuzkümmel zum restlichen Gemüse in den Topf geben und andünsten. Mit Brühe ablöschen und mit Salz und Pfeffer würzen. Zugedeckt ca. 15 Min. köcheln lassen.

4. Inzwischen den Lammrücken trockentupfen, mit Salz, Pfeffer und dem restlichen Knoblauch würzen. Das übrige Öl in einer Pfanne erhitzen. Das Fleisch darin unter gelegentlichem Wenden ca. 7 Min. bei mittlerer Hitze braten. Warm stellen.

5. Die Petersilie waschen, trockenschütteln und hacken. Linsen in der Brühe leicht pürieren. Herausgenommenes Gemüse zufügen und darin erhitzen. Suppe mit Salz und Pfeffer abschmecken. Fleisch in Scheiben schneiden. Die Suppe anrichten. Mit Fleischscheiben belegen und mit Petersilie garnieren.

Info Kreuzkümmel ist ein typisch orientalisches Gewürz. Wem der Geschmack zu intensiv ist, der kann ersatzweise gemahlenen Kümmel verwenden.

Champignon-Steinpilz-Suppe mit Kasseler

herbstlich
35 Min.

pro Portion ca. 180 kcal, 36 kcal/100 g
15 g E (37 %) · 8 g F (43 %) · 8 g KH (20 %)

ZUTATEN FÜR 2 PORTIONEN

500 ml Gemüsebrühe
10 g getrocknete Steinpilze
250 g Champignons
2 rote Zwiebeln
1 Knoblauchzehe
3 TL Rapsöl · Salz · Pfeffer
75 g ausgelöstes Kasselerkotelett
4 Stängel glatte Petersilie
2 EL Sojacreme (ersatzweise Crème légère)

ZUBEREITUNG

1. Die Brühe erhitzen. Die getrockneten Steinpilze kalt waschen, gut abtropfen lassen und in 150 ml heißer Brühe einweichen.

2. Champignons putzen und je nach Größe vierteln oder sechsteln. Zwiebeln und die Knoblauchzehe schälen und würfeln.

3. 2 TL Öl in einem weiten Topf erhitzen. Zwiebeln und Knoblauch darin glasig dünsten. Steinpilze abtropfen lassen, Brühe dabei auffangen. Champignons und Steinpilze zu den Zwiebeln geben und anbraten. Mit übriger Brühe und Steinpilzbrühe ablöschen, mit Salz und Pfeffer würzen. Ca. 15 Min. köcheln lassen.

4. Inzwischen das Kasseler in sehr feine Würfel schneiden. Restliches Öl in einer Pfanne erhitzen. Das Fleisch darin unter gelegentlichem Wenden anbraten. Mit Pfeffer würzen.

5. Petersilie waschen, trockenschütteln und hacken. 2 EL Champignons aus der Brühe nehmen. Restliche Pilze in der Brühe pürieren. Sojacreme einrühren. Die Suppe mit Salz und Pfeffer abschmecken, anrichten. Kasselerwürfel, Pilze und Petersilie darauf geben.

Austauschen Die Suppe schmeckt auch lecker mit magerem rohem Schinken.

Linsensuppe mit Lamm

Champignon-Steinpilz-Suppe

Mediterraner Fischtopf

Mediterraner Fischtopf

Klassiker mit Urlaubs-Aroma
50 Min. (ohne Auftauzeit für den Fisch)

pro Portion ca. 265 kcal, 38 kcal/100 g
33 g E (51 %) · 8 g F (28 %) · 13 g KH (21 %)

ZUTATEN FÜR 2 PORTIONEN

125 g Rotbarbenfilets (TK oder frisch) · 1 kleine Stange Lauch (75 g)
1 Knoblauchzehe
2 kleine Zucchini (300 g)
1 EL Olivenöl
1 Lorbeerblatt
1/4 TL Fenchelsamen
1 TL Tomatenmark
500 ml Gemüsebrühe
Salz · Pfeffer
250 g Tomaten
4 Garnelen (in Schale, ohne Kopf; à ca. 25 g)
1/2 Bund glatte Petersilie
1 EL Aceto balsamico

ZUBEREITUNG

1. TK-Rotbarbenfilets – falls verwendet – auftauen. Lauch putzen, längs aufschlitzen, gründlich waschen und quer in ca. 1 cm breite Ringe schneiden. Den Knoblauch schälen und fein würfeln. Zucchini waschen, putzen und in Stücke schneiden.

2. Das Öl in einem Topf erhitzen. Lauch, Knoblauch, Lorbeer und Fenchel darin andünsten. Zucchini zufügen und andünsten. Tomatenmark unterrühren. Mit Brühe ablöschen und mit Salz und Pfeffer abschmecken. Ca. 8 Min. köcheln lassen.

3. Inzwischen die Tomaten kurz in kochendes Wasser legen, kalt abschrecken und die Haut abziehen. Tomaten vierteln, Stielansätze und Samen entfernen. Rotbarbenfilets und Garnelen waschen und trockentupfen. Rotbarbenfilets in Stücke schneiden.

4. Tomaten, Rotbarbenfilets und Garnelen in den Eintopf geben und alles noch ca. 5 Min. kochen.

5. Die Petersilie waschen, trockenschütteln und die Blättchen grob schneiden. Den Eintopf mit Salz, Pfeffer und Aceto balsamico abschmecken und anrichten. Mit Petersilie bestreuen.

Austauschen Schmeckt auch lecker mit anderem Fisch, z. B. Rotbarsch oder Steinbeißer.

Info Die Rotbarbe, auch Rote Meerbarbe genannt, kann bis zu 30 cm groß und 500 g schwer werden. Der rot schillernde Fisch hat ein zartes und grätenarmes Fleisch. Mit rund 2 % Fett ist er außerdem sehr mager. Rotbarben eignen sich im Ganzen und als Filet gut zum Braten, Grillen und Dünsten.

Nudel-Gemüse-Suppe mit Rindfleisch

einfach, lecker
50 Min.

pro Portion ca. 292 kcal, 49 kcal/100 g
28 g E (40 %) · 5 g F (15 %) · 31 g KH (45 %)

ZUTATEN FÜR 2 PORTIONEN

125 g Möhren
50 g Petersilienwurzel
1 kleine Stange Lauch (100 g)
1 Zwiebel
125 g Hüftsteak
2 EL Rapsöl
Salz · Pfeffer
50 g Vollkornnudeln (z. B. Spiralen)
600 ml Gemüsebrühe
50 g TK-Erbsen
1 unbehandelte Zitrone
1 Knoblauchzehe
4 Stängel glatte Petersilie

ZUBEREITUNG

1. Möhren und Petersilienwurzel schälen und in Scheiben schneiden. Den Lauch putzen, längs aufschlitzen, gründlich waschen und quer in Ringe schneiden. Zwiebel schälen und fein würfeln.

2. Fleisch trockentupfen und in Würfel schneiden. Das Öl in einem Topf erhitzen. Die Fleischwürfel darin rundherum braun braten. Mit Salz und Pfeffer würzen und herausnehmen.

3. Nudeln in reichlich kochendem Salzwasser nach Packungsanleitung bissfest garen. Dann abgießen, abschrecken und gut abtropfen lassen.

4. Zwiebeln, Möhren, Petersilienwurzel und Lauch im Bratöl andünsten. Mit Brühe ablöschen und mit Salz und Pfeffer würzen. Ca. 10 Min. köcheln lassen. Erbsen nach 7 Min. zugeben und mitkochen.

5. Inzwischen die Zitrone heiß waschen, die Hälfte der Schale abraspeln. Knoblauch schälen und sehr fein hacken. Petersilie waschen, trockenschütteln und hacken. Alles mischen.

6. Das Fleisch und die Nudeln in der Suppe erhitzen. Die Suppe nochmals abschmecken und auf Tellern anrichten. Mit der Knoblauchmischung bestreuen.

Austauschen Sollten Sie keine Petersilienwurzel bekommen, können Sie auch die gleiche Menge Sellerieknolle nehmen.

Nudel-Gemüse-Suppe mit Rindfleisch

Lamm-Wirsing-Topf

Würzmitteln das Aroma entlocken

Getrocknete Kräuter und andere trockene Gewürze entfalten ihr volles Aroma erst, wenn man sie andünstet. Das sollte allerdings bei nicht zu hoher Temperatur geschehen, sonst schmecken Sie später statt Kräuterwürze nur Angebranntes.

Sattmacher-Suppen auf Vorrat

Eintöpfe können Sie prima einfrieren. Darum am besten gleich jeweils die doppelte Rezeptmenge zubereiten. Nach dem Abkühlen in eine Gefrierdose füllen und ab damit ins Tiefkühlfach.

Provenzalischer Eintopf mit Entenbrust

wie in Frankreich
50 Min.
pro Portion ca. 411 kcal, 48 kcal/100 g
24 g E (24 %) · 23 g F (50 %) · 25 g KH (25 %)

ZUTATEN FÜR 2 PORTIONEN

1 Zwiebel · 1 Knoblauchzehe
1 kleiner Zucchino (150 g)
1 kleine Aubergine (125 g)
je 1 rote und gelbe Paprikaschote (350 g)
3 TL Olivenöl · 1 TL getrocknete Kräuter der Provence · 600 ml Gemüsebrühe · Salz · Pfeffer
1 Entenbrust (300 g)
250 g mittelgroße Tomaten · 1 TL Honig

ZUBEREITUNG

1. Zwiebel und Knoblauch schälen und fein würfeln. Zucchino, Aubergine und Paprikaschoten waschen und putzen. Den Zucchino in dicke Scheiben schneiden. Die Aubergine längs vierteln und ebenfalls in Scheiben schneiden. Paprika in Würfel schneiden.

2. Das Öl in einem Topf erhitzen. Zwiebeln und Knoblauch darin glasig dünsten. Gemüse und Kräuter zufügen und kurz andünsten. Mit Brühe ablöschen und mit Salz und Pfeffer würzen. Ca. 20 Min. köcheln lassen.

3. Inzwischen die Entenbrust kalt abspülen, mit Küchenpapier trockentupfen, Haut rautenförmig einschneiden und die Entenbrust auf der Hautseite in einer Pfanne ohne Fett anbraten. Je Seite ca. 8 Min. braten. Mit Salz und Pfeffer würzen. Entenbrust in Alufolie wickeln und 4 Min. ruhen lassen.

4. Die Tomaten kurz in kochendes Wasser legen, kalt abschrecken und die Haut abziehen. Tomaten vierteln, Stielansätze und Samen entfernen.

5. Die Tomaten im Eintopf ca. 3 Min. mitkochen. Eintopf mit Salz, Pfeffer und Honig abschmecken und anrichten. Die halbe Entenbrust in Scheiben schneiden und auf der Suppe verteilen. Die übrige halbe Entenbrust schmeckt kalt und in Scheiben geschnitten gut z. B. auf Salat.

Tipp Wer Kalorien sparen will, entfernt die Hautschicht der Entenbrust vor dem Aufschneiden.

Austauschen Statt Entenbrust passt auch 150 g gebratenes Lammfilet.

Lamm-Wirsing-Topf

deftig, kräftig
55 Min.

pro Portion ca. 514 kcal, 75 kcal/100 g
33 g E (27 %) · 33 g F (58 %) · 18 g KH (15 %)

ZUTATEN
FÜR 2 PORTIONEN

1 große Zwiebel
1 Knoblauchzehe
250 g Lammfleisch (z. B. aus der Keule; ohne Haut und Sehnen)
400 g Wirsing
125 g fest kochende Kartoffeln
1 EL Rapsöl
1 TL Currypulver
600 ml Fleischbrühe
Salz · Pfeffer
gemahlener Piment
75 g Joghurt (3,5 % Fett)

ZUBEREITUNG

1. Zwiebel und Knoblauchzehe schälen und fein würfeln. Das Lammfleisch in ca. 2 cm große Würfel schneiden. Den Wirsing waschen, putzen und den Strunk entfernen. Wirsing in Stücke schneiden. Die Kartoffeln schälen und würfeln.

2. Das Öl in einem Topf erhitzen. Das Fleisch darin rundum braun anbraten und herausnehmen. Zwiebeln und Knoblauch im Bratöl glasig dünsten. Kartoffeln und Wirsing zufügen und andünsten.

3. Das Currypulver unter das Gemüse rühren. Das Fleisch unterheben. Mit der Brühe ablöschen, mit Salz, Pfeffer und Piment würzen. Das Ganze ca. 20 Min. köcheln lassen.

4. Den Joghurt nach Belieben glatt rühren. Den Eintopf nochmals mit Salz, Pfeffer und Piment abschmecken, dann anrichten. Jeweils 1 Klecks Joghurt darauf geben und mit etwas Curry bestäuben.

Austauschen Schmeckt auch lecker ohne Kartoffeln. Dann ca. 500 g Wirsing nehmen.

Besonders Feiner schmeckt der Eintopf, wenn Sie statt Lammfleisch aus der Keule ausgelösten Lammrücken nehmen. Das Fleisch, auch Lammlachs genannt, wie beschrieben würfeln und anbraten, aber erst nach ca. 15 Min. Garzeit unter das Gemüse heben und mitgaren. So bleibt es schön saftig. Zusätzlich können Sie vom Wirsing nur die inneren, sehr hellen Blätter verwenden, sie schmecken nicht so kräftig »kohlig« wie die dunklen, groben von weiter außen.

Sauerkrauteintopf mit Speck

prima vorzubereiten
45 Min.

pro Portion ca. 221 kcal, 39 kcal/100 g
11 g E (22 %) · 13 g F (57 %) · 11 g KH (21 %)

ZUTATEN
FÜR 2 PORTIONEN

1 Zwiebel
50 g magerer durchwachsener Räucherspeck am Stück (s. Tipp)
1 rote Paprikaschote (225 g)
1 kleine Dose Sauerkraut (400 g)
1 TL Rapsöl
1 Lorbeerblatt
3 Wacholderbeeren
400 ml Fleischbrühe
Salz · Pfeffer
1/2 Bund Schnittlauch

ZUBEREITUNG

1. Die Zwiebel schälen und fein würfeln. Den Speck in kleine Würfel schneiden. Paprika waschen, putzen und in Würfel schneiden. Sauerkraut grob zerzupfen.

2. Das Öl in einem Topf erhitzen. Den Speck darin anbraten. Zwiebeln, Lorbeer und Wacholderbeeren zufügen und kurz andünsten. Paprikastücke zugeben und ebenfalls andünsten.

3. Das Sauerkraut unterheben. Mit der Fleischbrühe ablöschen und mit Salz und Pfeffer würzen. Zugedeckt ca. 15 Min. köcheln lassen.

4. Schnittlauch waschen, trockenschütteln und in Röllchen schneiden. Den Eintopf mit Salz und Pfeffer abschmecken. Mit Schnittlauch bestreut servieren.

Austauschen Sie können auch frisches Sauerkraut aus dem Reformhaus oder Bioladen nehmen.

Tipp Legen Sie den Speck vor dem Schneiden für ca. 30 Min. ins Gefrierfach. Er wird dann fester und lässt sich viel leichter klein würfeln.

Beilagen & Vegetarisches

Hier bekommen Sie Ihren **Teller voll!** Voll mit leichten Leckereien, die sich bestens mit unseren Fisch- und Fleischrezepten vertragen. Bunte kalorienleichte Gemüsebeigaben finden Sie hier, aber auch Vollkornreis und -nudeln in kleinen,

ganz besonderen **Kreationen.** Und dass Low-Carb-Genuss auch prima vegetarisch möglich ist, zeigen unter anderem nussige Gemüsegratins, kernige Tofuburger und ein ganzes **Potpourri** an Rezepten mit Hülsenfrüchten. Von roten Linsen bis zu weißen Bohnen. Pfiffig kombinierte, aromenreiche Magenschmeichler. **Nachschlag** gefällig?

Brokkoli mit Grapefruitsahne

raffiniert kombiniert
25 Min.
pro Portion ca. 170 kcal, 43 kcal/100 g
11 g E (26 %) · 9 g F (48 %) · 10 g KH (24 %)

ZUTATEN
FÜR 2 PORTIONEN

500 g Brokkoli
150 ml Gemüsebrühe
Salz · 1 Grapefruit
1 EL Currypulver
2 EL saure Sahne (10 % Fett)
Pfeffer
2 EL gehackte Macadamianüsse

ZUBEREITUNG

1. Die Brokkoliröschen von den Stielen schneiden. Die Stiele dünn schälen, würfeln und in der Gemüsebrühe ca. 10 Min. zugedeckt kochen, bis sie weich sind und die Flüssigkeit größtenteils verdampft ist.

2. In der Zwischenzeit in einem großen Topf Salzwasser zum Kochen bringen und die Brokkoliröschen im sprudelnden Wasser 5 Min. blanchieren. In ein Sieb abgießen und warm stellen. Die Grapefruit auspressen.

3. Das Currypulver unter die Brokkolistiele rühren, 100 ml Grapefruitsaft dazugießen, kurz erhitzen und mit dem Pürierstab fein pürieren. Die saure Sahne einrühren und die Sauce mit Salz und Pfeffer abschmecken.

4. Die Brokkoliröschen auf zwei Tellern anrichten, mit der Sauce begießen und mit den Nüssen bestreut servieren.

Schmeckt zu gebratenem dunklem Fleisch, z. B. Rinderfilet oder Straußensteak

Bunte Paprika mit saurer Sahne

mit nussiger Kruste
20 Min.
pro Portion ca. 159 kcal, 46 kcal/100 g
7 g E (13 %) · 9 g F (38 %) · 26 g KH (49 %)

ZUTATEN
FÜR 2 PORTIONEN

1 mittelgroße Zwiebel
30 g Cashewkerne
je 1 gelbe, rote und grüne Paprikaschote (ca. 500 g)
2 reife Aprikosen
1 EL Rapsöl
2 EL saure Sahne (10 % Fett)
Salz · schwarzer Pfeffer

ZUBEREITUNG

1. Die Zwiebel schälen und grob hacken. Cashewkerne klein hacken. Paprikaschoten waschen, putzen und in Spalten schneiden. Die Aprikosen waschen, den Stein entfernen, das Fruchtfleisch in feine Spalten schneiden.

2. Öl in einer beschichteten Pfanne erhitzen. Zwiebeln und Cashewkerne darin hellgelb braten. Die Paprikaspalten dazugeben und ca. 5 Min. pfannenrühren, bis sie Farbe angenommen haben. Aprikosen kurz miterhitzen.

3. Die Pfanne von der Kochstelle nehmen, die saure Sahne einrühren, das Gemüse mit Salz und Pfeffer abschmecken.

Schmeckt zu kurzgebratenem Fleisch/Fisch

Besonders Abgekühlt wird mit 2–3 EL weißem Aceto balsamico ein prima Salat aus dem Paprikagemüse.

Austauschen Statt frischer 2 getrocknete Soft-Aprikosen in feine Streifen schneiden, mit den Paprikaspalten in die Pfanne geben.

Gegrillte Paprika mit Sardellenstreifen

richtig knusprig
30 Min.
pro Portion ca. 206 kcal, 66 kcal/100 g
7 g E (15 %) · 15 g F (66 %) · 9 g KH (18 %)

ZUTATEN
FÜR 2 PORTIONEN

je 1 rote, gelbe und grüne Paprikaschote (ca. 500 g)
1 weiße Zwiebel
10 schwarze entsteinte Oliven
8 Sardellenfilets
1 EL feinstes Olivenöl
Salz · schwarzer Pfeffer
2 EL Aceto balsamico

ZUBEREITUNG

1. Den Backofen auf 200° (Umluft 180°) vorheizen. Paprikaschoten waschen, mit einem Sparschäler dünn schälen. Die Schoten längs halbieren, putzen und in ca. 2 cm breite Spalten schneiden.

2. Zwiebel schälen und in feine Ringe schneiden. Die Oliven halbieren. Die Sardellenfilets unter fließendem kaltem Wasser abspülen. Das Olivenöl mit Salz und Pfeffer verquirlen.

3. Paprikaspalten in eine große ofenfeste Form geben, so dass sie nebeneinander liegen. Zwiebelringe und Olivenhälften darauf verteilen und mit den Sardellenfilets belegen.

4. Alles mit dem Olivenöl beträufeln und im heißen Ofen (Mitte) 15 Min. braten. Den Grill zuschalten und das Gemüse ca. 5 Min. grillen, bis es Farbe angenommen hat. Zum Servieren Aceto balsamico darüber träufeln.

Schmeckt zu magerem Fleisch und Fisch; fein auch mit etwas Brot als Vorspeise

Zucchini-Möhren-Puffer

leicht und lecker
25 Min.
pro Portion ca. 143 kcal, 47 kcal/100 g
8 g E (25 %) · 4 g F (30 %) · 14 g KH (45 %)

ZUTATEN
FÜR 2 PORTIONEN

1 mittelgroßer Zucchino (ca. 200 g)
300 g Möhren
1 EL Zitronensaft
2 EL gehackte glatte Petersilie
1 Ei · 1 EL Haferflocken
Salz · Pfeffer
1 EL Rapsöl

ZUBEREITUNG

1. Den Zucchino waschen und putzen. Die Möhren schälen und putzen. Das Gemüse auf einer Gemüsereibe grob raspeln.

2. Gemüseraspel mit Zitronensaft, Petersilie, Ei und Haferflocken sorgfältig vermischen. Mit Salz und Pfeffer abschmecken.

3. Das Öl in einer beschichteten Pfanne erhitzen. Mit einem Esslöffel aus der Gemüsemasse Portionen abstechen, in die Pfanne geben. Den Teig etwas flach drücken und die Puffer von beiden Seiten knusprig braten.

Schmeckt zu gebratenem Geflügel

Tipp Zum vegetarischen Hauptgericht werden die Puffer, wenn man die Menge verdoppelt und dazu eine Kräutercreme reicht. Dafür 250 g Magerquark, 4 EL Milch, 4 EL Schnittlauchröllchen und das Grün von 1 Kästchen Gartenkresse verrühren.

Möhrenpüree mit Ingwer

pikant gewürzt
25 Min.
pro Portion ca. 130 kcal, 28 kcal/100 g
3 g E (9 %) · 6 g F (39 %) · 17 g KH (51 %)

ZUTATEN FÜR 2 PORTIONEN

600 g Möhren
10 g Ingwerwurzel
120 g Frühlingszwiebeln
1 EL Rapsöl
Salz · Pfeffer
gemahlener Koriander

ZUBEREITUNG

1. Möhren schälen, putzen und in grobe Stücke schneiden. Ingwer schälen, klein würfeln. Beides in 200 ml Wasser aufkochen und 15 Min. kochen, bis das Gemüse weich ist.

2. In der Zwischenzeit die Frühlingszwiebeln waschen, putzen und in Ringe schneiden. Öl in einer beschichteten Pfanne erhitzen und die Zwiebeln darin goldgelb braten.

3. Möhren mit dem Pürierstab grob pürieren. Zwiebeln untermischen, das Püree mit Salz, Pfeffer und Koriander pikant würzen.

Schmeckt zu gedünstetem Fisch

Variante Für **Sellerie-Walnuss-Creme** (8 Portionen) 75 g geputzten Knollensellerie von Salzwasser bedeckt in 5 Min. weich kochen, dann grob würfeln und mit 50 g geriebenen Walnüssen, je 1 EL Zitronensaft und Apfelessig sowie 3 EL Rapsöl fein pürieren. 125 g fettarmen Joghurt unterheben. Die Creme mit Salz und Pfeffer abschmecken. Wenn sie zu dick ist, ein wenig Sellerie-Kochwasser einrühren. Jeweils 1 EL passt zu gebratenem Fleisch oder gedämpftem Gemüse.

Püree von weißen Bohnen

cremig-sanft
10 Min.
pro Portion ca. 148 kcal, 69 kcal/100 g
7 g E (21 %) · 6 g F (36 %) · 14 g KH (43 %)

ZUTATEN FÜR 2 PORTIONEN

2 Schalotten
20 g getrocknete Tomaten
1 Dose weiße Bohnen (240 g Abtropfgewicht)
1 EL Olivenöl
100 ml Gemüsebrühe
Salz · Pfeffer
nach Belieben 1 EL fein geschnittene glatte Petersilie

ZUBEREITUNG

1. Die Schalotten schälen und würfeln. Die getrockneten Tomaten in Streifen schneiden. Bohnen in ein Sieb abgießen und unter kaltem Wasser abspülen.

2. Das Öl in einem beschichteten Topf erhitzen und die Schalotten darin goldgelb anbraten. Die Tomaten unterrühren und kurz mitbraten. Bohnen dazugeben, Brühe angießen und ca. 3 Min. einkochen lassen.

3. Mit dem Pürierstab oder im Mixer fein pürieren. Salzen, pfeffern und nach Belieben mit Petersilie bestreuen.

Schmeckt zu allen Arten von kurzgebratenem Fleisch und Fisch

Zwiebelgemüse arabische Art

Zimt ist hier der Clou
25 Min.
pro Portion ca. 259 kcal, 67 kcal/100 g
7 g E (10 %) · 15 g F (51 %) · 25 g KH (39 %)

ZUTATEN FÜR 2 PORTIONEN

500 g rote Zwiebeln
2 EL Rapsöl
1 EL Pinienkerne
1 Döschen Tomatenmark (70 g)
150 ml Gemüsebrühe oder Kalbsfond
2 EL Rosinen
1/2 TL Zimtpulver
Salz · Pfeffer

ZUBEREITUNG

1. Die Zwiebeln schälen und in feine Ringe schneiden. Das Öl in einer beschichteten Pfanne erhitzen. Zwiebelringe und Pinienkerne darin unter häufigem Rühren 6–7 Min. andünsten.

2. Das Tomatenmark einrühren und kurz mit anbraten. Mit der Gemüsebrühe ablöschen und die Rosinen dazugeben.

3. Das Zwiebelgemüse bei kleiner Hitze etwas einkochen lassen, mit Zimtpulver, Salz und Pfeffer würzen.

Schmeckt zu gegrilltem Lammfleisch

Gedämpfte Auberginen

sehr fein
20 Min.
pro Portion ca. 170 kcal, 64 kcal/100 g
3 g E (8 %) · 10 g F (63 %) · 10 g KH (29 %)

ZUTATEN FÜR 2 PORTIONEN

2 kleine Auberginen (ca. 400 g)
1 unbehandelte Zitrone
1 EL feinstes Olivenöl
2 Frühlingszwiebeln
4 getrocknete in Öl eingelegte Tomaten
2 EL fein gehacktes Basilikum
Salz · schwarzer Pfeffer

ZUBEREITUNG

1. In einem großen Topf mit Dämpfeinsatz Wasser zum Kochen bringen. Die Auberginen waschen, putzen, längs halbieren und mit den Schnittflächen nach oben auf den Dämpfeinsatz legen. Zugedeckt 10–12 Min. dämpfen. Die Auberginen sind gar, wenn sie sich an den Seiten leicht eindrücken lassen.

2. Inzwischen die Zitrone heiß waschen, trockenreiben und etwa 1/2 TL Schale abreiben. Die Frucht auspressen. Das Olivenöl mit der Zitronenschale und Zitronensaft nach Geschmack in einer Schüssel verquirlen.

3. Die Frühlingszwiebeln waschen, putzen und in Längsstreifen schneiden. Die getrockneten Tomaten fein hacken. Frühlingszwiebeln, Tomaten und Basilikum unter die Marinade mischen und diese kräftig mit Salz und Pfeffer würzen.

4. Auberginen etwas abkühlen lassen, in grobe Stücke schneiden, mit der Marinade mischen und heiß oder lauwarm servieren.

Schmeckt zu Kurzgebratenem, Gegrilltem

Besonders Gut gekühlt und mit 1–2 EL Zitronensaft extra sind die Auberginen als Beilage beim Grillfest ein Hit.

Zwiebelgemüse (hinten), Püree von weißen Bohnen (rechts), Gedämpfte Auberginen (vorne), Möhrenpüree (links)

Zucchini-Apfel-Gratin

clever kombiniert
15 Min. + 35 Min. Backen

pro Portion ca. 351 kcal, 74 kcal/100 g
17 g E (20 %) · 22 g F (55 %) · 21 g KH (25 %)

ZUTATEN
FÜR 2 PORTIONEN

500 g Zucchini
2 rotschalige Äpfel (z. B. Braeburn)
75 ml Kaffeesahne (10 % Fett)
1 Ei · Salz · Pfeffer
1 gehäufter TL Majoran
50 g Grana Padano
Fett für die Form

ZUBEREITUNG

1. Den Backofen auf 200° vorheizen. Die Zucchini waschen, putzen und in ca. 2 mm breite Scheiben schneiden. Äpfel heiß waschen, abtrocknen und halbieren. Jeweils Stiel, Blütenansatz und das Kernhaus entfernen. Das Fruchtfleisch in schmale Spalten schneiden.

2. Zucchinischeiben und Apfelspalten (mit der roten Schalenseite nach oben) abwechselnd in eine gefettete ofenfeste Form (ca. 18 x 25 cm) schichten.

3. Die Kaffeesahne mit dem aufgeschlagenen Ei verquirlen, mit Salz, Pfeffer und Majoran würzen und über die Zucchini-Äpfel gießen. Den Käse grob raspeln und darüber streuen.

4. Das Ganze mit Alufolie abdecken und im Ofen (Mitte, Umluft 180°) 15 Min. backen. Dann die Alufolie entfernen und das Gratin 15–20 Min. weiterbacken, bis der Käse goldgelb ist.

Schmeckt zu allen Arten von kurzgebratenem Fleisch und Fisch

Variante Nach Belieben das Ei trennen und das Eiweiß zu Schnee schlagen. Kaffeesahne mit Eigelb, Salz, Pfeffer, Majoran verquirlen, den Eischnee unterheben und über die Zucchini-Äpfel geben.

Gebackene Rote Beten

ganz einfach
1 Std. 20 Min.
pro Portion ca. 30 kcal, 30 kcal/100 g
1 g E (16 %) · 0 g F (0 %) · 6 g KH (82 %)

ZUTATEN FÜR 2 PORTIONEN

2 Rote Beten von ca. 10 cm Ø
grobes Meersalz

ZUBEREITUNG

1. Die Roten Beten sorgfältig waschen, abtrocknen und einzeln locker in Alufolie wickeln. Die Knollen auf den Backofenrost in den kalten Ofen legen und 1 Std. 15 Min. bei 200° (Mitte, Umluft 180°) backen.

2. Die Roten Beten aus dem Ofen nehmen und etwas abkühlen lassen. Die Knollen lassen sich nun leicht schälen. Am besten zieht man dazu Einmalhandschuhe an, denn der rote Gemüsesaft lässt sich nur schwer wieder von den Händen entfernen.

3. Die Roten Beten vierteln oder achteln und mit Salz bestreut reichen.

Schmeckt zu gegrilltem Lammfleisch

Knollen mit Aroma-Klecks

Gut passt Kümmelquark zu den Roten Beten. Für 2 Portionen 1 TL Kümmelsamen fein zerstoßen, mit 100 g Magerquark verrühren, mit Salz und Pfeffer abschmecken.

Gefüllte Tomaten – Speed-Version

Wenn Sie keine Zeit haben, den Spinat auftauen zu lassen, können Sie den gefrorenen Spinat auch nach etwa der Hälfte der Kochzeit zu den Nudeln geben. Achten Sie aber nach dem Abgießen darauf, dass die Spinat-Nudel-Mischung wirklich gut abtropft.

Überbackener Chicorée

fein im Herbst und Winter
30 Min.
pro Portion ca. 163 kcal, 25 kcal/100 g
14 g E (35 %) · 6 g F (31 %) · 13 g KH (34 %)

ZUTATEN FÜR 2 PORTIONEN

6 Chicoréestauden (ca. 1 kg)
250 ml Gemüse- oder Kalbsfond
30 g Grana Padano
grobes Meersalz
schwarzer Pfeffer

ZUBEREITUNG

1. Von jeder Chicoréestaude ca. 2 cm vom harten Strunk abschneiden und die äußersten Blätter entfernen.

2. Die Stauden eng nebeneinander in einen Topf schichten, so dass die Blätter nicht auseinander fallen können. Mit Fond begießen und 20 Min. bei kleiner Hitze dünsten.

3. Den Backofen auf 200° (Umluft 180°) vorheizen. Den Grana Padano fein raspeln.

4. Den Chicorée mit einem Schaumlöffel herausnehmen und in eine ofenfeste Form setzen. Mit Käse und Salz bestreuen und mit dem Pfeffer übermahlen. Ca. 5 Min. im heißen Ofen (Mitte) überbacken, bis der Käse Blasen wirft und sich goldgelb färbt.

Schmeckt zu gegrilltem Lachs

Besonders Rote Beeren (rosa Pfefferbeeren) sind Eyecatcher und Gaumenkitzel: Sie schmecken leicht pfeffrig ohne aber wirklich scharf zu sein. Streuen Sie jeweils 1 EL Gewürz über die Chicoréestauden in der ofenfesten Form.

Gefüllte Tomaten

eine runde Sache
25 Min. (ohne Auftauzeit)
pro Portion ca. 175 kcal, 74 kcal/100 g
6 g E (14 %) · 9 g F (46 %) · 17 g KH (39 %)

ZUTATEN FÜR 2 PORTIONEN

100 g TK-Spinat
40 g Vollkorn-Bandnudeln · Salz
1 Knoblauchzehe
2 Fleischtomaten
schwarzer Pfeffer
1 EL Olivenöl
1 EL körniger Frischkäse
Fett für die Form

ZUBEREITUNG

1. Den Spinat nach Packungsangabe auftauen. Backofen auf 200° (Umluft 180°) vorheizen. Die Bandnudeln in reichlich Salzwasser nach Packungsanleitung bissfest kochen.

2. Die Knoblauchzehe schälen und durchpressen. Von den Fleischtomaten einen Deckel abschneiden und die Tomaten mit einem Teelöffel vorsichtig aushöhlen. Die Deckel und das herausgelöste Fruchtfleisch grob hacken, mit Salz und Pfeffer würzen.

3. Bandnudeln gut abtropfen lassen und mit Knoblauch, Olivenöl, Frischkäse und Spinat vermengen. Mit Salz und Pfeffer abschmecken. Die Spinat-Nudel-Masse in die Tomaten füllen. Diese zusammen mit den gehackten Tomaten in eine hauchdünn gefettete ofenfeste Form setzen und im heißen Ofen (Mitte) 10 Min. überbacken, bis die oberen Bandnudeln schön kross sind.

Schmeckt zu gebratenem Fleisch und Fisch

Dazu passt Bratwurstbrät-Bällchen: Das Brät von frischen Bratwürsten zu kleinen Bällchen formen und diese anbraten.

Erdnuss-Reis

fernöstlich inspiriert
50 Min.
pro Portion ca. 244 kcal, 124 kcal/100 g
7 g E (11 %) · 6 g F (24 %) · 39 g KH (65 %)

ZUTATEN
FÜR 2 PORTIONEN

1 TL Rapsöl
100 g Naturreis
1 TL gemahlener Kardamom oder Kreuzkümmel
250 ml Wasser oder Gemüsebrühe
1 EL geröstete Erdnusskerne (gesalzen oder ungesalzen)
1 EL Erdnussbutter
Salz · Pfeffer
2 EL gehackte glatte Petersilie

ZUBEREITUNG

1. Das Rapsöl in einem kleinen Topf erhitzen. Den Reis mit dem Gewürz darin glasig dünsten. Mit Wasser oder Gemüsebrühe aufgießen und zugedeckt 40–45 Min. bei kleiner Hitze quellen lassen, bis alle Flüssigkeit aufgesogen ist.

2. Inzwischen die Erdnüsse hacken – nach Belieben mehr oder weniger fein – und in einer beschichteten Pfanne ohne Fett rösten.

3. Die Erdnussbutter und die Erdnüsse unter den Reis rühren, diesen mit Salz und Pfeffer abschmecken, kurz ausdampfen lassen und mit Petersilie bestreut servieren.

Schmeckt z. B. zu **Süßsauer gebratener Makrele** (Seite 115)

Variante Auch Walnüsse geben dem Reis ein besonderes Aroma. Die Nüsse klein hacken und ohne Fett rösten. Statt Erdnussbutter 1 EL Walnussöl in den Reis rühren.

Garnelen-Reis

ganz unkompliziert
50 Min.
pro Portion ca. 272 kcal, 110 kcal/100 g
19 g E (29 %) · 3 g F (10 %) · 40 g KH (61 %)

ZUTATEN
FÜR 2 PORTIONEN

1 EL Rapsöl
100 g Naturreis
250 ml Gemüsebrühe
125 g geschälte gegarte Pazifikgarnelen
Salz · Pfeffer
1 EL Sojasauce

ZUBEREITUNG

1. Das Öl in einem kleinen Topf erhitzen und den Reis darin glasig dünsten. Mit der Gemüsebrühe aufgießen und zugedeckt 40–45 Min. bei kleiner Hitze quellen lassen.

2. Die Garnelen klein hacken – nach Belieben auch einige ganz lassen – und 5 Min. vor Ende der Quellzeit unter den Reis heben.

3. Den Reis offen 5 Min. ausdampfen lassen, vor dem Servieren mit Salz, Pfeffer und Sojasauce abschmecken.

Schmeckt zu gegrilltem Fleisch oder Fisch

Variante Lecker schmeckt dieser Reis auch mit Flusskrebsen oder Nordseekrabben. Zusätzlich Farbe sowie frisches Aroma bringt etwas Tomate: 1 Tomate häuten und die Samen entfernen, das Fruchtfleisch klein würfeln und untermischen.

Mini-Nudel-Tomaten-Gratin

immer gut in Form

35 Min.

pro Portion ca. 230 kcal, 316 kcal/100 g
8 g E (15 %) · 9 g F (37 %) · 26 g KH (48 %)

ZUTATEN FÜR 2 PORTIONEN

75 g Vollkorn-Bandnudeln · Salz
25 g getrocknete in Öl eingelegte Tomaten
2 EL saure Sahne (10 % Fett)
1 EL fein geraspelter Grana Padano
1 EL in Streifen geschnittene Basilikumblätter
schwarzer Pfeffer
Fett für die Förmchen
einige Basilikumblätter zur Dekoration

ZUBEREITUNG

1. Den Ofen auf 200° (Umluft 180°) vorheizen. Nudeln in Salzwasser nach Packungsanleitung bissfest kochen. Inzwischen die getrockneten Tomaten in feine Streifen schneiden. Die Nudeln in ein Sieb abgießen und gut abtropfen lassen.

2. Saure Sahne, Tomatenstreifen, den geraspelten Käse, Basilikum und Nudeln gut vermischen und mit Pfeffer übermahlen.

3. Zwei Souffléförmchen von ca. 8 cm Ø oder eine Auflaufform (siehe die Variante rechts) dünn fetten und die Nudelmasse einfüllen.

4. Gratins im Ofen (Mitte) 15 Min. backen. Zum Anrichten die Formen mit einem Topflappen unten festhalten, die Gratins am Rand mit einem Messer lösen und vorsichtig stürzen. Mit Basilikum dekoriert servieren.

Schmeckt z. B. zu Hähnchenbrust mit Pesto (Seite 132)

Mini-Nudel-Kapern-Gratin

süßsaure Zugabe

35 Min.

pro Portion ca. 206 kcal, 284 kcal/100 g
8 g E (16 %) · 7 g F (27 %) · 29 g KH (57 %)

ZUTATEN FÜR 2 PORTIONEN

80 g Vollkorn-Bandnudeln · Salz
1 EL eingelegte Kapern
2 TL Agavendicksaft (Reformhaus, Bioladen)
2 EL saure Sahne (10 % Fett)
1 EL fein geraspelter Grana Padano
Pfeffer
Fett für die Förmchen
2 Kapernäpfel (eingelegte Kapernfrüchte)

ZUBEREITUNG

1. Den Ofen auf 200° (Umluft 180°) vorheizen. Nudeln in Salzwasser nach Packungsanleitung bissfest kochen. In ein Sieb abgießen und gut abtropfen lassen. Kapern hacken.

2. Nudeln mit Kapern, Agavendicksaft, saurer Sahne und geriebenem Käse vermischen, mit Salz und Pfeffer würzen. Zwei Souffléförmchen von ca. 8 cm Ø dünn einfetten und die Nudelmasse einfüllen, gut festdrücken.

3. Gratins im Ofen (Mitte) 15 Min. backen. Zum Anrichten die Formen mit einem Topflappen unten festhalten, die Gratins am Rand mit einem Messer lösen und vorsichtig stürzen. Mit Kapernäpfeln dekoriert servieren.

Schmeckt z. B. zu Pochiertem Lachs (Seite 123)

Variante Die gesamte Nudelmasse in eine kleine Auflaufform geben. Das Gratin dann ein paar Minuten länger im Ofen lassen.

Mit Linsen gefüllte Paprikaschoten

am besten gleich für 2 x kochen
40 Min.
pro Portion ca. 219 kcal, 39 kcal/100 g
14 g E (26 %) · 4 g F (16 %) · 31 g KH (58 %)

ZUTATEN FÜR 4 PORTIONEN

1 Dose Linsen mit Suppengrün
(530 g Abtropfgewicht)
3 Knoblauchzehen
30 g getrocknete in Öl eingelegte Tomaten
4 große grüne Paprikaschoten
1 l passierte Tomaten (Fertigprodukt)
1–2 getrocknete Chilischoten · Salz
2 EL gehackte glatte Petersilie

ZUBEREITUNG

1. Die Linsen aus der Dose in eine Schüssel geben. Die Knoblauchzehen schälen und durchpressen. Die getrockneten Tomaten in dünne Streifen schneiden. Knoblauch und Tomaten unter die Linsen rühren.

2. Paprikaschoten waschen, einen Deckel abschneiden, Samen und die weißen Rippen entfernen. Die Paprikaschoten mit den Linsen füllen. Aufrecht in einen Topf stellen, in dem sie gerade nebeneinander Platz haben und nicht umfallen können.

3. Die passierten Tomaten angießen, dabei darauf achten, dass die Paprikaschoten gerade nicht vollständig bedeckt sind (sonst läuft die Sauce ins Innere der Schoten).

4. Die Chilischoten im Ganzen dazugeben, die Sauce leicht salzen und einmal aufkochen lassen. Die Hitze reduzieren und das Gericht zugedeckt 30 Min. blubbern lassen.

5. Die gefüllten Paprikaschoten mit Tomatensauce auf zwei Tellern anrichten und mit der Petersilie garnieren.

Tipp Von diesem Gericht lohnt es sich – nicht zuletzt wegen der Topfgröße – gleich vier Portionen zuzubereiten, wie beschrieben. Wenn Sie nur zwei gefüllte Paprikaschoten benötigen, können Sie die restlichen beiden auch gut einfrieren.

Variante Wer gerne sehr scharf isst, kann noch zusätzlich 1 Peperoni klein hacken und unter die Linsen mischen.

Kidneybohnen mit Sauerkraut

Scharfe Kidneybohnen mit Sauerkraut

Rosenpaprika gibt den Kick

20 Min.

pro Portion ca. 134 kcal, 39 kcal/100 g
10 g E (34 %) · 3 g F (19 %) · 14 g KH (47 %)

ZUTATEN FÜR 2 PORTIONEN

1 kleine Zwiebel
1 Dose Kidneybohnen (250 g Abtropfgewicht)
1 EL Rapsöl
100 ml Gemüsebrühe
1 EL rosenscharfes Paprikapulver
1 kleine Dose Sauerkraut (275 g Abtropfgewicht)
Salz · Pfeffer
2 EL saure Sahne (10 % Fett)

ZUBEREITUNG

1. Die Zwiebel schälen und in feine Ringe schneiden. Die Kidneybohnen in ein Sieb abgießen, kalt abspülen. Ein Drittel der Bohnen mit einer Gabel zerdrücken.

2. Das Öl in einem beschichteten Topf erhitzen, die Zwiebelringe darin glasig dünsten. Die zerdrückten Bohnen zugeben, mit der Gemüsebrühe aufgießen. Paprikapulver einrühren.

3. Das Sauerkraut mit einer Gabel zerpflücken und unterrühren. Zugedeckt bei milder Hitze 10 Min. köcheln lassen. Die restlichen Bohnen dazugeben und das Ganze weitere 3 Min. kochen. Mit Salz und Pfeffer abschmecken.

4. Das Bohnen-Sauerkraut-Gemüse auf zwei Tellern anrichten und jeweils 1 EL saure Sahne obenauf setzen. Nach Belieben mit Paprikapuler nachwürzen.

Besonders Lecker pikant werden die scharfen Bohnen, wenn Sie 50 g gewürfelten Schinkenspeck zusammen mit den Zwiebeln andünsten.

Spinat-Dal mit roten Linsen

wie in Indien

20 Min. (ohne Auftauzeit)

pro Portion ca. 107 kcal, 128 kcal/100 g
25 g E (32 %) · 4 g F (12 %) · 43 g KH (56 %)

ZUTATEN FÜR 2 PORTIONEN

300 g TK-Blattspinat
1 mittelgroße Zwiebel
1 EL Rapsöl
150 g rote Linsen
250 ml Gemüsebrühe
1 EL Doppelrahm-Frischkäse
Salz · Pfeffer

ZUBEREITUNG

1. Den Blattspinat nach Packungsangabe auftauen.

2. Die Zwiebel schälen und fein würfeln. Das Öl in einem beschichteten Topf erhitzen und die Zwiebeln darin goldgelb andünsten.

3. Linsen einrühren und mit der Gemüsebrühe ablöschen. 5 Min. bei kleiner Hitze köcheln lassen, dann den Spinat dazugeben. Gut durchrühren und 5–7 Min. weiterköcheln lassen, bis die Linsen alle Flüssigkeit aufgesogen haben.

4. Den Frischkäse einrühren und das Spinat-Dal mit Salz und Pfeffer abschmecken. (Rezeptfoto rechts)

Austauschen Wenn Sie keine roten Linsen bekommen, können Sie den Dal auch mit gelben Linsen zubereiten. Beide Sorten haben sehr kurze Kochzeiten und eignen sich daher besonders gut für dieses Gericht.

Sämige Samen

Dal ist ein indisches Gericht und bedeutet nichts weiter als »Hülsenfrüchte«. Ein Dal soll cremig schmecken – das heißt, die Linsen können auch etwas verkocht sein. Bereiten Sie daher von den einzelnen Komponenten einer Mahlzeit immer zuerst den Dal zu, er wird, bis die anderen Teilgerichte fertig gegart sind, auf der Warmhalteplatte immer sämiger und cremiger.

Wandelbar, wunderbar!

Sie können den Dal auch aus frischem Spinat oder mit Mangold zubereiten. Sie benötigen jeweils 500 g Blätter. Der Spinat-Dal sättigt als vegetarische Mahlzeit, passt aber auch zu gebratenem Fleisch oder als Beilage beim Grillabend.

Zucchini mit nussiger Käsekruste und Tomaten-Oliven-Salsa

knusprig, lecker
30 Min.

pro Portion ca. 392 kcal, 84 kcal/100 g
14 g E (15 %) · 32 g F (72 %) · 12 g KH (13 %)

ZUTATEN FÜR 2 PORTIONEN

500 g Zucchini · 40 g Haselnusskerne · 40 g Emmentaler
gemahlener Koriander
Cayennepfeffer · Salz
2 TL Olivenöl

Für die Salsa:
300 g Tomaten
1 Knoblauchzehe · 1 Schalotte
6 entsteinte schwarze Oliven
je 1 TL gehackter Oregano und Thymian · 1 EL Olivenöl
Salz · Cayennepfeffer

ZUBEREITUNG

1. Den Backofen auf 200° (Umluft 180°) vorheizen. Zucchini waschen, putzen und in 1 cm dünne Längsscheiben schneiden. Die Haselnüsse fein hacken.

2. Den Emmentaler fein raspeln. Käseraspel und gehackte Nüsse mischen, mit einer Prise Koriander und Cayennepfeffer würzen.

3. Ein Backblech mit Backpapier belegen. Zucchinischeiben nebeneinander darauf legen und leicht salzen. Die Nuss-Käse-Mischung auf den Zucchinischeiben verteilen. Die Zucchini mit 2 TL Öl beträufeln und im heißen Ofen (Mitte) ca. 18 Min. backen.

4. Inzwischen für die Salsa die Tomaten waschen und ohne Stielansatz klein würfeln. Knoblauch und Schalotte schälen und hacken. Die Oliven fein würfeln.

5. Tomatenwürfel, Knoblauch, Schalotten, Oliven, Oregano, Thymian und Öl vermischen. Die Salsa mit Salz und Cayennepfeffer würzen und zu den Zucchini mit nussiger Käsekruste reichen.

Dazu passt **Polenta** von Seite 180, frisch gekocht, heiß aus dem Topf geschöpft (nicht mit Käse überbacken). Ergibt pro Portion mit einem Drittel Polentarezept auf dem Teller 575 kcal, 14 % Eiweiß-Kalorien, 54 % Kalorien aus Fett, 32 % aus Kohlenhydraten.

Auberginenröllchen mit Feta-Walnuss-Füllung und Paprikasauce

Vegi-Food de luxe
55 Min.

pro Portion 455 kcal, 90 kcal/100 g
21 g Eiweiß (19 %) · 32 g Fett (63 %) · 19 g Kohlenhydrate (18 %)

ZUTATEN FÜR 2 PORTIONEN

600 g Auberginen
2 EL Olivenöl · Salz
2 kleine rote Paprikaschoten
Cayennepfeffer
getrockneter Oregano
2 Frühlingszwiebeln
1 Tomate
20 g Walnusskerne
1 Scheibe Vollkorntoast
120 g Feta · 1 Ei
3 EL gehackte glatte Petersilie · Pfeffer
Zahnstocher

ZUBEREITUNG

1. Den Backofen auf 200° (Umluft 180°) vorheizen. Auberginen waschen, putzen und längs in 1 cm dicke Scheiben schneiden, von den Randscheiben die Haut sehr dünn abschneiden.

2. Ein Backblech mit 1 EL Öl bestreichen. Die Auberginenscheiben nebeneinander darauf legen, salzen und mit 1 EL Öl beträufeln. Auberginen im Ofen (Mitte) 20 Min. backen. Nach 10 Min. umdrehen.

3. Inzwischen die Paprikaschoten waschen und im Ganzen in Salzwasser weich kochen. Dauert ca. 15 Min. Paprika abtropfen lassen, Stielansatz und Samen entfernen. Das Fruchtfleisch in Stücke schneiden und mit dem Pürierstab fein pürieren. Die Paprikasauce mit Cayennepfeffer, Oregano und Salz abschmecken.

4. Frühlingszwiebeln waschen, putzen und in Ringe schneiden. Tomate waschen. Stielansatz entfernen. Fruchtfleisch fein würfeln. Walnüsse hacken. Das Brot zerbröseln. Den Käse mit der Gabel zerdrücken.

5. 100 g Käse, Brotbrösel, Ei, Frühlingszwiebeln, Tomaten, Walnüsse und Petersilie vermischen, mit Pfeffer würzen. Die Auberginenscheiben aus dem Ofen nehmen, leicht abkühlen lassen (Ofen angeschaltet lassen).

6. Auberginen mit der Füllung bestreichen, aufrollen und mit Zahnstochern fixieren. Die Röllchen nebeneinander in eine Form legen, mit dem restlichen Käse bestreuen, im heißen Ofen (Mitte) ca. 15 Min. backen.

7. Die Paprikasauce nochmals erhitzen und zu den Auberginenröllchen reichen.

Lauch in Gorgonzola-Cremesauce

würzig
20 Min.

pro Portion ca. 427 kcal, 129 kcal/100 g
17 g E (16 %) · 34 g F (73 %) · 11 g KH (10 %)

ZUTATEN FÜR 2 PORTIONEN

400 g Lauch
1 kleines Bund Basilikum
100 g Gorgonzola
1 EL Butter · Salz · 50 g Sahne
100 ml Gemüsebrühe
geriebene Muskatnuss
schwarzer Pfeffer

ZUBEREITUNG

1. Lauch putzen, längs aufschlitzen, gründlich waschen und in ca. 4 cm lange Stücke schneiden. Das Basilikum waschen, trockenschütteln und fein schneiden. Den Gorgonzola in kleine Stücke schneiden.

2. Die Butter in einem flachen Topf schmelzen. Den Lauch dazugeben, leicht salzen und zugedeckt 5 Min. dünsten. Sahne und Gemüsebrühe dazugeben. Den Lauch mit Muskat würzen und zugedeckt weitere 8 Min. köcheln lassen.

3. Den Gorgonzola untermischen. Den Lauch leicht köcheln lassen, bis der Käse geschmolzen ist. Den Lauch in Gorgonzola-Cremesauce mit Pfeffer würzen und das Basilikum untermischen.

Dazu passt **Würzige Hirse** von Seite 180; ergibt pro Portion mit einem Drittel Hirserezept auf dem Teller 580 kcal, 16 % Eiweiß-Kalorien, 56 % Kalorien aus Fett, 28 % aus Kohlenhydraten.

Auberginenröllchen

Lauch in Gorgonzola-Cremesauce

Gebratener Sherry-Tofu mit Cashewkernen

mit Schuss

30 Min. + 1 Std. Marinieren

pro Portion ca. 482 kcal, 159 kcal/100 g
16 g E (28 %) · 12 g F (42 %) · 18 g KH (30 %)

ZUTATEN FÜR 2 PORTIONEN

250 g fester Tofu (Reformhaus, Bioladen)
5 EL helle Sojasauce · 5 EL Sherry medium
1/2 TL Sesam-Würzöl (aus gerösteten Samen)
Cayennepfeffer · 1 Knoblauchzehe · 1 Möhre
1 rote Paprikaschote · 20 g Cashewkerne
50 g Sojasprossen · 2 Frühlingszwiebeln
1 TL gehackte Ingwerwurzel
1/2 TL Speisestärke · 2 EL Rapsöl · Salz

ZUBEREITUNG

1. Den Tofu kalt abspülen, trockentupfen und in kleine Würfel schneiden. 3 EL Sojasauce, 3 EL Sherry, Sesamöl und eine Prise Cayennepfeffer verrühren. Tofu mit der Marinade vermischen, kalt stellen und 1 Std. durchziehen lassen.

2. Knoblauchzehe schälen und fein hacken. Die Möhre schälen, putzen und in feine Stifte schneiden. Die Paprikaschote waschen und putzen. Das Fruchtfleisch in dünne Streifen schneiden. Die Cashewkerne längs halbieren.

3. Die Sojasprossen abbrausen und abtropfen lassen. Frühlingszwiebeln waschen, putzen und in feine Ringe, das Grün nach Belieben in feine Streifen schneiden.

4. Den Tofu abtropfen lassen und die Marinade auffangen. Die Tofu-Marinade mit 2 EL Sojasauce, 2 EL Sherry, Ingwer und der Speisestärke verrühren.

5. In einem Wok oder einer beschichteten Pfanne 1 EL Öl erhitzen. Den Tofu darin unter Rühren rundum knusprig braten, herausnehmen und auf Küchenpapier abtropfen lassen. Wenn notwendig, den Wok bzw. die Pfanne auswaschen. Das restliche Öl darin erhitzen. Knoblauch, Möhren, Paprika und Cashewkerne hinzufügen und leicht salzen. Unter Rühren 3 Min. braten.

6. Die Sprossen untermischen. Unter Rühren 1 Min. braten. Den gebratenen Tofu unterrühren. Mit der Saucenmischung aufgießen und diese unter Rühren erhitzen, bis die Sauce bindet. Das Wokgericht mit Salz und Cayennepfeffer abschmecken und mit Frühlingszwiebeln bestreut anrichten.

Nüsse in den Wok!

Vom guten Fett darf es ruhig ein bisschen mehr sein, wenn ansonsten nur Fettärmstes in den Wok kommt. Denn Nüsse punkten mit reichlich supergesunden Omega-3-Fettsäuren. Zur Abwechslung auch Mandeln oder Pinienkerne mitbraten!

Vegi-Eiweiß mit Klasse

Tofu enthält so viel verwertbares Eiweiß wie Hähnchenfleisch, außerdem einen gesunden Mix an Biostoffen. Darunter Pflanzenhormone, die in den Wechseljahren den Hormonspiegel ausgleichen können.

Gemüsepuffer mit Joghurtdip

gut vorzubereiten
30 Min.

pro Portion ca. 271 kcal, 107 kcal/100 g
17 g E (27 %) · 12 g F (42 %) · 20 g KH (31 %)

ZUTATEN FÜR 4 PORTIONEN

Für den Joghurtdip:
je 1/2 Bund glatte Petersilie und Schnittlauch
250 g Joghurt (3,5 % Fett)
Salz · Pfeffer

Für die Gemüsepuffer:
1 kleine Möhre · 1 kleine rote Paprikaschote
2 Frühlingszwiebeln
30 g Haselnusskerne
200 g Magerquark
70 g feines Weizenvollkornmehl · 2 Eier
100 ml Milch (3,5 % Fett)
Salz · Pfeffer
geriebene Muskatnuss
2 EL Rapsöl

ZUBEREITUNG

1. Für den Joghurtdip die Petersilie und den Schnittlauch waschen und trockenschütteln. Die Petersilie fein hacken. Den Schnittlauch in feine Röllchen schneiden.

2. Joghurt mit Petersilie und Schnittlauch vermischen. Den Dip salzen und pfeffern.

3. Die Möhre schälen, putzen und grob reiben. Die Paprikaschote waschen und putzen. Das Fruchtfleisch in sehr kleine Würfel schneiden. Frühlingszwiebeln waschen, putzen und in feine Ringe schneiden. Die Haselnüsse fein hacken.

4. Mit dem Handrührgerät Quark, Mehl, Eier und Milch zu einem glatten Teig rühren. Möhren, Paprika, Frühlingszwiebeln und Nüsse untermischen. Den Teig mit Salz, Pfeffer und Muskat abschmecken.

5. Den Backofen auf 70° Ober-/Unterhitze vorheizen. Eine beschichtete Pfanne dünn mit Öl ausstreichen. Pro Gemüsepuffer 1 EL Teig in die Pfanne setzen. Den Teig jeweils dünn rund ausstreichen. Die Gemüsepuffer auf beiden Seiten goldbraun backen.

6. Die fertigen Gemüsepuffer im Ofen warm halten, bis der gesamte Teig verarbeitet ist. Den Joghurtdip zu den Gemüsepuffern reichen.

Tipp Prima praktisch: Die Masse für die Gemüsepuffer können Sie im Kühlschrank einen Tag aufbewahren. Darum lohnt es sich, gleich die hier im Rezept angegebene größere Menge zuzubereiten. Oder aber Sie backen gleich aus der ganzen Masse Puffer und nehmen einen Teil davon am nächsten Tag als Imbiss mit. Denn die Gemüsepuffer schmecken auch kalt, nach Belieben mit einer Scheibe Vollkornbrot.

Tofu-Walnuss-Burger auf Möhren

Asia-Fit-Food
30 Min.

pro Portion ca. 394 kcal, 92 kcal/100 g
19 g E (20 %) · 26 g F (59 %) · 20 g KH (21 %)

ZUTATEN FÜR 2 PORTIONEN

3 Möhren
2 Orangen, davon eine unbehandelt
5 TL Öl
150 ml Gemüsebrühe
Muskatnuss
Cayennepfeffer
250 g Tofu (Reformhaus, Bioladen)
1 Schalotte
30 g Walnusskerne
3 EL fein geriebener Knollensellerie
2 EL fein geriebene Möhren · 1 Eiweiß
4 EL gehackte glatte Petersilie
1 EL Semmelbrösel
2–3 TL Sojasauce · Salz
gemahlener Koriander
1 TL Speisestärke

ZUBEREITUNG

1. Möhren schälen, putzen und in dünne Scheiben schneiden. Die unbehandelte Orange heiß waschen und trocknen. Von einem Viertel der Frucht die Schale dünn abschneiden, in feine Streifen schneiden. Beide Orangen auspressen.

2. In einem beschichteten Topf 1 TL Öl erhitzen. Die Möhren darin anbraten. Mit Brühe aufgießen, mit Muskat und Cayennepfeffer würzen. Die Möhren zugedeckt bissfest köcheln (Garprobe nach ca. 10 Min.).

3. Inzwischen den Tofu abwaschen, trocknen und mit der Gabel fein zerdrücken. Schalotte schälen und hacken, Walnüsse hacken. Diese Zutaten mit dem geriebenen Gemüse, dem Eiweiß, 3 EL gehackter Petersilie, Bröseln und Sojasauce zu einem geschmeidigen Teig verkneten. Diesen mit Salz, Cayennepfeffer und Koriander abschmecken.

4. Orangensaft und Stärke verrühren, mit der Orangenschale zu den Möhren geben. Unter Rühren weiterköcheln lassen, bis die Sauce bindet.

5. Aus der Tofumasse mit befeuchteten Händen flache Burger formen. In einer beschichteten Pfanne das restliche Öl erhitzen. Die Burger darin beidseitig knusprig goldbraun braten. Die Tofu-Walnuss-Burger auf dem Möhrengemüse anrichten.

Gemüse-Trio mit Curry-Mandel-Sauce

indisch inspiriert
35 Min.

pro Portion ca. 470 kcal, 60 kcal/100 g
21 g E (19 %) · 30 g F (59 %) · 25 g KH (22 %)

ZUTATEN FÜR 2 PORTIONEN

1 Zwiebel · 2 Knoblauchzehen
300 g Möhren · 300 g Brokkoli
200 g Lauch · 1 EL Rapsöl
1 EL Currypulver
400 g stückige Tomaten (aus der Dose bzw. Packung)
80 g gemahlene Mandeln
2 EL Crème fraîche
200 ml Gemüsebrühe
Salz · Cayennepfeffer
1 EL gehacktes Koriandergrün

ZUBEREITUNG

1. Zwiebel und Knoblauchzehen schälen und beides hacken. Die Möhren schälen, putzen und in Scheiben schneiden. Den Brokkoli waschen, putzen und in kleine Röschen teilen.

2. Den Lauch putzen, längs aufschlitzen, gründlich waschen und in Streifen schneiden.

3. In einer Pfanne das Öl erhitzen. Zwiebeln und Knoblauch darin glasig dünsten. Das Currypulver untermischen und kurz anrösten. Tomaten, Zwiebeln, Knoblauch, Mandeln und Crème fraîche mit dem Mixstab fein pürieren.

4. Die Gemüsebrühe in einem flachen Topf zum Kochen bringen. Möhren, Brokkoli und Lauch dazugeben und zugedeckt bei milder Hitze bissfest garen.

5. Die Curry-Mandel-Sauce zugießen und unterrühren. Das Gemüse in der Sauce noch einige Minuten köcheln, bis die Sauce sämig wird. Das Currygericht mit Salz und Cayennepfeffer abschmecken, mit Koriandergrün garniert servieren.

Knuspriges Blumenkohlgratin

gelingt immer
40 Min.

pro Portion ca. 262 kcal, 81 kcal/100 g
16 g E (25 %) · 18 g F (63 %) · 7 g KH (12 %)

ZUTATEN FÜR 2 PORTIONEN

400 g Blumenkohl
1 Tomate
150 g saure Sahne (10 % Fett)
1 Ei · Salz · Pfeffer
geriebene Muskatnuss
30 g Emmentaler
1 EL Mandelblättchen

ZUBEREITUNG

1. Blumenkohl waschen, putzen und in kleine Röschen teilen. Diese zugedeckt in einem Siebeinsatz über Wasserdampf in 7 Min. bissfest garen.

2. Den Backofen auf 200° (Umluft 180°) vorheizen. Tomate waschen und den Stielansatz entfernen. Die Frucht halbieren und in dünne Scheiben schneiden.

3. Mit dem Schneebesen die saure Sahne und das Ei glatt rühren. Den Guss mit Salz, Pfeffer und Muskat kräftig abschmecken.

4. Die Blumenkohlröschen nebeneinander in einer Schicht in die Form setzen. Die Tomatenscheiben zwischen die Blumenkohlröschen stecken.

5. Den Guss über das Gemüse gießen. Den Käse raspeln, die Mandelblättchen nach Belieben hacken. Den Blumenkohl mit Käse und Mandeln bestreuen. Das Gratin im heißen Ofen (Mitte) 15 Min. überbacken.

Gratinierte Tomaten mit Spinat-Ricotta-Füllung

mediterran
30 Min. + 20 Min. Backen

pro Portion ca. 278 kcal, 83 kcal/100 g
17 g E (24 %) · 20 g F (65 %) · 6 g KH (9 %)

ZUTATEN FÜR 2 PORTIONEN

4 Tomaten
300 g Spinat · Salz
2 Knoblauchzehen
3 Frühlingszwiebeln
1/2 Bund Basilikum
2 EL Pinienkerne
1 EL Olivenöl
100 g Ricotta · 1 Ei
geriebene Muskatnuss
Pfeffer

ZUBEREITUNG

1. Die Tomaten waschen, einen Deckel abschneiden und die Früchte mit einem kleinen Löffel aushöhlen.

2. Spinat verlesen, waschen und abtropfen lassen, mit etwas Salz in einen großen Topf geben, zudecken und bei guter Hitze in 2 Min. zusammenfallen lassen. Den Spinat in einem Sieb abtropfen, leicht ausdrücken und grob hacken.

3. Den Ofen auf 200° (Umluft 180°) vorheizen. Den Knoblauch schälen und hacken. Frühlingszwiebeln waschen, putzen und in Ringe schneiden. Das Basilikum waschen, trockenschütteln und fein schneiden. Die Pinienkerne hacken.

4. In einer beschichteten Pfanne das Olivenöl erhitzen. Den Knoblauch darin kurz anbraten. Die Frühlingszwiebeln dazugeben, leicht salzen und kurz unter Rühren andünsten.

5. Spinat, Knoblauch, Frühlingszwiebeln, Basilikum, Pinienkerne, Ricotta und Ei vermischen. Die Füllung mit Salz, Muskat und Pfeffer abschmecken.

6. Die Spinatmasse in die Tomaten füllen, die Tomatendeckel aufsetzen. Die gefüllten Tomaten in eine kleine ofenfeste Form setzen und im heißen Ofen (Mitte) 20 Min. backen.

Blumenkohlgratin

Tomaten mit Spinat-Ricotta-Füllung

Junge grüne Bohnen mit Fenchel

italienisch inspiriert
25 Min.

pro Portion ca. 262 kcal, 61 kcal/100 g
20 g E (32 %) · 14 g F (52 %) · 10 g KH (16 %)

ZUTATEN
FÜR 2 PORTIONEN

250 g zarte grüne Bohnen
Salz · 1 Fenchelknolle (ca. 300 g)
1 Kugel Mozzarella (125 g)
2 EL Rapsöl
100 ml Gemüsebrühe
1 EL Aceto balsamico
Pfeffer
10 Cocktailtomaten

ZUBEREITUNG

1. Die Bohnen waschen und putzen; in wenig Salzwasser 15–20 Min. garen. Inzwischen die Fenchelknolle waschen und gut abtrocknen. Wenn nötig, die äußeren Blätter dünn schälen. Die Knolle längs halbieren und zusammen mit dem Fenchelgrün quer in ca. 5 mm dünne Scheiben schneiden. Mozzarella in Würfel schneiden.

2. Die Bohnen abgießen und gut abtropfen lassen. Das Öl in einer hohen beschichteten Pfanne erhitzen und die Fenchelringe darin unter ständigem Rühren goldgelb anbraten. Bohnen dazugeben. Die Brühe angießen, aufkochen und 3 Min. einkochen lassen.

3. Das Gemüse mit Essig, Salz und Pfeffer pikant würzen. Die Mozzarellawürfel unterheben. Gemüse auf zwei Tellern anrichten und mit den Cocktailtomaten dekoriert servieren.

Austauschen Frische Bohnen gibt's gerade nicht? Dann nehmen sie »Junge grüne Bohnen« aus dem Glas (215 g Abtropfgewicht); geht außerdem schneller, da diese nicht vorgegart werden müssen.
Sie sind nicht gerade Fenchelfan? Auch Staudensellerie verträgt sich gut mit grünen Bohnen. 300 g Selleriestangen waschen, putzen und quer in ca. 1/2 cm breite Streifen schneiden.

Tellerlinsen mit Sellerie und Walnüssen

nussig
45 Min.
pro Portion ca. 502 kcal, 98 kcal/100 g
24 g E (19 %) · 24 g F (43 %) · 47 g KH (37 %)

ZUTATEN FÜR 2 PORTIONEN

1 mittelgroße Zwiebel
1 Knoblauchzehe
2 EL Rapsöl
350 ml Gemüsebrühe
150 g Tellerlinsen
1 kleiner Staudensellerie (ca. 400 g)
30 g grob gehackte Walnusskerne
Salz · Pfeffer
2 EL Aceto balsamico

ZUBEREITUNG

1. Zwiebel und Knoblauchzehe schälen und fein hacken. Das Öl in einer hohen beschichteten Pfanne erhitzen, Zwiebeln und Knoblauch darin glasig dünsten. Mit der Gemüsebrühe ablöschen.

2. Linsen einrühren und zugedeckt bei mittlerer Hitze 30 Min. dünsten, bis nahezu alle Flüssigkeit aufgesogen ist und die Linsen bissfest sind.

3. In der Zwischenzeit den Staudensellerie waschen, putzen und quer in ca. 1/2 cm breite Streifen schneiden. Wenn es erforderlich ist, die äußeren Stängel dünn schälen.

4. Die Selleriestreifen zu den Linsen geben und zugedeckt weitere 10 Min. bei mittlerer Hitze dünsten. Inzwischen die Walnusskerne in einer beschichteten Pfanne ohne zusätzliches Fett rösten.

5. Das Linsengemüse mit Salz, Pfeffer und dem Essig abschmecken, auf zwei tiefe Teller verteilen und mit den gerösteten Walnüssen bestreut servieren.

Schmeckt zu einem deftigen Braten oder zu kurz gebratenen Koteletts. Kann aber auch als vollwertige vegetarische Mahlzeit genossen werden.

Überbackene Champignonlinsen

klein und fein
30 Min.
pro Portion ca. 584 kcal, 132 kcal/100 g
33 g E (23 %) · 31 g F (48 %) · 42 g KH (29 %)

ZUTATEN FÜR 2 PORTIONEN

150 g rote oder gelbe Linsen
300 ml Gemüsebrühe
Salz · Pfeffer
250 g Champignons
Saft von 1/2 Zitrone
1 Kugel Mozzarella (125 g)
schwarzer Pfeffer
Öl für die Form
Olivenöl zum Beträufeln

ZUBEREITUNG

1. Den Backofen auf 200° (Umluft 180°) vorheizen. Die Linsen in der Gemüsebrühe zum Kochen bringen. Bei kleiner Hitze zugedeckt köcheln lassen, bis die Linsen alle Flüssigkeit aufgenommen haben. Mit Salz und Pfeffer abschmecken.

2. Champignons putzen, die Stiele herausdrehen und die Köpfchen in Scheiben schneiden. Mit Zitronensaft beträufeln. Den Mozzarella längs in ca. 8 dünne Scheiben schneiden.

3. Eine ofenfeste Form fetten und die Champignons hineinlegen. Die Linsen darüber streichen. Mit den Mozzarellascheiben belegen und mit Pfeffer übermahlen.

4. Die Champignonlinsen im heißen Ofen (Mitte) 15 Min. backen, bis der Käse geschmolzen und goldgelb ist. Mit ein wenig Olivenöl beträufelt servieren.

Tipp Ein Eierschneider ist ideal, um die Champignon-Köpfchen in gleichmäßige Scheiben zu schneiden.

Info Nehmen Sie für dieses Gericht auch einmal braune Champignons. Sie sind wesentlich aromatischer als ihre weißen Brüder. Beste Saison für braune Champignons aus Deutschland ist Juli bis Oktober.

Ratatouille mit Linsen

Klassiker mal anders
60 Min.
pro Portion ca. 325 kcal, 53 kcal/100 g
16 g E (20 %) · 13 g F (36 %) · 34 g KH (41 %)

ZUTATEN FÜR 2 PORTIONEN

1 Aubergine (ca. 300 g) · Salz
1 Zucchino (ca. 300 g)
2 mittelgroße Zwiebeln
3 Knoblauchzehen
2 Fleischtomaten
2 EL Olivenöl
75 g rote oder gelbe Linsen
200 ml Gemüsebrühe
1 Zweig Rosmarin
schwarzer Pfeffer
1–2 EL Aceto balsamico

ZUBEREITUNG

1. Aubergine waschen, trockentupfen, putzen, längs halbieren und in Scheiben schneiden. In eine Schüssel geben, reichlich salzen und 10 Min. zugedeckt ziehen lassen.

2. Inzwischen den Zucchino waschen, putzen, längs halbieren und in Scheiben schneiden. Zwiebeln und Knoblauch schälen und in feine Streifen schneiden. Tomaten kurz in kochendes Wasser legen, kalt abschrecken und die Haut abziehen. Stielansätze entfernen und das Fruchtfleisch würfeln.

3. Die Auberginenscheiben in ein Sieb geben, mit kaltem Wasser abspülen und mit Küchenpapier trockentupfen.

4. Das Olivenöl in einem beschichteten Topf erhitzen. Zwiebeln und Knoblauch darin glasig dünsten. Auberginen und Zucchini dazugeben, unter Rühren 3 Min. anbraten. Die Linsen einrühren und die Brühe angießen. Den Rosmarinzweig obenauf legen und alles zugedeckt bei milder Hitze 10 Min. köcheln lassen, bis die Linsen bissfest sind.

5. Den Rosmarinzweig entfernen, die Tomatenwürfel unterheben und weitere 3 Min. köcheln lassen. Mit Salz, Pfeffer und dem Essig kräftig abschmecken.

Hülsenfrucht-Minis mit Tradition

In vielen Ländern – Frankreich, Spanien, Italien, Russland und dem Orient – gehören Linsen zur Nationalküche. Die kleinsten unter den Hülsenfrüchten müssen nicht eingeweicht werden. Und da sie heute nicht mehr lose verkauft werden, sondern gut verpackt im Regal stehen, erübrigt sich auch das Waschen.

Kochen Sie die Linsen zunächst immer ohne Salz und Essig, andernfalls verlängert sich die Garzeit unnötig. Gewürzt werden die Hülsenfrüchtchen immer hinterher, und da können Sie Ihrer Fantasie freien Lauf lassen. Denn Linsen scheinen einfach alles zu mögen: Kräuter, Chili, Curry, Lorbeer – aber auch Zimt, Honig und abgeriebene Zitronenschale.

Gemüsepaella (hinten), Bohnenkerngemüse (vorne)

Gemüsepaella mit gelben Linsen

beim Spanier abgeschaut
45 Min.
pro Portion ca. 451 kcal, 97 kcal/100 g
25 g E (22 %) · 14 g F (29 %) · 54 g KH (48 %)

ZUTATEN FÜR 2 PORTIONEN

300 g frische Erbsenschoten (ergibt 100 g gepalte Erbsen)
100 g feine grüne Bohnen (Prinzess- oder Keniabohnen)
Salz
1 rote Paprikaschote
1 mittelgroße weiße Zwiebel
1–2 Knoblauchzehen
2 EL Rapsöl
150 g gelbe Linsen
300 ml Gemüse- oder Hühnerbrühe
Pfeffer
Spalten von 1 unbehandelten Zitrone und 1 grünen Paprikaschote zum Garnieren

ZUBEREITUNG

1. Erbsen aus den Schoten palen. Die Bohnen putzen. Reichlich Salzwasser aufkochen und darin zuerst die Bohnen 5 Min. blanchieren. Dann die Erbsen dazugeben und alles 3 Min. kochen lassen. Das Gemüse in ein Sieb abgießen, eiskalt abschrecken, damit es seine knackig-grüne Farbe behält, gut abtropfen lassen.

2. Die rote Paprikaschote waschen, putzen und in Rauten schneiden. Zwiebel und Knoblauchzehen schälen, fein würfeln. Das Öl in einer großen beschichteten Pfanne erhitzen. Zwiebeln und Knoblauch darin goldgelb anbraten. Linsen und Brühe dazugeben und alles 5 Min. bei mittlerer Hitze offen köcheln lassen.

3. Bohnen, Erbsen und Paprikarauten unterrühren, alles 5 Min. köcheln lassen. Nicht mehr umrühren und das Gericht bei kleiner Hitze ausdampfen lassen, bis alle Flüssigkeit von den Linsen aufgesogen ist.

4. Die Paella salzen und pfeffern, sofort in der Pfanne servieren. Zitronen- und Paprikaspalten dazureichen.

Senflinsen mit Lauch

würzig
45 Min.
pro Portion ca. 425 kcal, 85 kcal/100 g
27 g E (25 %) · 16g F (34 %) · 43 g KH (40 %)

ZUTATEN FÜR 2 PORTIONEN

2 Stangen Lauch
2 EL Rapsöl
150 g Tellerlinsen
400 ml Gemüsebrühe oder -fond
Salz · Pfeffer
1–2 EL scharfer Dijon-Senf
2 EL Schnittlauchröllchen

ZUBEREITUNG

1. Lauch putzen, längs aufschlitzen und gründlich waschen. Die Stangen quer in ca. 1 cm breite Ringe schneiden.

2. Das Rapsöl in einer hohen beschichteten Pfanne erhitzen und den Lauch darin unter Rühren goldgelb anbraten. Die Tellerlinsen und die Gemüsebrühe dazugeben und einmal aufkochen lassen.

3. Alles zugedeckt bei milder Hitze 40 Min. ziehen lassen, bis die Linsen alle Flüssigkeit aufgesogen haben.

4. Das Linsengemüse mit Salz, Pfeffer und Senf pikant abschmecken, auf Teller verteilen und mit dem Schnittlauch bestreut servieren.

Scharfe rote Paprikalinsen

hot & spicy
20 Min.
pro Portion ca. 510 kcal, 120 kcal/100 g
27 g E (21 %) · 18 g F (32 %) · 58 g KH (46 %)

ZUTATEN FÜR 2 PORTIONEN

2 rote Paprikaschoten (à ca. 200 g)
1 rote Peperoni
400 ml Gemüsebrühe
200 g rote Linsen
2 EL Raps- oder Olivenöl
Salz · Pfeffer
2 EL weißer Aceto balsamico
2 EL Doppelrahm-Frischkäse
2 EL Schnittlauchröllchen

ZUBEREITUNG

1. Die Paprikaschoten waschen, putzen und in ca. 2 cm große Rauten schneiden. Die Peperoni waschen, putzen und fein würfeln.

2. Gemüsebrühe in einem kleinen Topf zum Kochen bringen, Linsen dazugeben und bei geringer Hitze ca. 10 Min. ziehen lassen, bis alle Flüssigkeit aufgesogen ist, die Linsen aber noch bissfest sind.

3. Das Öl in einer beschichteten Pfanne erhitzen, Paprika- und Peperonistücke darin unter häufigem Rühren kräftig anbraten. Die Linsen dazugeben und mit Salz, Pfeffer und dem Essig abschmecken.

4. Den Frischkäse unterheben oder als Klacks obenauf setzen. Die Paprikalinsen mit Schnittlauch bestreut servieren.

Bohnenkerngemüse mit Tomaten

immer wieder lecker
60 Min. + 4 Std. Einweichzeit
pro Portion ca. 365 kcal, 121 kcal/100 g
17 g E (19 %) · 17 g F (42 %) · 35 g KH (38 %)

ZUTATEN FÜR 2 PORTIONEN

150 g Haricots cocos (kleine Bohnenkerne; s. Info)
2 Lorbeerblätter
1 TL getrockneter Thymian
2 reife Tomaten
2 Schalotten
3 EL Rapsöl
75 ml Gemüsebrühe
1 EL Agavendicksaft (Reformhaus, Bioladen)
2 EL weißer Aceto balsamico
Salz · weißer Pfeffer
2 EL frisch gehackter Dill

ZUBEREITUNG

1. Die Bohnen in reichlich Wasser 4 Std. einweichen. Dann abgießen und in mindestens der dreifachen Wassermenge ihres Volumens kalt aufsetzen. Mit Lorbeer und Thymian bei milder Hitze in ca. 1 Std. weich kochen.

2. Kurz vor Ende der Garzeit Tomaten kurz in kochendes Wasser legen, kalt abschrecken und die Haut abziehen. Stielansätze entfernen und das Fruchtfleisch würfeln.

3. Die Schalotten schälen und fein würfeln, in einer beschichteten Pfanne im Öl goldgelb anbraten. Mit der Gemüsebrühe ablöschen und etwas einkochen lassen. Tomatenwürfel, Agavendicksaft und Aceto balsamico dazugeben und mit Salz und Pfeffer würzen.

4. Die Bohnen in ein Sieb abgießen und unter die Sauce mischen. Mit gehacktem Dill bestreut servieren.

Info Die kleinen Haricots cocos schmecken besonders zart. Sie haben kürzere Einweich- und Kochzeiten als normale weiße Bohnen, die sich für dieses Rezept aber auch eignen.

Apfellinsen mit Walnüssen

mit Nussöl verfeinert
20 Min.
pro Portion ca. 545 kcal, 138 kcal/100 g
27 g E (20 %) · 21 g F (35 %) · 61 g KH (45 %)

ZUTATEN
FÜR 2 PORTIONEN

2 kleine säuerliche Äpfel (z. B. Cox Orange)
400 ml Gemüsebrühe
1–2 TL getrockneter Estragon
200 g rote Linsen
Salz · Pfeffer
2 EL gehackte Walnüsse
2 EL kaltgepresstes Walnussöl zum Beträufeln

ZUBEREITUNG

1. Die Äpfel schälen und halbieren. Jeweils Stiel, Blütenansatz und das Kernhaus entfernen. Das Fruchtfleisch in schmale Spalten schneiden.

2. Die Gemüsebrühe mit dem Estragon in einem kleinen Topf zum Kochen bringen. Linsen dazugeben und bei geringer Hitze ziehen lassen. Nach 5 Min. die Apfelspalten unterheben und unter gelegentlichem Rühren weitere 5 Min. köcheln lassen, bis alle Flüssigkeit aufgesogen ist.

3. Das Gericht mit Salz und Pfeffer kräftig abschmecken und die Nüsse unterheben. Mit Walnussöl beträufelt servieren.

Tipp Wenn Sie rotschalige Bioäpfel bekommen – umso besser. Die brauchen Sie nicht zu schälen, lediglich heiß zu waschen. Ein echter Hingucker!

Tellerlinsen mit Backpflaumen

mild-fruchtig
40 Min.
pro Portion ca. 428 kcal, 136 kcal/100 g
24 g E (22 %) · 12 g F (25 %) · 55 g KH (52 %)

ZUTATEN
FÜR 2 PORTIONEN

150 g Tellerlinsen
350 ml Wasser oder Gemüsebrühe
1 TL getrockneter Majoran
6 Backpflaumen (ca. 50 g)
30 g Pinienkerne
2–3 EL Apfelessig
Salz · schwarzer Pfeffer
3 EL Schnittlauchröllchen

ZUBEREITUNG

1. Die Linsen in Wasser oder in Gemüsebrühe zusammen mit dem Majoran zum Kochen bringen. Bei mittlerer Hitze zugedeckt 40 Min. garen.

2. Backpflaumen in Streifen schneiden und nach 20 Min. Kochzeit dazugeben. Die Linsen zugedeckt weiterköcheln lassen, bis alle Flüssigkeit aufgesogen ist.

3. In der Zwischenzeit die Pinienkerne in einer beschichteten Pfanne ohne zusätzliches Fett rösten.

4. Die Linsen mit Apfelessig, Salz und Pfeffer abschmecken, auf zwei tiefe Teller verteilen. Mit Schnittlauch und den gerösteten Nüssen bestreut servieren.

Riesenbohnen mit Dörräpfeln

originelle Beilage
25 Min.
pro Portion ca. 254 kcal, 109 kcal/100 g
7 g E (11 %) · 12 g F (43 %) · 29 g KH (46 %)

ZUTATEN
FÜR 2 PORTIONEN

50 g getrocknete Apfelringe (ungeschwefelt)
4 Frühlingszwiebeln
1 Dose weiße Riesenbohnen (250 g Abtropfgewicht)
2 EL Rapsöl
100 ml Gemüse- oder Rinderbrühe
2 TL geriebener Meerrettich (aus dem Glas)
Salz · Pfeffer
2 EL gehackte glatte Petersilie

ZUBEREITUNG

1. Die Apfelringe in feine Streifen schneiden. Frühlingszwiebeln waschen, putzen und in feine Ringe schneiden. Dabei viel vom Zwiebelgrün mitverwenden. Bohnen in ein Sieb abgießen und mit kaltem Wasser abspülen.

2. Das Öl in einer hohen beschichteten Pfanne erhitzen und die Zwiebelringe darin goldgelb anbraten. Apfelstreifen dazugeben und kurz mitbraten.

3. Mit der Brühe aufgießen, die Bohnen einrühren und bei mittlerer Hitze 2 Min. köcheln lassen, bis die Bohnen heiß sind. Den Meerrettich einrühren, das Gericht salzen, pfeffern, mit Petersilie garniert servieren.

Austauschen Keine ungeschwefelten Apfelringe bekommen? Oder Sie mögen den Geschmack nicht so gerne? Nehmen Sie einfach fein geschnittene Backpflaumen.

Kidneybohnen mit Avocado

schnell und einfach
20 Min.
pro Portion ca. 228 kcal, 82 kcal/100 g
10 g E (18 %) · 13 g F (53 %) · 15 g KH (29 %)

ZUTATEN
FÜR 2 PORTIONEN

1 große Zwiebel
1 Dose Kidneybohnen (250 g Abtropfgewicht)
1 kleine reife Avocado (175 g)
1/2 Zitrone
1 EL Rapsöl
50 ml Gemüsebrühe
Salz · Pfeffer
1–2 TL geriebener Meerrettich (aus dem Glas)
1/2 Kästchen Gartenkresse

ZUBEREITUNG

1. Die Zwiebel schälen und fein würfeln. Die Kidneybohnen in ein Sieb abgießen, mit kaltem Wasser abspülen und gut abtropfen lassen.

2. Avocado längs halbieren, den Kern entfernen, die Fruchthälften schälen und das Avocadofleisch würfeln. Die Zitrone auspressen und mit dem Saft die Avocadowürfel beträufeln.

3. Das Öl in einer hohen beschichteten Pfanne erhitzen und die Zwiebelwürfel darin goldgelb anbraten. Mit der Gemüsebrühe ablöschen. Die Bohnen und Avocadowürfel dazugeben und ca. 3 Min. unter Rühren kochen lassen.

4. Das Bohnengemüse mit Salz, Pfeffer und Meerrettich abschmecken, mit der Kresse bestreut servieren.

Eierspeisen & Aufläufe

Machen Sie mit uns aus der unscheinbaren Grundzutat einen Star der leichten LowCarb-Küche! Eier haben hier ihren ganz großen Auftritt. Sie tun sich zusammen mit knackig-frischer Rohkost, mit gebratenem und geschmortem

Gemüse. Mehr braucht's nicht für diese rein vegetarischen bunten Kompositionen. So wird's vollwertig, lecker und preiswert. Würziges Fleisch, mildes Geflügel und saftiges Fischfilet sind dann erst bei den Aufläufen wieder dabei. Und werden aufs Kreativste im Ofen inszeniert: auf und unter Gemüse, an Creme, mit Nuss und Guss.

Rühreier auf italienische Art

mit pikantem Gemüse

40 Min.

pro Portion ca. 290 kcal, 98 kcal/100 g
17 g E (26 %) · 14 g F (46 %) · 18 g KH (28 %)

ZUTATEN
FÜR 2 PORTIONEN

200 g Zucchini
1 Zwiebel
25 g getrocknete in Öl eingelegte Tomaten, nicht abgetropft
40 g Rucola
Salz · Pfeffer
rosenscharfes Paprikapulver
4 Stängel Basilikum
4 Eier
1 Scheibe Pumpernickel (60 g)

ZUBEREITUNG

1. Zucchini waschen, putzen, in Scheiben, diese in Streifen schneiden. Die Zwiebel schälen und fein würfeln. Tomaten abtropfen lassen – das Öl dabei auffangen – und in Streifen schneiden. Rucola verlesen, waschen und trockenschütteln. 10 g Rucola fein hacken.

2. 1 EL Tomatenöl in einer großen Pfanne erhitzen. Zwiebeln darin glasig dünsten. Zucchini und Tomatenstreifen zufügen. Mit Salz, Pfeffer und Rosenpaprika würzen und ca. 5 Min. andünsten.

3. Inzwischen das Basilikum waschen, trockenschütteln und hacken. Eier verquirlen, mit Salz und Pfeffer würzen. Gehacktes Basilikum und Rucola unterrühren.

4. Die Eier in die Pfanne zu den Zucchini geben und bei mittlerer Hitze stocken lassen, dabei mehrmals mit einem Pfannenwender zusammenschieben. Rührei mit der restlichen Rucola anrichten. Die Pumpernickelscheibe halbieren und dazureichen.

Omeletts mit Artischockengemüse

vegetarisch für Genießer

50 Min.

pro Portion ca. 313 kcal, 63 kcal/100 g
17 g E (24 %) · 20 g F (59 %) · 13 g KH (17 %)

ZUTATEN
FÜR 2 PORTIONEN

1 Gemüsezwiebel (200 g)
1 Knoblauchzehe
400 g Tomaten
1 Dose Artischockenböden (220 g Abtropfgewicht)
1 rote Chilischote
2 Stängel Thymian
1 EL Olivenöl
50 ml Gemüsebrühe
Salz · Pfeffer
4 Eier
10 g Butter
2 EL Schnittlauchröllchen

ZUBEREITUNG

1. Zwiebel und Knoblauch schälen, fein würfeln. Tomaten kurz in kochendes Wasser legen, kalt abschrecken und die Haut abziehen. Tomaten ohne die Stielansätze würfeln. Artischockenböden in Stücke schneiden. Die Chili waschen, putzen und längs einritzen, Samen entfernen und die Schote hacken. Thymian waschen, die Blättchen abzupfen.

2. Öl in einem Topf erhitzen. Zwiebeln und Knoblauch darin andünsten. Chili kurz mitdünsten. Mit Brühe ablöschen. Zugedeckt ca. 5 Min. dünsten. Tomaten und Artischocken zugeben. Mit Salz, Pfeffer und Thymian würzen. Ca. 8 Min. offen köcheln lassen.

3. 2 Eier und Salz verquirlen. 5 g Butter in einer beschichteten Pfanne erhitzen. Eimasse hineingießen, in ca. 3 Min. stocken lassen, die Oberfläche sollte noch feucht sein. Das Omelett warm stellen. Restliche Eier auf dieselbe Weise zum Omelett backen. Mit dem Gemüse anrichten, mit Schnittlauch garnieren.

Gefülltes Schaumomelett

besonders
35 Min.
pro Portion ca. 355 kcal, 71 kcal/100 g
25 g E (30 %) · 23 g F (60 %) · 9 g KH (10 %)

ZUTATEN
FÜR 2 PORTIONEN

500 g Brokkoli
1 Zwiebel
15 g Butter
100 ml Gemüsebrühe
Salz · Pfeffer
geriebene Muskatnuss
4 Eier · 75 g saure Sahne (10 % Fett)
2 EL gehackte glatte Petersilie

ZUBEREITUNG

1. Brokkoli waschen, putzen und in Röschen teilen. Stiele schälen und in Scheiben schneiden. Zwiebel schälen und fein würfeln, in einem Topf in 5 g Butter glasig dünsten. Brokkoliröschen und -stiele kurz mit andünsten. Mit der Brühe ablöschen. Mit Salz, Pfeffer und Muskat würzen. Ca. 10 Min. köcheln lassen.

2. 2 Eier trennen. Eigelbe und restliche Eier verquirlen. Mit Salz, Pfeffer, Muskat kräftig würzen. Eiweiße mit einer Prise Salz steif schlagen, unter die Eimasse heben. 10 g Butter in einer großen beschichteten Pfanne erhitzen. Eimasse hineingießen, bei schwacher Hitze zugedeckt in ca. 8 Min. stocken lassen.

3. Inzwischen die Hälfte des Brokkolis mit einer Schaumkelle aus dem Topf heben. Restlichen Brokkoli in der Brühe pürieren. Saure Sahne unterrühren. Mit Salz und Pfeffer abschmecken. Brokkoliröschen unterheben.

4. Das Omelett mit dem Brokkoli füllen. Mit Petersilie garniert servieren.

Tofu-Paprika-Omelett

Eiweiß-Superpack
45 Min. + 1 Std. Marinieren
pro Portion ca. 353 kcal, 89 kcal/100 g
24 g E (28 %) · 23 g F (60 %) · 10 g KH (12 %)

ZUTATEN
FÜR 2 PORTIONEN

1–2 Knoblauchzehen
1 große Zwiebel
200 g geräucherter Tofu (Reformhaus, Bioladen)
1 TL edelsüßes Paprikapulver · Salz
Pfeffer · 3 TL Olivenöl
1 rote Paprikaschote
1/2 Bund Schnittlauch
100 g Mungobohnensprossen · 4 Eier

ZUBEREITUNG

1. Knoblauch und Zwiebel schälen, fein würfeln. Tofu ca. 1 cm groß würfeln, in einer Schüssel mit Knoblauch, Zwiebeln, Paprikapulver, Salz, Pfeffer und 2 TL Olivenöl mischen, zugedeckt ca. 1 Std. marinieren.

2. Paprikaschote waschen, putzen und in ca. 1/2 cm große Stücke schneiden. Schnittlauch waschen, trockenschütteln und in Röllchen schneiden. Die Sprossen abbrausen und gut abtropfen lassen. Eier und die Hälfte des Schnittlauchs mit Salz und Pfeffer verquirlen.

3. Tofu in einer beschichteten Pfanne im übrigen Öl anbraten. Paprika ca. 3 Min. mitdünsten. Dann die Sprossen kurz mitdünsten. Die Eier gleichmäßig darüber gießen, bei mittlerer Hitze in ca. 6 Min. stocken lassen.

4. Das Omelett auf einen Teller gleiten lassen und umgedreht wieder in die Pfanne geben. Nochmals ca. 5 Min. braten, auf einen Teller geben, in Tortenstücke schneiden, mit dem restlichen Schnittlauch garniert servieren.

Wachsweiche Eier auf Erbsenpüree (hinten), Pochierte Eier auf Tomten (vorne)

Gefüllte Eier auf Radieschensalat

Frisches für Gäste
40 Min.
pro Portion ca. 326 kcal, 95 kcal/100 g
16 g E (22 %) · 20 g F (58 %) · 16 g KH (20 %)

ZUTATEN FÜR 4 PORTIONEN

8 Eier
3 Frühlingszwiebeln
2 Bund Radieschen (à 300 g)
4 EL Apfelessig
2 TL mittelscharfer Senf
Salz · Pfeffer
2 EL Rapsöl
1 kleine reife Avocado (175 g)
1 EL Zitronensaft
4 kleine Scheiben Vollkornbrot (à 30 g)

ZUBEREITUNG

1. Eier in ca. 10 Min. hart kochen. Anschließend abgießen, abschrecken und pellen. Die Frühlingszwiebeln waschen, putzen und in Ringe schneiden. Die Radieschen waschen, putzen und vierteln oder sechsteln.

2. Essig, 1 TL Senf, Salz und Pfeffer verrühren. Öl darunter schlagen. Marinade mit Frühlingszwiebeln und Radieschen mischen.

3. Eier längs halbieren, Eigelbe herausheben und durch ein feines Sieb streichen. Die Avocado halbieren und den Kern herauslösen, Fruchtfleisch mit einem Löffel aus der Schale heben, mit Zitronensaft pürieren. Eigelb, restlichen Senf, Salz und Pfeffer unterrühren. Die Masse in einen Spritzbeutel füllen.

4. Den Radieschensalat auf einer Platte anrichten und die Eihälften darauf verteilen. Eigelb-Avocado-Creme hineinspritzen.

Pochierte Eier auf Tomaten

für Kenner
25 Min.
pro Portion ca. 275 kcal, 73 kcal/100 g
17 g E (20 %) · 8 g F (62 %) · 7 g KH (12 %)

ZUTATEN FÜR 2 PORTIONEN

400 g Cocktailtomaten
3 Frühlingszwiebeln
1 Knoblauchzehe
1 EL Olivenöl
Salz · Pfeffer
2 EL Weißweinessig
4 sehr frische Eier (ca. 3 Tage alt)
1/2 Bund Basilikum
15 g Parmesanspäne

ZUBEREITUNG

1. Tomaten waschen und halbieren. Frühlingszwiebeln waschen, putzen und in Ringe schneiden. Knoblauch schälen, fein würfeln.

2. Das Öl in einem Topf erhitzen. Frühlingszwiebeln und Knoblauch darin andünsten. Tomaten zufügen, mit Salz und Pfeffer würzen und ca. 10 Min. schmoren.

3. Inzwischen in einem flachen Topf 2 l Wasser mit dem Essig aufkochen. Eier einzeln in eine Tasse schlagen, ins leicht siedende Wasser gleiten lassen und ca. 4 Min. pochieren, mit einem Löffel in Form halten. Mit einer Schaumkelle herausheben, warm stellen.

4. Die Tomaten abschmecken. Basilikum waschen, trockenschütteln und fein hacken. Den größten Teil unter die Tomaten rühren, das Gemüse mit je 2 Eiern auf Tellern anrichten. Mit Basilikum und Parmesan garnieren.

Wachsweiche Eier auf Erbsenpüree

mit Minze-Kick
45 Min.
pro Portion ca. 308 kcal, 64 kcal/100 g
25 g E (35 %) · 11 g F (34 %) · 22 g KH (31 %)

ZUTATEN FÜR 2 PORTIONEN

1 Zwiebel
400 g Kohlrabi
1 TL Rapsöl
150 ml Gemüsebrühe
Salz · Pfeffer
225 g TK-Erbsen
2 Stängel Minze
4 Eier

ZUBEREITUNG

1. Zwiebel schälen und fein würfeln. Kohlrabi schälen und in ca. 1 cm große Würfel schneiden. Das Öl in einem Topf erhitzen. Zwiebeln darin glasig dünsten. Kohlrabiwürfel kurz mitdünsten. Mit der Hälfte der Brühe ablöschen. Mit Salz und Pfeffer würzen. Zugedeckt ca. 10 Min. dünsten.

2. Erbsen in der übrigen Brühe ca. 5 Min. kochen. Minze waschen, trockenschütteln, hacken. Die Eier in Wasser ca. 7 Min. kochen.

3. Inzwischen die Kohlrabiwürfel abgießen, dabei die Brühe (ca. 3 EL) zu den Erbsen geben. Erbsen in der Brühe pürieren. Mit Salz und Pfeffer abschmecken. Kohlrabiwürfel und zwei Drittel der Minze unterrühren.

4. Eier abgießen, kalt abschrecken, pellen, halbieren und mit dem Püree auf Tellern anrichten. Mit restlicher Minze bestreuen.

Austauschen Statt Minze passt auch Petersilie gut in das Püree.

Möhren-Linsen-Curry

indisch inspiriert
30 Min.
pro Portion ca. 518 kcal, 124 kcal/100 g
22 g E (18 %) · 32 g F (56 %) · 32 g KH (26 %)

ZUTATEN FÜR 2 PORTIONEN

1 Zwiebel
1 Knoblauchzehe
200 g Möhren
1 EL Rapsöl
1 TL mildes Currypulver
1/2 Dose Linsen mit Suppengrün (400 g)
Salz · Pfeffer · 3 Eier
15 g geschälter Sesam
1/2 Bund Koriandergrün (ersatzweise glatte Petersilie)

ZUBEREITUNG

1. Zwiebel und Knoblauch schälen, würfeln. Möhren schälen, putzen und ebenfalls in kleine Würfel schneiden. Das Öl in einem Topf erhitzen. Zwiebeln und Knoblauch darin glasig dünsten.

2. Möhren zufügen, zugedeckt 5 Min. dünsten, Curry darüber stäuben. Linsen zugeben, salzen, pfeffern, ca. 8 Min. köcheln lassen.

3. Eier in Wasser ca. 8 Min. kochen. Inzwischen den Sesam in einer Pfanne ohne Fett goldbraun rösten, herausnehmen. Koriander waschen, trockenschütteln und hacken.

4. Eier abgießen, abschrecken, pellen und halbieren. Möhren-Linsen mit Salz, Pfeffer und Curry würzen und mit den Eiern anrichten. Mit Sesam und Koriander bestreuen.

Tipp Die übrigen Linsen am nächsten Tag in ein Sieb geben, abbrausen, abtropfen lassen und mit einer Kräuter-Vinaigrette in einen leckeren Salat verwandeln.

Rotbarsch-Zucchini-Gratin

mit Möhren-Käse-Haube
60 Min.

pro Portion ca. 381 kcal, 70 kcal/100 g
45 g E (47 %) · 12 g F (28 %) · 22 g KH (24 %)

ZUTATEN
FÜR 2 PORTIONEN

1 Zwiebel · 1 Knoblauchzehe
400 g Zucchini · 1 kleiner Zweig Rosmarin · 50 g rote Linsen
175 ml Gemüsebrühe
Salz · Pfeffer
2 Rotbarschfilets (à ca. 150 g)
1 EL Zitronensaft
100 g Möhren
15 g Parmesan, gerieben

ZUBEREITUNG

1. Den Backofen auf 200° vorheizen. Zwiebel und Knoblauch schälen und fein würfeln. Die Zucchini waschen, putzen, längs halbieren und in mundgerechte Stücke schneiden. Rosmarin waschen und die Nadeln abzupfen.

2. Zwiebeln, Knoblauch, Zucchini, Rosmarin und Linsen in eine Auflaufform füllen. Die Brühe darüber gießen. Mit Salz und Pfeffer würzen. Im Ofen (Mitte, Umluft 180°) ca. 45 Min. backen.

3. Inzwischen die Fischfilets kalt abspülen, trockentupfen und mit Zitronensaft beträufeln. Die Möhren schälen, putzen und fein raspeln. Mit dem Parmesan mischen, mit Salz und Pfeffer würzen.

4. Die Fischfilets ebenfalls salzen und pfeffern. Möhrenmasse darauf verteilen. Die Filets nach ca. 20 Min. Backzeit auf dem Zucchinigemüse verteilen und das Gericht im Ofen fertig garen. Gegebenenfalls noch wenig Brühe nachgießen, so dass das Gemüse nicht anbrennen kann.

Lachs-Erdnuss-Auflauf

besonders
45 Min. + 30 Min. Backen

pro Portion ca. 498 kcal, 89 kcal/100 g
45 g E (37 %) · 21 g F (38 %) · 30 g KH (24 %)

ZUTATEN
FÜR 2 PORTIONEN

50 g Wildreis · Salz · 400 g Brokkoli · 175 ml Gemüsebrühe
1 Zwiebel · 1 Knoblauchzehe
250 g Champignons
1 EL Rapsöl · Cayennepfeffer
2 Lachsfilets (à ca. 150 g)
1 EL Zitronensaft
25 g Erdnusscreme
30 g Sojacreme (ersatzweise Crème légère)
1/2 Bund glatte Petersilie

ZUBEREITUNG

1. Den Wildreis kalt abspülen, in Salzwasser ca. 35 Min. vorkochen. Abgießen und abtropfen lassen.

2. Inzwischen den Brokkoli waschen, putzen und in Röschen teilen. Stiele schälen und in Scheiben schneiden. Alles in der Brühe ca. 8 Min. kochen. Abgießen und abtropfen lassen, Brühe dabei auffangen.

3. Ofen auf 200° vorheizen. Zwiebel und Knoblauch schälen, fein würfeln. Champignons putzen und vierteln oder sechsteln. Öl in einer großen Pfanne erhitzen. Zwiebeln und Knoblauch darin glasig dünsten. Pilze zufügen, bei mittlerer Hitze unter Wenden ca. 5 Min. braten. Mit Salz und Cayennepfeffer würzen.

4. Lachs kalt abspülen, trockentupfen, mit Zitronensaft beträufeln und salzen. Erdnuss- und Sojacreme verrühren. Mit Salz und Cayennepfeffer würzen.

5. Reis, Champignons und Brokkoli in eine Auflaufform geben. Aufgefangene Brühe zugießen. Den Lachs darauf legen, mit der Erdnusspaste bestreichen. Im Ofen (Mitte, Umluft 180°) ca. 30 Min. backen. Petersilie waschen, trockenschütteln und die Blätter hacken. Über den fertig gebackenen Auflauf streuen.

Variante Sie können auch Erdnusscreme mit kleinen Nussstückchen nehmen und die Creme mit etwas Sambal oelek würzen.

Hummus-Auflauf mit Möhren

orientalisch vegetarisch
30 Min. + 20 Min. Backen

pro Portion ca. 375 kcal, 63 kcal/100 g
17 g E (19 %) · 17 g F (41 %) · 37 g KH (39 %)

ZUTATEN
FÜR 2 PORTIONEN

750 g kleine Möhren
175 ml Gemüsebrühe
125 g gegarte Kichererbsen (1/2 Dose à 425 ml Inhalt)
2 EL Zitronensaft
1 Knoblauchzehe
25 g Tahin (s. Info) · Salz · Pfeffer
gemahlener Kreuzkümmel
2 EL Sojacreme (ersatzweise Crème légère)
50 g Schafkäse · 1 TL Sesam
1/2 Bund glatte Petersilie

ZUBEREITUNG

1. Die Möhren schälen, putzen und je nach Größe längs halbieren oder vierteln. In der kochenden Gemüsebrühe ca. 10 Min. vorgaren. Anschließend abtropfen lassen, dabei die Brühe auffangen.

2. Inzwischen Kichererbsen in ein Sieb geben, waschen und gut abtropfen lassen. Mit Zitronensaft in einen hohen Rührbecher geben und pürieren. Knoblauch schälen und dazupressen.

3. Den Backofen auf 200° vorheizen. Tahin mit dem abgesetzten Öl im Glas verrühren, dann die benötigten 25 g abmessen, zum Kichererbsenpüree geben und alles glatt verrühren. 4 EL Brühe unterrühren, so dass die Hummuscreme nicht zu fest ist. Mit Salz, Pfeffer und Kreuzkümmel abschmecken.

4. Hummus in eine Auflaufform geben und verstreichen. Die Möhren darauf verteilen. Mit Sojacreme bestreichen. Schafkäse zerbröckeln und darüber geben. Sesam aufstreuen. Den Auflauf im Ofen (Mitte, Umluft 180°) ca. 20 Min. backen. Petersilie waschen, trockenschütteln und den Auflauf damit garnieren.

Info Tahin, Sesampaste, bekommen Sie im Bioladen oder im türkischen Lebensmittelgeschäft.

Tipp Die restlichen Kichererbsen können wie die weißen Bohnen auf Seite 78 zu Püree verarbeitet werden.

Lachs-Erdnuss-Auflauf

Hummus-Auflauf mit Möhren

Kokos-Hähnchen-Auflauf

mit cremig-säuerlichem Dip

35 Min. + 25 Min. Backen

pro Portion ca. 343 kcal, 67 kcal/100 g

34 g E (41 %) · 13 g F (35 %) · 20 g KH (24 %)

ZUTATEN FÜR 2 PORTIONEN

je 1 gelbe, rote und grüne Paprikaschote (à 150 g)
1 kleine Gemüsezwiebel (150 g)
200 g Hähnchenfilets
1 EL Rapsöl
Salz · Cayennepfeffer
50 g Frischkäse (16 % Fett absolut)
3 EL ungesüßter Soja-Drink (Reformhaus)
15 g Kokosraspel
6 EL Gemüsebrühe
150 g Joghurt (1,5 % Fett)
etwas abgeriebene Limettenschale
1 TL Limettensaft

ZUBEREITUNG

1. Die Paprikaschoten mit einem Sparschäler schälen, putzen und in Stücke schneiden. Die Zwiebel schälen und würfeln. Hähnchenfilets kalt abspülen, mit Küchenpapier trockentupfen und in Streifen schneiden.

2. Das Öl in einer beschichteten Pfanne erhitzen. Das Fleisch darin nur kurz rundum anbraten. Mit Salz und Cayennepfeffer würzen, herausnehmen. Ofen auf 200° vorheizen.

3. Zwiebeln im Bratöl anbraten. Paprika zugeben, 5 Min. dünsten. Frischkäse mit Soja-Drink glatt rühren. Kokosraspel untermischen. Mit Salz und Cayennepfeffer würzen.

4. Das Gemüse in eine Auflaufform geben, die Brühe angießen. Das Fleisch obenauf verteilen, Kokoscreme in Klecksen darauf geben. Im Ofen (Mitte, Umluft 180°) ca. 25 Min. backen. Joghurt, Limettenschale und -saft verrühren. Mit Salz und Cayennepfeffer würzen, zum Auflauf reichen.

Frühlingsgemüse-Auflauf mit Pute

leicht und lecker

45 Min. + 25 Min. Backen

pro Portion ca. 492 kcal, 75 kcal/100 g

38 g E (33 %) · 22 g F (43 %) · 28 g KH (24 %)

ZUTATEN FÜR 2 PORTIONEN

1 Bund Möhren (500 g)
200 g Zuckererbsen
4 Frühlingszwiebeln
200 g Putenschnitzel
2 EL Rapsöl
Salz · Pfeffer
100 ml Gemüsebrühe
1/2 Bund Kerbel
6 EL Milch (1,5 % Fett)
1 Ei · geriebene Muskatnuss
25 g junger Gouda, fein geraspelt

ZUBEREITUNG

1. Das Gemüse waschen und putzen. Die Möhren in Scheiben, Frühlingszwiebeln in ca. 2 cm lange Stücke schneiden. Das Fleisch kalt abspülen, mit Küchenpapier trockentupfen und in breite Streifen schneiden.

2. Öl in einer beschichteten Pfanne erhitzen. Das Fleisch darin portionsweise anbraten, mit Salz und Pfeffer würzen, herausnehmen. Im Bratöl Möhren und Frühlingszwiebeln andünsten. Mit Brühe ablöschen, mit Salz und Pfeffer würzen. Zugedeckt ca. 8 Min. dünsten. Zuckererbsen nach 5 Min. zufügen.

3. Backofen auf 200° vorheizen. Das Gemüse abgießen – dabei die Brühe auffangen – und in eine Auflaufform geben. Kerbel waschen, trockenschütteln, hacken und darüber streuen. Das Fleisch darauf verteilen.

4. Milch, Ei und Brühe verquirlen. Mit Salz, Pfeffer und Muskat würzen, über den Auflauf gießen. Mit Käse bestreuen. Im Ofen (Mitte, Umluft 180°) ca. 25 Min. backen.

Spargel-Zucchini-Auflauf mit Hähnchenfilet

frühlingsfrisch
30 Min. + 20 Min. Backen

pro Portion ca. 426 kcal, 70 kcal/100 g
40 g E (39 %) · 25 g F (51 %) · 10 g KH (10 %)

ZUTATEN
FÜR 2 PORTIONEN

- 400 g grüner Spargel
- 3 Zucchini (400 g)
- 1 Zwiebel · Salz
- 2 Hähnchenfilets (à ca. 125 g)
- 2 EL Olivenöl · Pfeffer
- 1 TL Currypulver
- 100 g Sojacreme (ersatzweise Crème légère)
- 15 g Pinienkerne
- 4 Stängel glatte Petersilie

ZUBEREITUNG

1. Spargel waschen, die Stangen im unteren Drittel schälen und die Enden abschneiden. Zucchini waschen, putzen, quer halbieren und längs in fingerdicke Stifte schneiden. Die Zwiebel schälen, halbieren und in Streifen schneiden.

2. Den Spargel in kochendem Salzwasser ca. 7 Min. vorgaren. Anschließend abtropfen lassen. Den Backofen auf 200° vorheizen.

3. Die Hähnchenfilets kalt abspülen und mit Küchenpapier trockentupfen. Das Öl in einer Pfanne erhitzen. Hähnchenfilets darin unter gelegentlichem Wenden ca. 5 Min. braten. Mit Salz und Pfeffer würzen und wieder aus der Pfanne nehmen.

4. Die Zwiebeln im Bratöl glasig dünsten. Zucchini zufügen und unter vorsichtigem Wenden anbraten. Das Gemüse mit Salz, Pfeffer und Currypulver würzen und aus der Pfanne nehmen.

5. Den Bratsatz mit der Sojacreme ablöschen und aufkochen lassen. Mit Salz und Pfeffer abschmecken.

6. Das Zucchinigemüse in eine Auflaufform legen. Den Spargel darauf verteilen. Hähnchenfilets in das Gemüse betten. Mit der Sojacreme aus der Pfanne beträufeln.

7. Das Gericht mit Pinienkernen bestreuen. Im Ofen (Mitte, Umluft 180°) ca. 20 Min. backen. Petersilie waschen, trockenschütteln und die Blätter hacken. Den Auflauf mit Petersilie bestreut servieren.

Austauschen Preiswerter wird der Auflauf, wenn Sie statt Spargel die gleiche Menge Fenchel nehmen. Gleichzeitig wird das Gericht damit zu einem ganz neuen Gaumenkitzel. Denn Fenchel ist hocharomatisch. Die Knolle(n) waschen, putzen und die fleischigen Blätter quer in Streifen schneiden. Das saftige zarte Fenchelgrün aufbewahren und anstelle der Petersilie fein gehackt über den Auflauf streuen.

Variante **Spargel-Zucchini-Pfanne mit Hähnchenstreifen:** Den Spargel nach dem Vorgaren in Stücke schneiden, die Hähnchenfilets in Streifen geschnitten im Öl anbraten und wieder aus der Pfanne nehmen. Dann alles zu den gebratenen Zucchini geben, die Sojacreme zugießen, das Gericht würzen und einige Minuten schmoren – fertig!

Überbackener Spitzkohl mit Tatar

deftig
25 Min. + 30 Min. Backen
pro Portion ca. 270 kcal, 50 kcal/100 g
29 g E (45 %) · 10 g F (34 %) · 14 g KH (21 %)

ZUTATEN FÜR 2 PORTIONEN

1 Zwiebel
1 EL Olivenöl
200 g Tatar
Salz · Pfeffer
300 g Tomaten
1/2 Bund Schnittlauch
1 kleiner Spitzkohl (ca. 400 g)
100 ml Gemüsebrühe
50 g Frischkäse (16 % Fett absolut)

ZUBEREITUNG

1. Zwiebel schälen und fein würfeln. Das Öl in einer Pfanne erhitzen. Die Zwiebeln darin glasig dünsten. Tatar zufügen und krümelig braten. Mit Salz und Pfeffer würzen.

2. Tomaten waschen und würfeln. Schnittlauch waschen, trockenschütteln und in Röllchen schneiden. Die Hälfte davon mit den Tomaten zum Tatar geben.

3. Ofen auf 200° vorheizen. Kohl waschen, putzen, achteln und den Strunk entfernen. Den Kohl in eine Auflaufform geben, die Brühe zugießen. Mit Salz und Pfeffer würzen. Tatarmischung auf dem Kohl verteilen.

4. Frischkäse, 1 EL Wasser, übrigen Schnittlauch, Salz und Pfeffer verrühren und in Klecksen auf dem Tatar verteilen. Im Ofen (Mitte, Umluft 180°) ca. 30 Min. backen.

Kohlröschenauflauf mit Steaks

kräuterwürzig
30 Min. + 25 Min. Backen
pro Portion ca. 364 kcal, 47 kcal/100 g
43 g E (49 %) · 14 g F (34 %) · 14 g KH (17 %)

ZUTATEN FÜR 2 PORTIONEN

1 kleiner Blumenkohl (ca. 500 g)
400 g Brokkoli
1 Zwiebel
1 EL Rapsöl
200 ml Gemüsebrühe
Salz · Pfeffer
4 Schmetterlingssteaks (á ca. 60 g)
je 1/2 Bund Kerbel, glatte Petersilie und Schnittlauch
100 g Sojacreme (ersatzweise Crème légère)
geriebene Muskatnuss

ZUBEREITUNG

1. Blumenkohl und Brokkoli waschen, putzen und in Röschen teilen. Brokkolistiele schälen und in Scheiben schneiden.

2. Die Zwiebel schälen und fein würfeln, in einem Topf im Öl glasig dünsten. Blumenkohl und Brokkoli zufügen und andünsten. Mit Brühe ablöschen und mit Salz und Pfeffer würzen. Zugedeckt ca. 8 Min. dünsten.

3. Inzwischen den Backofen auf 200° vorheizen. Steaks trockentupfen. Kräuter waschen und trockenschütteln. Kerbel und Petersilie hacken. Schnittlauch in Röllchen schneiden.

4. Gemüse abgießen, Brühe dabei auffangen. Das Gemüse in eine Auflaufform geben. Sojacreme und Kräuter in die Brühe rühren. Mit Salz, Pfeffer und Muskat abschmecken. Bis auf 3 EL mit dem Gemüse mischen.

5. Das Fleisch mit Salz und Pfeffer würzen, auf dem Gemüse verteilen. Restliche Brühemischung auf das Fleisch träufeln. Im Ofen (Mitte, Umluft 180°) ca. 25 Min. backen.

Mexikanischer Auflauf

Chili aus dem Backofen
35 Min. + 25 Min. Backen
pro Portion ca. 494 kcal, 81 kcal/100 g
34 g E (28 %) · 27 g F (50 %) · 27 g KH (22 %)

ZUTATEN FÜR 2 PORTIONEN

1 rote Zwiebel
1 Knoblauchzehe
200 g Rinderhack
30 g Magerquark
Cayennepfeffer · Salz
Pfeffer · 1 EL Rapsöl
300 g rote Paprikaschoten
125 g gegarte Kidneybohnen (1/2 Dose)
75 g Gemüsemais (aus der Dose)
1 kleine Dose geschälte Tomaten (400 g)
gemahlener Koriander
25 g Cheddar, fein geraspelt
Fett für die Form

ZUBEREITUNG

1. Zwiebel und Knoblauch schälen, fein würfeln. Hälfte der Zwiebeln, den Knoblauch, Hackfleisch, Quark, Cayennepfeffer, Salz und Pfeffer verkneten. Aus der Masse mit angefeuchteten Händen ca. 16 Bällchen formen.

2. Bällchen in einer Pfanne im Öl rundum braun braten. Inzwischen die Paprikaschoten waschen, putzen und in Streifen schneiden. Hackbällchen aus der Pfanne nehmen. Die Paprikastreifen im Bratöl ca. 5 Min. dünsten.

3. Den Backofen auf 200° vorheizen. Bohnen in einem Sieb kalt überbrausen und gut abtropfen lassen. Den Mais abtropfen lassen. Tomaten in der Dose etwas kleiner schneiden.

4. Bohnen, Mais, Paprika, restliche Zwiebeln und die Tomaten in eine gefettete Auflaufform geben. Mit Salz, Pfeffer, Cayennepfeffer und Koriander würzen. Hackbällchen darauf verteilen, Cheddar darüber streuen. Im Ofen (Mitte, Umluft 180°) ca. 25 Min. backen.

Sauerkraut-Ananas-Auflauf

fein im Herbst
35 Min. + 35 Min. Backen
pro Portion ca. 402 kcal, 80 kcal/100 g
28 g E (30 %) · 22 g F (52 %) · 17 g KH (18 %)

ZUTATEN FÜR 2 PORTIONEN

200 g ausgelöstes Kasselerkotelett
125 g frisches Ananasfruchtfleisch
1 kleine Stange Lauch (100 g) · 6 Wacholderbeeren · 1 EL Rapsöl
Salz · Pfeffer
1/2 Bund glatte Petersilie
50 g saure Sahne (10 % Fett)
75 g Frischkäse (16 % Fett absolut)
1 kleine Dose Sauerkraut (400 g)
gemahlener Piment
15 g gehobelte Haselnüsse
Fett für die Form

ZUBEREITUNG

1. Das Kasseler ca. 2 cm groß würfeln. Die Ananas in Stücke schneiden. Lauch putzen, längs aufschlitzen, gründlich waschen und in Ringe schneiden. Wacholderbeeren hacken.

2. Das Öl in einer Pfanne erhitzen. Kasseler darin rundherum braun anbraten, heraus nehmen. Lauch im Bratöl andünsten. Ananas kurz mitbraten. Mit Salz und Pfeffer würzen.

3. Den Backofen auf 200° vorheizen. Petersilie waschen, trockenschütteln und die Blättchen hacken. Mit saurer Sahne und Frischkäse glatt rühren. Mit Salz und Pfeffer würzen.

4. Sauerkraut zerzupfen, mit Lauch und Ananas mischen. Mit Salz, Pfeffer, Wacholder und Piment würzen. Mit dem Kasseler in eine gefettete Auflaufform geben. Die Frischkäsemasse darauf in Klecksen verteilen. Mit Haselnüssen bestreuen. Im Ofen (Mitte, Umluft 180°) ca. 35 Min. backen.

Bohnen-Lamm-Auflauf

klassisch kombiniert
35 Min. (ohne Auftauzeit) + 25 Min. Backen

pro Portion ca. 590 kcal, 88 kcal/100 g
37 g E (26 %) · 36 g F (56 %) · 26 g KH (18 %)

ZUTATEN
FÜR 2 PORTIONEN

2 Lammbeinscheiben (à ca. 150 g, TK oder frisch)
125 g gegarte weiße Bohnenkerne (1/2 Dose à 425 ml Inhalt)
1/2 Bund Thymian
2 Zwiebeln · 300 g Möhren
3 TL Olivenöl
100 ml Gemüsebrühe
Salz · Pfeffer
1 kleine Dose geschälte Tomaten (400 g)

ZUBEREITUNG

1. Tiefgefrorenes Fleisch auftauen. Bohnen in ein Sieb geben, waschen und gut abtropfen lassen. Thymian waschen, trockenschütteln und abzupfen. Zwiebeln schälen, halbieren und in Streifen schneiden. Möhren schälen, putzen und in Scheiben schneiden.

2. 2 TL Öl in einem Topf erhitzen. Die Zwiebeln darin glasig dünsten. Möhren zufügen und andünsten. Mit Brühe ablöschen und mit Salz und Pfeffer abschmecken. Zugedeckt ca. 8 Min. köcheln lassen.

3. Inzwischen den Backofen auf 200° vorheizen. Das Fleisch trockentupfen. Restliches Öl in einer beschichteten Pfanne erhitzen und das Fleisch darin anbraten. Mit Salz und Pfeffer würzen.

4. Tomaten zu den Möhren geben, etwas zerdrücken, aufkochen lassen. Bohnen und Thymian zufügen. Alles mit Salz und Pfeffer abschmecken. Das Gemüse in eine Auflaufform füllen, die Lammscheiben darauf verteilen. Im Ofen (Mitte, Umluft 180°) ca. 25 Min. backen.

Austauschen Schmeckt auch lecker mit ausgelöstem Lammrücken oder Schweineschnitzeln.

Tipp Übrige Bohnen aus der Dose mit Olivenöl, etwas Thymian und weißem Aceto balsamico marinieren.

Fruchtiger Rosenkohl-Sellerie-Auflauf mit Filet

zum Sattessen
45 Min. + 20 Min. Backen

pro Portion ca. 516 kcal, 78 kcal/100 g
40 g E (31 %) · 28 g F (48 %) · 26 g KH (21 %)

ZUTATEN
FÜR 2 PORTIONEN

400 g Rosenkohl (TK oder frisch)
250 g Knollensellerie
1 kleine Zwiebel
2 EL Rapsöl
125 ml Gemüsebrühe · Salz
Pfeffer · 200 g Schweinefilet
1 kleine feste Birne
1 EL Zitronensaft
50 g Roquefort
15 g kernige Haferflocken
50 g saure Sahne (10 % Fett)

ZUBEREITUNG

1. TK-Rosenkohl auftauen. Frischen Rosenkohl waschen, putzen und die Röschen am Strunk kreuzweise einritzen. Große Köpfe halbieren. Sellerie waschen, schälen und in ca. 1 cm große Würfel schneiden. Die Zwiebel schälen und fein würfeln.

2. 1 EL Öl in einem Topf erhitzen. Zwiebeln darin glasig dünsten. Rosenkohl und Sellerie zufügen und andünsten. Mit Brühe ablöschen und mit Salz und Pfeffer würzen. Zugedeckt ca. 10 Min. dünsten.

3. Inzwischen das Schweinefilet in 4 Medaillons schneiden. Übriges Öl in einer beschichteten Pfanne erhitzen. Die Medaillons darin beidseitig kurz anbraten. Mit Salz und Pfeffer würzen und herausnehmen.

4. Den Ofen auf 200° vorheizen. Birne schälen, vierteln und das Kernhaus entfernen. Das Fruchtfleisch in Spalten schneiden, mit Zitronensaft beträufeln. Käse mit einer Gabel zerdrücken, mit den Flocken mischen.

5. Saure Sahne in das Gemüse rühren. Dieses mit Salz und Pfeffer abschmecken und in eine Auflaufform füllen, die Birnen untermischen. Medaillons darauf verteilen, die Käsemasse teelöffelweise auf das Fleisch geben. Im Ofen (Mitte, Umluft 180°) ca. 20 Min. backen.

Erbsen-Fenchel-Auflauf mit Senfmedaillons

gut vorzubereiten
35 Min. + 25 Min. Backen

pro Portion ca. 484 kcal, 83 kcal/100 g
59 g E (51 %) · 12 g F (23 %) · 30 g KH (26 %)

ZUTATEN
FÜR 2 PORTIONEN

250 g TK-Erbsen
1 Fenchelknolle (300 g)
125 ml Gemüsebrühe
1 kleiner Apfel · Salz · Pfeffer
1 kleine Zwiebel
1 Knoblauchzehe
4 Rindermedaillons (à 75 g; aus der Hüfte)
3 TL mittelscharfer Senf
3 TL Rapsöl · 50 g Sojacreme (ersatzweise Crème légère)

ZUBEREITUNG

1. Die Erbsen antauen lassen. Fenchel waschen, putzen, vierteln und den Strunk entfernen. Das Grün beiseite legen. Fenchel in Streifen schneiden, in der kochenden Gemüsebrühe ca. 5 Min. dünsten. Apfel waschen, vierteln, das Kernhaus entfernen, das Fruchtfleisch würfeln. Äpfel und Erbsen zum Fenchel geben. Mit Salz und Pfeffer würzen und beiseite stellen.

2. Zwiebel und Knoblauch schälen und fein würfeln. Das Fleisch trockentupfen, mit Salz und Pfeffer würzen, mit 2 TL Senf bestreichen. Den Backofen auf 200° vorheizen. Öl in einer beschichteten Pfanne erhitzen. Das Fleisch darin auf jeder Seite kurz anbraten und herausnehmen. Zwiebeln und Knoblauch im Bratöl glasig dünsten. Sojacreme und restlichen Senf einrühren. Die Sauce unter das Gemüse mischen, dieses mit Salz und Pfeffer abschmecken.

3. Das Gemüse mit Sauce in eine Auflaufform füllen. Medaillons darauf verteilen. Im Ofen (Mitte, Umluft 180°) ca. 25 Min. backen. Das Fenchelgrün hacken und vor dem Servieren über den Auflauf streuen.

Austauschen Der Auflauf schmeckt auch lecker mit Putenmedaillons. Und wer es pikanter mag, der nimmt Dijon-Senf statt mittelscharfen Senf.

Rosenkohl-Sellerie-Auflauf mit Filet

Erbsen-Fenchel-Auflauf mit Medaillons

Fischgerichte

Augen und Mund weit aufgemacht! Hier kommt eine ganz besondere Art von Wild angeschwommen: Magere Fische aus Fluss und Meer, mit denen sich genussvollst die Figur formen lässt. Aber wir haben noch mehr anzubieten: Leckerbissen aus dem eiskalten Wasser mit Edel-Kalorien: Denn das Fett von Tunfisch und Lachs, von Makrele und Hering ist ganz besonders gesund. Aber viel zu selten: Es kommt in kaum einem anderen Lebensmittel vor. Gönnen Sie sich deshalb öfter mal einen Fischgenuss. Und wenn Sie hier einige Rezepte ganz ohne Beigaben finden, dann deshalb, weil Sie die Fische einfach mit Kreationen aus dem Beilagenkapitel kombinieren können.

Gebratenes Barschfilet mit Apfelsellerie

fruchtig kombiniert
25 Min.

pro Portion ca. 351 kcal, 81 kcal/100 g
36 g E (42 %) · 16 g F (41 %) · 15 g KH (17 %)

ZUTATEN
FÜR 2 PORTIONEN

2 Barschfilets (à ca. 150 g)
1 EL Zitronensaft
1 kleine Sellerieknolle (ca. 350 g) · 50 ml Gemüsebrühe
1 rotschaliger Apfel (z. B. Braeburn)
Salz · Pfeffer · 2 EL Olivenöl
2 EL saure Sahne (10 % Fett)
1–2 TL geriebener Meerrettich (aus dem Glas)
1 EL gehackte Walnüsse

ZUBEREITUNG

1. Die Fischfilets kalt abspülen, trockentupfen, mit Zitronensaft beträufeln und zugedeckt ziehen lassen.

2. In der Zwischenzeit die Sellerieknolle dick schälen und in dünne, ca. 4 cm lange Stifte schneiden. Die Gemüsebrühe in einem kleinen Topf zum Kochen bringen.

3. Die Selleriestifte hineingeben und zugedeckt bei kleiner Hitze ca. 4 Min. garen lassen, bis alle Flüssigkeit aufgenommen und das Gemüse bissfest ist.

4. Den Apfel heiß waschen, vierteln und Stiel, Blütenansatz und Kernhaus entfernen. Die Apfelviertel in schmale Spalten schneiden, unter den Sellerie heben und bei abgeschalteter Kochstelle im geschlossenen Topf weich werden lassen.

5. Die Fischfilets trockentupfen, salzen und pfeffern. Das Öl in einer beschichteten Pfanne erhitzen und den Fisch darin von beiden Seiten goldbraun braten.

6. Saure Sahne mit Meerrettich verrühren und mit dem Apfel-Sellerie vermischen. Auf zwei Tellern anrichten, die Fischfilets darauf geben und mit Walnüssen bestreut servieren.

Wildlachs auf Garnelenschaum

bestens für Besuch
50 Min.
pro Portion ca. 499 kcal, 96 kcal/100 g
48 g E (39 %) · 22 g F (39 %) · 27 g KH (22 %)

ZUTATEN FÜR 2 PORTIONEN

100 ml Gemüsebrühe
50 g Naturreis
400 g Prinzessbohnen
Salz · 2 Lachssteaks (à ca. 150 g)
Pfeffer · 1 EL Olivenöl
125 g gekochte und geschälte Pazifik-Garnelen
50 ml Kaffeesahne (10 % Fett)
2 TL rote Beeren (rosa Pfefferbeeren)

ZUBEREITUNG

1. Die Gemüsebrühe in einem kleinen Topf aufkochen lassen, den Naturreis waschen und dazugeben. Die Hitze reduzieren und zugedeckt bei kleiner Hitze 40 Min. quellen lassen, bis alle Flüssigkeit aufgesogen ist.

2. In der Zwischenzeit die Bohnen waschen, putzen und in reichlich Salzwasser in ca. 10 Min. bissfest garen. In ein Sieb abgießen und warm stellen.

3. Die Lachssteaks kalt abspülen, trockentupfen, salzen und pfeffern. Das Olivenöl in einer beschichteten Pfanne erhitzen und die Steaks darin von beiden Seiten goldgelb braten. Herausnehmen und in Alufolie gewickelt warm stellen.

4. Garnelen im Bratöl schwenken, Kaffeesahne dazugießen und vorsichtig erwärmen. Im Mixer zu einer schaumigen Sauce pürieren.

5. Die Sauce auf zwei Tellern verstreichen, die Lachssteaks darauf legen. Bohnen und Reis daneben anrichten. Das Gericht mit den roten Beeren bestreut servieren.

Snack, Vorspeise oder Zwischengericht

Räucherlachs mit Beluga-Linsen: Für 2 Portionen 125 g Beluga-Linsen (schwarze Linsen aus dem Bioladen oder Reformhaus) in einen Durchschlag geben und unter fließendem kaltem Wasser waschen. 250 ml Gemüsebrühe oder -fond zum Kochen bringen, die Linsen hineingeben, bei kleiner Hitze ca. 20 Min. zugedeckt quellen lassen, bis alle Flüssigkeit aufgesogen ist und die Linsen weich sind. 1 EL geriebenen Meerrettich (aus dem Glas), 1 EL Zitronensaft und 2 EL Doppelrahm-Frischkäse einrühren, mit Salz und Pfeffer abschmecken. Linsen auf Tellern anrichten, 200 g Räucherlachs (in Scheiben) daneben setzen und mit Schnittlauch bestreut servieren.

Enthält pro Portion ca. 448 kcal, 140 kcal/100 g, 38 g Eiweiß (34 %), 18 g Fett (36 %), 34 g Kohlenhydrate (30 %).

Süßsauer gebratene Makrele

gelingt immer
35 Min.
pro Portion ca. 597 kcal, 217 kcal/100 g
54 g E (37 %) · 40 g F (59 %) · 6 g KH (4 %)

ZUTATEN FÜR 2 PORTIONEN

2 Knoblauchzehen
15 g Ingwerwurzel
1 EL Zitronensaft
1 EL Olivenöl
1 EL Agavendicksaft (Reformhaus, Bioladen)
Salz · Pfeffer
2 ganze Makrelen, küchenfertig vorbereitet (à ca. 300 g)

ZUBEREITUNG

1. Den Backofen auf 220° (Umluft 200°) vorheizen. Knoblauch und Ingwer schälen und beides durchpressen. Mit Zitronensaft, Olivenöl, Agavendicksaft, Salz und Pfeffer zu einer Marinade verrühren.

2. Die Makrelen gründlich kalt abspülen und trockentupfen. Die Fische innen und außen mit der Marinade bestreichen und 15 Min. ziehen lassen.

3. Ein Blech mit Backpapier belegen, die Makrelen darauf legen und im heißen Ofen (Mitte) auf jeder Seite 5 Min. braten.

Kabeljau in Tomaten-Kokos-Sauce

fernöstlich inspiriert
25 Min.
pro Portion ca. 458 kcal, 87 kcal/100 g
40 g E (35 %) · 26 g F (51 %) · 15 g KH (14 %)

ZUTATEN FÜR 2 PORTIONEN

2 Kabeljaufilets (à ca. 200 g)
Salz · Pfeffer
1 kleine Zwiebel
2 Knoblauchzehen
1 rote Peperoni
1 kleine rote Paprikaschote
300 g Tomaten
2 EL Olivenöl
je 1 TL gemahlener Koriander und Kreuzkümmel
1 kleine Dose Kokosmilch (160 ml)
2 EL gehackte Petersilie oder Koriandergrün

ZUBEREITUNG

1. Fischfilets kalt abspülen, trockentupfen, salzen und pfeffern. Zwiebel und Knoblauch schälen, fein würfeln. Peperoni und Paprikaschote waschen und putzen. Peperoni in feine, Paprika in grobe Würfel schneiden.

2. Die Tomaten kurz in kochendes Wasser legen, kalt abschrecken und die Haut abziehen. Stielansätze entfernen und das Fruchtfleisch würfeln.

3. Das Öl in einer beschichteten Pfanne erhitzen und die Kabeljaufilets darin von beiden Seiten jeweils 2–3 Min. anbraten. Herausnehmen und in Alufolie gewickelt warm stellen.

4. Zwiebel, Knoblauch, Peperoni und Paprika in das Bratfett geben und unter Rühren ca. 2 Min. anbraten. Die Gewürze und die Tomaten dazugeben, aufkochen lassen und bei mittlerer Hitze 5 Min. einkochen lassen.

5. Die Kokosmilch angießen und weitere 2 Min. köcheln lassen. Die Sauce mit Salz und Pfeffer abschmecken. Den Lachs wieder dazugeben und zugedeckt 2 Min. durchziehen lassen. Das Gericht mit Petersilie oder Koriandergrün bestreut servieren.

Lachssteak mit Senfkruste

Lachssteak mit Senfkruste

kräftig würzig
20 Min.
pro Portion ca. 210 kcal, 123 kcal/100 g
29 g E (55 %) · 10 g F (42 %) · 2 g KH (3 %)

ZUTATEN
FÜR 2 PORTIONEN

2 EL Senf
2 EL fein gehackter Dill (frisch oder TK)
2 TL Zitronensaft
Salz · Pfeffer
2 Lachssteaks (à ca. 150 g)

ZUBEREITUNG

1. Den Backofen auf 200° (Umluft 180°) vorheizen. Aus Senf, Dill, Zitronensaft, Salz und Pfeffer eine Creme rühren.

2. Lachssteaks kalt abspülen und trockentupfen. Wenn nötig, den bräunlichen Mittelstreifen an der Unterseite entfernen, denn er schmeckt tranig.

3. Aus der Alufolie zwei Schiffchen falten, die Lachssteaks hineinlegen und mit der Creme gleichmäßig bestreichen. Die Schiffchen auf den Backrost legen und im heißen Ofen (Mitte) 15 Min. offen braten.

4. Die Lachs-Schiffchen aus dem Ofen nehmen, die Alufolie entfernen und die Lachssteaks auf zwei Tellern anrichten.

Dazu passt z. B. Feldsalat mit Cocktailtomaten, beträufelt mit einer Vinaigrette mit körnigem Senf

Kabeljau in Mandelkruste

nussig mild
15 Min.
pro Portion ca. 331 kcal, 125 kcal/100 g
46 g E (57 %) · 15 g F (40 %) · 2 g KH (3 %)

ZUTATEN
FÜR 2 PORTIONEN

2 Kabeljaufilets (à ca. 200 g)
Salz · Pfeffer · 1 Ei
3 EL gemahlene Mandeln
1 EL Olivenöl
1 unbehandelte Zitrone

ZUBEREITUNG

1. Die Kabeljaufilets kalt abspülen, trockentupfen, jeweils quer halbieren, salzen und pfeffern. Das Ei in einem tiefen Teller verquirlen. Die Mandeln auf einem flachen Teller ausbreiten.

2. Die Fischfilets im Ei wenden, anschließend in den Mandeln, so dass sie rundherum eingehüllt sind.

3. Das Öl in einer beschichteten Pfanne erhitzen und die panierten Fischfilets darin auf jeder Seite in ca. 3 Min. goldgelb braten.

4. Zitrone heiß waschen, trockenreiben, eine Hälfte in dünne Scheiben schneiden und diese auf den Fischfilets anrichten.

Dazu passt **Gegrillte Paprika** (Seite 77)

Austauschen Auch ein Kleid aus gemahlenen Hasel- oder Walnüssen steht dem Kabeljau gut. Und da wird der Seelachs neidisch: Denn auch er wälzt sich gerne im Nüsse-Bett.

Gebratener Tunfisch mit Hot Chilisauce

Feuer an den Fisch
20 Min. für die Sauce + 15 Min. für den Fisch
pro Portion ca. 412 kcal, 124 kcal/100 g
33 g E (33 %) · 29 g F (63 %) · 4 g KH (4 %)

ZUTATEN FÜR 2 PORTIONEN

Für die Hot Sauce:
50 g rote Peperoni
50 g Ingwerwurzel
1 Schalotte
2 Knoblauchzehen
2 EL Rapsöl
1 EL Zitronensaft
50 ml Agavendicksaft
Salz

Für den Fisch:
2 Tunfischsteaks (á ca. 150 g)
Salz · Pfeffer
1 EL Olivenöl

ZUBEREITUNG

1. Zuerst die Sauce auf Vorrat zubereiten – sie hält sich im gut verschließbaren Schraubglas 4 Wochen im Kühlschrank. Als Sauce zum Fisch rechnen Sie mit 1 EL pro Portion.

2. Die Peperoni waschen und putzen. Ingwer, Schalotte und Knoblauchzehen schälen. Alles grob zerschneiden und zusammen im Blitzhacker fein hacken.

3. Das Öl in einem kleinen Topf erhitzen und die Gemüsemischung darin unter ständigem Rühren anschwitzen. Mit 100 ml Wasser und dem Zitronensaft ablöschen. Aufkochen und die Mischung in ca. 10 Min. musig einkochen lassen. Den Agavendicksaft unterrühren und die Sauce auf der Herdplatte abkühlen lassen.

4. Inzwischen die Tunfischsteaks kalt abspülen und trockentupfen, von beiden Seiten salzen und pfeffern. Öl ein einer beschichteten Pfanne erhitzen und die Fischstücke darin auf jeder Seite 2 Min. braten. Die Hot Chilisauce mit etwas Salz abschmecken und zum Fisch servieren.

Fein zu Fisch: Orangenlinsen

Für 2–3 Portionen 1 weiße Zwiebel schälen, halbieren und in feine Ringe schneiden. Von 2 Orangen eine auspressen, die andere mit einem scharfen Messer rundum bis ins Fruchtfleisch schälen, dieses würfeln. 1 EL Rapsöl in einem kleinen Topf erhitzen, die Zwiebelringe darin glasig dünsten. Mit dem ausgepressten Orangensaft und 175 ml Wasser aufgießen, aufkochen lassen. 200 g rote Linsen dazugeben. Bei kleiner Hitze ziehen lassen, bis alle Flüssigkeit aufgesogen ist. Das Orangenfruchtfleisch zugeben und kurz miterhitzen. Die Orangenlinsen mit Salz und reichlich schwarzem Pfeffer würzen.
Dauert insgesamt ca. 15 Min.
Enthält bei 3 Portionen pro Portion ca. 263 kcal, 137 kcal/100 g, 16 g Eiweiß (26 %), 4 g Fett (15 %), 38 g Kohlenhydrate (58 %).

Tipp Besonders pikant werden die Orangenlinsen, wenn Sie kurz vor Ende der Garzeit 1–2 TL rosa Beeren (rote Pfefferbeeren) dazugeben.

Glasierte Fischfilets

fruchtig-pikant
10 Min. + 30 Min. Marinieren
pro Portion ca. 249 kcal, 111 kcal/100 g
43 g E (71 %) · 6 g F (23 %) · 4 g KH (6 %)

ZUTATEN FÜR 2 PORTIONEN

1 Knoblauchzehe
2 EL fein gehackte glatte Petersilie
1 EL Olivenöl
1 EL Zitronensaft
1 EL Orangenkonfitüre ohne Zucker (Reformhaus, Bioladen)
Salz · schwarzer Pfeffer
2 Fischfilets z. B. Barsch oder Rotbarsch (à ca. 200 g)

ZUBEREITUNG

1. Die Knoblauchzehe schälen und durchpressen. In einer ofenfesten Form mit Petersilie, Olivenöl, Zitronensaft und Orangenkonfitüre, Salz und Pfeffer gut verrühren.

2. Die Fischfilets kalt abspülen, trockentupfen und in die Form geben. In der Marinade wenden und rundherum damit bestreichen. Zugedeckt 30 Min. ziehen lassen.

3. Den Backofen auf 200° (Umluft 180°) vorheizen und die Fischfilets im heißen Ofen (Mitte) ca. 8 Min. braten, bis sie glänzen (Bild rechts unten).

Dazu passt Während der Marinierzeit können Sie eine Beilage, z. B. das **Zwiebelgemüse arabische Art** (Seite 78) oder einen Salat zubereiten. Fein sind auch **Orangenlinsen** dazu (Rezept rechts oben).

Tipp Sorge, der Fisch könnte nicht durch sein? Probieren Sie mit einer Gabel vorsichtig entlang der Mittelnaht, ob er sich leicht teilen lässt – dann ist er garantiert gar.

Seelachsstreifen mit pfannengerührtem Lauch

gelingt immer
25 Min.

pro Portion ca. 550 kcal, 85 kcal/100 g
48 g E (36 %) · 30 g F (48 %) · 21 g KH (16 %)

ZUTATEN
FÜR 2 PORTIONEN

1 Seelachsfilet (ca. 400 g)
1 EL Zitronensaft
2 Stangen Lauch (à ca. 400 g)
Salz · Pfeffer
3 EL Olivenöl
1 kleine Dose Gemüsemais (140 g Abtropfgewicht)
2 EL grober Senf

ZUBEREITUNG

1. Das Fischfilet kalt abspülen, trockentupfen und quer in ca. 2 cm breite Streifen schneiden. Mit dem Zitronensaft beträufeln und zugedeckt ziehen lassen. Lauch putzen, längs aufschlitzen, gründlich waschen und gut abtropfen lassen. In 1,5 cm breite Rollen schneiden.

2. Die Seelachsstreifen trockentupfen, salzen und pfeffern. 1 EL Olivenöl in einer großen beschichteten Pfanne erhitzen und die Fischstreifen darin von allen Seiten goldbraun anbraten. Herausnehmen und in Alufolie gewickelt warm stellen.

3. Das restliche Öl in der Pfanne erhitzen und die Lauchringe darin unter ständigem Rühren ca. 5 Min. anbraten, bis sie Farbe angenommen haben. Die Maiskörner abtropfen lassen und unterrühren.

4. Den Senf mit 50 ml Wasser glatt rühren. Das Gemüse damit ablöschen, mit Salz und Pfeffer abschmecken, die Fischstreifen unterheben und sofort heiß servieren.

Variante Die Seelachsstreifen passen auch zu **Spinat vom Backblech:** 750 g frischen Spinat waschen, putzen, gut abtropfen lassen. Oder 400 g TK-Blattspinat auftauen. 2 gepresste Knoblauchzehen mit 2 EL Olivenöl, Salz und Pfeffer cremig verrühren. Ein Backblech mit der Ölmischung dünn bestreichen und den Spinat darauf ausbreiten. Mit je 2 EL Rosinen und Pinienkernen sowie 50 g geriebenem Grana Padano bestreuen. Im Ofen bei 220° (Mitte, Umluft 200°) ca. 15 Min. backen, bis der Käse Blasen wirft und goldgelb knusprig ist.

Rotbarsch mit Ananaskraut

süßsauer & saftig
20 Min.

pro Portion ca. 429 kcal, 89 kcal/100 g
46 g E (45 %) · 19 g F (40 %) · 15 g KH (15 %)

ZUTATEN
FÜR 2 PORTIONEN

2 Rotbarschfilets (à 200 g)
1 EL Zitronensaft
2 Scheiben frische Ananas (ca. 200 g)
2 EL Oliven- oder Rapsöl
1 kleine Dose Sauerkraut (285 g Abtropfgewicht)
50 ml Gemüsebrühe
Salz · schwarzer Pfeffer

ZUBEREITUNG

1. Die Rotbarschfilets kalt abspülen, trockentupfen, mit Zitronensaft beträufeln und zugedeckt 10 Min. ziehen lassen. In der Zwischenzeit die Ananasringe in ca. 1 cm breite Spalten schneiden.

2. 1 EL Öl in einem kleinen Topf erhitzen und die Ananasstücke darin 5 Min. unter Rühren anbraten. Sauerkraut dazugeben und mit einer Gabel zerpflücken. Die Gemüsebrühe angießen und alles 10 Min. bei milder Hitze köcheln lassen.

3. Das restliche Öl in einer beschichteten Pfanne erhitzen. Die Fischfilets trockentupfen, salzen und pfeffern und im heißen Öl von jeder Seite bei milder Hitze 3 Min. anbraten.

4. Das Ananaskraut auf zwei Tellern anrichten, mit Pfeffer übermahlen und die Fischfilets daneben legen.

Tunfischkasserolle mit weißen Bohnen

super vorzubereiten
8 Std. Einweichen + 2 Std. 40 Min.

bei 3 Portionen pro Portion ca. 522 kcal, 104 kcal/100 g
43 g E (33 %) · 22 g F (38 %) · 39 g KH (30 %)

ZUTATEN
FÜR 2–3 PORTIONEN

200 g getrocknete Cannellini-Bohnen · 1 weiße Zwiebel
2 Knoblauchzehen · 3 EL Olivenöl
1/2 TL gemahlener Koriander
250 ml Fischfond (aus dem Glas)
250 ml Gemüsebrühe
1 TL getrockneter Thymian
2 Tunfischsteaks (à ca. 150 g)
Salz · Pfeffer · 2 Fleischtomaten (ca. 300 g) · 40 g Vollkornbrösel
2 EL gehackte glatte Petersilie
Fett für die Form

ZUBEREITUNG

1. Die Bohnen 8 Std. in kaltem Wasser einweichen, dann abgießen. Zwiebel und Knoblauchzehen schälen und grob hacken.

2. 1 EL Öl in einem Topf erhitzen, Zwiebeln, Knoblauch und Koriander darin kurz andünsten. Bohnen dazugeben und mit Fischfond und Gemüsebrühe aufgießen. Mit Thymian würzen und zugedeckt bei kleiner Hitze 2 Std. köcheln lassen, bis die Bohnen weich sind und alle Flüssigkeit aufgesogen ist.

3. Den Backofen auf 200° vorheizen. Die Bohnen in eine gefettete ofenfeste Form (ca. 18 x 25 cm) geben. Die Tunfischscheiben kalt abspülen, trockentupfen, salzen und pfeffern. In die Bohnen einbetten.

4. Tomaten waschen, in Scheiben schneiden und auf die Bohnen legen. Die Brösel mit der Petersilie vermischen und darüber streuen. Alles mit dem restlichen Olivenöl beträufeln und das Gericht im Ofen (Mitte, Umluft 180°) 30 Min. backen, bis die Bröselkruste goldbraun und kross ist.

Rotbarsch mit Ananaskraut

Tunfischkasserolle

Kabeljau auf Auberginenscheiben

Sommerhit
50 Min.

pro Portion ca. 492 kcal, 81 kcal/100 g
57 g E (47 %) · 25 g F (45 %) · 9 g KH (8 %)

ZUTATEN
FÜR 2 PORTIONEN

2 Auberginen (ca. 500 g) · Salz
2 Kabeljaufilets (à ca. 200 g)
1 EL Zitronensaft
2 gelbe Paprikaschoten
2 EL Olivenöl
125 g Mozzarella · Pfeffer
2 TL getrockneter Majoran
2 EL Aceto balsamico

ZUBEREITUNG

1. Auberginen waschen und putzen. Aus der Mitte jeweils quer 2 dicke Scheiben (ca. 1,5 cm dick) schneiden. Übrige Auberginen grob würfeln. Auberginenscheiben und -würfel separat mit Salz bestreut 20 Min. zugedeckt ziehen lassen. Backofen auf 200° vorheizen.

2. Inzwischen die Fischfilets kalt abspülen, trockentupfen, quer halbieren, mit Zitronensaft beträufeln und zugedeckt ziehen lassen. Paprikaschoten waschen, putzen und grob würfeln.

3. Auberginenscheiben trockentupfen, mit 1 EL Öl bepinseln und in eine ofenfeste Form legen. 15 Min. im Ofen (Mitte, Umluft 180°) braten. Dann wenden. Den Mozzarella in 4 Scheiben schneiden.

4. Die Fischfilets trockentupfen, salzen, pfeffern und auf die Auberginenscheiben legen. Mozzarella auflegen, mit Pfeffer übermahlen. Fisch und Käse ca. 15 Min. garen, bis der Käse goldgelb ist und Blasen wirft.

5. Inzwischen 1 EL Öl in einer beschichteten Pfanne erhitzen, Auberginen- und Paprikawürfel darin mit dem Majoran unter häufigem Rühren anbraten. Mit dem Essig ablöschen, mit Salz und Pfeffer würzen. Das Gemüse mit den Auberginenscheiben anrichten.

Besonders Mehr Pep am Fisch? Dann lassen Sie den Fisch mit einer Mischung aus Zitronensaft und gepresstem Knoblauch ziehen.

Tunfischwürfel mit Roter Bete

pikant
20 Min.

pro Portion ca. 442 kcal, 112 kcal/100 g
37 g E (35 %) · 25 g F (52 %) · 14 g KH (13 %)

ZUTATEN
FÜR 2 PORTIONEN

2 Tunfischsteaks
(à ca. 150 g)
Salz · Pfeffer
500 g gekochte und
geschälte Rote Beten
15 g Ingwerwurzel
2 EL Olivenöl
2 EL saure Sahne
(10 % Fett)

ZUBEREITUNG

1. Tunfischsteaks kalt abspülen, trockentupfen, von beiden Seiten salzen und pfeffern. In ca. 1,5 cm große Würfel schneiden. Die Roten Beten ebenfalls 1,5 cm groß würfeln. Den Ingwer dünn schälen und in winzige Würfelchen schneiden.

2. Olivenöl in einer beschichteten Pfanne erhitzen und die Tunfischwürfel darin unter ständigem Rühren rundherum knusprig anbraten. Mit einem Schaumlöffel herausnehmen und warm stellen.

3. Den Ingwer im Bratfett schwenken und die Roten Beten dazugeben. 5 Min. unter Rühren heiß werden lassen, salzen und pfeffern.

4. Die Tunfischwürfel unter das Rote-Beten-Gemüse heben, das Gericht auf zwei Tellern anrichten und je 1 EL saure Sahne obenauf geben.

Info Rote Bete sollte nicht nur wegen ihres aromatischen Geschmacks öfter auf den Speiseplan. Sie ist außerdem ein wahres Wellness-Gemüse: antibiotisch, blutbildend und verdauungsfördernd.

Tunfisch mit grünen Bohnen

mediterran inspiriert
30 Min.

pro Portion ca. 480 kcal, 112 kcal/100 g
39 g E (33 %) · 28 g F (52 %) · 18 g KH (15 %)

ZUTATEN
FÜR 2 PORTIONEN

250 g frischer Tunfisch
1 EL Zitronensaft
350 g kleine grüne Bohnen
Salz · 2 Knoblauchzehen
150 g Cocktailtomaten
10 schwarze entsteinte Oliven
4 Anchovisfilets (ca. 20 g)
2 EL Olivenöl · 2 EL Agavendicksaft (Reformhaus, Bioladen)
schwarzer Pfeffer
2 EL gehacktes Basilikum

ZUBEREITUNG

1. Fisch kalt abspülen, trockentupfen und ca. 1,5 cm groß würfeln. Mit Zitronensaft beträufelt zugedeckt ziehen lassen, bis die übrigen Zutaten vorbereitet sind.

2. Bohnen waschen, putzen und in reichlich Salzwasser 3 Min. blanchieren. In ein Sieb abgießen und sofort eiskalt abschrecken (damit sie ihre frische grüne Farbe behalten) und warm stellen.

3. Die Knoblauchzehen schälen und in Scheiben schneiden. Cocktailtomaten waschen und ebenso wie die Oliven vierteln. Die Anchovisfilets fein hacken.

4. Das Olivenöl in einer beschichteten Pfanne erhitzen. Die Knoblauchscheiben darin goldgelb rösten, dann die Tunfischwürfel dazugeben und unter Rühren braten, bis sie Farbe angenommen haben. Sie sollen innen noch rosig sein.

5. Bohnen, Oliven und Anchovis einrühren und 2 Min. in der Pfanne erwärmen. Zum Schluss die Tomatenviertel unterheben und mit Agavendicksaft beträufeln. Mit Salz und Pfeffer abschmecken, auf zwei Tellern anrichten und mit Basilikum bestreut servieren.

Tunfischwürfel mit Roter Bete

Gedämpftes Barschfilet auf Möhren

Kabeljau auf Staudensellerie

ziegenkäsewürzig
30 Min.
pro Portion ca. 444 kcal, 64 kcal/100 g
54 g E (53 %) · 17 g F (37 %) · 10 g KH (10 %)

ZUTATEN
FÜR 2 PORTIONEN

2 Kabeljaufilets
(à ca. 200 g)
1 EL Zitronensaft
1 Staudensellerie
(ca. 700 g)
2 EL Rapsöl
150 ml Gemüsebrühe
75 g Ziegenfrischkäse
(z. B. Picandu)
25 g entsteinte
schwarze Oliven
Salz · Pfeffer

ZUBEREITUNG

1. Den Backofen auf 200° (Umluft 180°) vorheizen. Die Kabeljaufilets kalt abspülen, trockentupfen, mit Zitronensaft beträufeln und mindestens 10 Min. ziehen lassen.

2. In der Zwischenzeit den Staudensellerie waschen, putzen und quer in ca. 1 cm breite Streifen schneiden.

3. Das Öl in einem ofenfesten Bräter erhitzen und die Selleriestreifen darin unter ständigem Rühren 5 Min. andünsten. Mit Brühe ablöschen, vom Herd nehmen und vorsichtig den Ziegenfrischkäse einrühren. Die Oliven unterheben.

4. Die Fischfilets trockentupfen, salzen und pfeffern und auf das Gemüse legen. Das Gericht im heißen Ofen (Mitte) 10 Min. braten und sofort heiß servieren.

Pochierter Lachs

blitzschnell
15 Min.
pro Portion ca. 259 kcal, 133 kcal/100 g
28 g E (43 %) · 15 g F (52 %) · 3 g KH (5 %)

ZUTATEN
FÜR 2 PORTIONEN

1 mittelgroße Zwiebel
400 ml Wasser oder
Fischfond · Salz
Saft von 1 Zitrone
1 TL Pfefferkörner
2 Lachssteaks
(à ca. 150 g)
2 TL feinstes Olivenöl
1 EL gehackter Dill

ZUBEREITUNG

1. Zwiebel schälen und halbieren. Salzwasser oder Fischfond in einem kleinen Topf (die Lachssteaks sollen nebeneinander Platz haben) mit Zwiebelhälften, Zitronensaft und Pfefferkörnern 5 Min. kochen lassen.

2. Die Hitze der Kochstelle auf ein Minimum reduzieren. Die Lachssteaks kalt abspülen, trockentupfen, in den Sud legen und zugedeckt 6 Min. ziehen lassen.

3. Den Fisch mit einer Schaumkelle herausnehmen, mit Olivenöl beträufeln, mit Salz und Dill bestreuen.

Schmeckt zu pfannengerührtem Gemüse oder auf einem knackigen Salat

Austauschen Gut für diese Zubereitungsart eignet sich auch Schellfisch. Er hat ein wunderbar zartes, weißes Fleisch und ist nahezu fettfrei.

Gedämpftes Barschfilet auf Möhren

ganz einfach
20 Min.
pro Portion ca. 373 kcal, 59 kcal/100 g
47 g E (52 %) · 12 g F (29 %) · 18 g KH (19 %)

ZUTATEN
FÜR 2 PORTIONEN

2 Barschfilets
(à ca. 200 g)
1 EL Zitronensaft
16 Frühlingszwiebeln
(ca. 300 g geputzt
gewogen)
300 g Möhren
2 EL Olivenöl
200 ml Gemüsebrühe
2 EL Apfelessig
2 TL Agavendicksaft
(Reformhaus, Bioladen)
Salz · Pfeffer
2 EL gehackte glatte
Petersilie

ZUBEREITUNG

1. Die Barschfilets kalt abspülen, trockentupfen, mit Zitronensaft beträufeln und zugedeckt ziehen lassen.

2. In der Zwischenzeit die Frühlingszwiebeln waschen, putzen und in 5 cm lange Stücke schneiden. Dabei auch so viel Grün wie möglich mit verwenden. Die Möhren schälen, putzen und in 5 cm lange und 1/2 cm dicke Stifte schneiden.

3. Das Olivenöl in einer großen Pfanne erhitzen und darin zuerst die Möhren 2 Min. pfannenrühren. Dann die Frühlingszwiebeln dazugeben und rühren, bis sie leicht gebräunt sind.

4. Mit Gemüsebrühe und Apfelessig ablöschen. Den Agavendicksaft einrühren. Die Fischfilets trockentupfen, salzen und pfeffern und auf das Gemüse legen. Zugedeckt auf jeder Seite 3 Min. dämpfen.

5. Die Fischfilets auf zwei Tellern anrichten, das Gemüse mit Salz und Pfeffer abschmecken und daneben legen. Das Gericht mit Petersilie bestreut servieren.

Pochierter Lachs

Seelachs im Chinakohlbett

asiatisch inspiriert
30 Min.
pro Portion ca. 372 kcal, 63 kcal/100 g
49 g E (53 %) · 14 g F (34 %) · 11 g KH (12 %)

ZUTATEN FÜR 2 PORTIONEN

1 Seelachsfilet (ca. 400 g)
1 EL Zitronensaft
2 rote Paprikaschoten
125 g braune Champignons
1/2 Kopf Chinakohl (ca. 500 g)
30 g Ingwerwurzel
2 EL Olivenöl
2 EL Sojasauce
Salz · Pfeffer
2 EL gehackte glatte Petersilie

ZUBEREITUNG

1. Den Backofen auf 200° (Umluft 180°) vorheizen. Das Seelachsfilet kalt abspülen, trockentupfen und quer halbieren. Mit Zitronensaft beträufeln und zugedeckt 10 Min. ziehen lassen.

2. In der Zwischenzeit die Paprikaschoten waschen, mit einem Sparschäler dünn schälen, putzen und in kleine Rauten schneiden. Die Champignons putzen und halbieren. Den Chinakohl vom harten Strunk befreien und grob hacken. Ingwerwurzel schälen und in kleine Würfelchen schneiden.

3. Das Olivenöl in einer ofenfesten Kasserolle erhitzen, Ingwerwürfel und Paprikarauten darin unter Rühren 2 Min. anbraten. Champignons und den Chinakohl dazugeben und 2 Min. rühren, bis der Chinakohl zusammengefallen ist. Mit der Sojasauce ablöschen.

4. Das Fischfilet trockentupfen, salzen und pfeffern und auf den Chinakohl legen. Das Gericht im heißen Ofen (Mitte) 10 Min. braten. Der Fisch ist gar, wenn er sich leicht mit einer Gabel zerpflücken lässt. Mit Petersilie bestreut servieren.

Varianten In dieses Gemüsebett können Sie auch andere Fischfilets legen: beispielsweise Kabeljau, Rotbarsch oder Schellfisch. Anstelle von Chinakohl schmeckt auch Spitzkohl lecker. Sie müssen ihn allerdings ein bisschen länger anbraten, weil er härter ist.

Fischölkapseln überflüssig

Fettreiche Fische wie Lachs, Tunfisch oder Kabeljau sind supergesund. Sie enthalten reichlich so genannte Omega-3-Fettsäuren. Die sind mehrfach ungesättigt, schützen nachgewiesenermaßen Herz und Kreislauf und helfen sogar, Übergewicht vorzubeugen.

Fisch auf den Tisch!

Essen Sie mindestens zwei Mal pro Woche Fisch. Egal ob frisch, geräuchert oder auch mal aus der Konserve. Und: Tunfisch zu essen, ist wieder korrekt – in Deutschland dürfen keine mit Treibnetzen gefangene Tunfische verkauft werden.

Tunfisch mit Tomaten und Riesenbohnen

wie in Italien

25 Min.

pro Portion ca. 576 kcal, 150 kcal/100 g
50 g E (35 %) · 30 g F (47 %) · 26 g KH (18 %)

ZUTATEN FÜR 2 PORTIONEN

- 50 g getrocknete in Öl eingelegte Tomaten
- 150 g Roma-Tomaten oder Cocktailtomaten
- 1 Dose weiße Riesenbohnen (240 g Abtropfgewicht)
- 2 Tunfischsteaks (à ca. 150 g)
- Salz · Pfeffer
- 2 EL Olivenöl
- 2 EL Tomatenmark
- 1 TL getrockneter Thymian
- 2 EL saure Sahne (10 % Fett)

ZUBEREITUNG

1. Getrocknete Tomaten abtropfen lassen und in feine Streifen schneiden. Roma-Tomaten waschen, abtrocknen und halbieren. Die Stielansätze entfernen. Die Bohnen in ein Sieb abgießen. Die Tunfischsteaks kalt abspülen, trockentupfen, salzen und pfeffern.

2. Öl in einer beschichteten Pfanne erhitzen, die Tunfischsteaks darin von jeder Seite 3 Min. bei mittlerer Hitze anbraten. In Alufolie wickeln und warm stellen.

3. Die getrockneten Tomaten und das Tomatenmark im Bratfett unter Rühren 1 Min. braten, die Tomatenhälften, Thymian und die Bohnen dazugeben und unter ständigem Rühren erwärmen. Die Hitze reduzieren und die saure Sahne vorsichtig unterziehen.

4. Das Bohnen-Tomatengemüse auf zwei Tellern anrichten und die Tunfischsteaks obenauf legen.

Wildlachs mit Möhren und Shiitake

tolle Kombination

25 Min.

pro Portion ca. 402 kcal, 98 kcal/100 g
34 g E (34 %) · 22 g F (48 %) · 19 g KH (18 %)

ZUTATEN FÜR 2 PORTIONEN

- 300 g Möhren
- 200 g frische Shiitakepilze
- 2 Wildlachssteaks (à ca. 150 g)
- Salz · Pfeffer
- 2 EL Olivenöl
- 2–3 EL Sojasauce

ZUBEREITUNG

1. Möhren schälen, putzen und grob raspeln. Shiitakepilze putzen, die harten Stiele herausdrehen und die Köpfchen in mundgerechte Stücke brechen oder schneiden.

2. Lachssteaks kalt abspülen, trockentupfen. Falls nötig, die bräunlichen Streifen an der Unterseite wegschneiden; sie schmecken meist tranig. Die Steaks salzen und pfeffern.

3. Öl in einer großen beschichteten Pfanne erhitzen, die Steaks darin 3 Min. von jeder Seite bei milder Hitze anbraten. Herausnehmen und in Alufolie gewickelt warm stellen.

4. Möhren und Shiitakepilze im Bratfett unter Rühren ca. 3 Min. dünsten, bis sie zusammengefallen sind. Mit Sojasauce ablöschen und mit Salz und Pfeffer abschmecken. Das Möhren-Pilz-Gemüse auf zwei Teller verteilen und die Lachssteaks darauf legen.

Kabeljau mit Senfsauce auf Paprika-Zwiebel-Gemüse

würzig

25 Min.

pro Portion ca. 525 kcal, 85 kcal/100 g
49 g E (39 %) · 27 g F (46 %) · 19 g KH (15 %)

ZUTATEN FÜR 2 PORTIONEN

- 2 Kabeljaufilets (à ca. 200 g)
- 1 EL Zitronensaft
- 50 g mittelscharfer oder scharfer Senf
- 50 ml Kaffeesahne
- 1 Eigelb
- Salz · Pfeffer
- 2–3 rote Paprikaschoten (ca. 300 g)
- 300 g Frühlingszwiebeln
- 2 EL Olivenöl
- 2 EL Apfelessig
- 100 ml Kalbsfond (aus dem Glas)
- Fett für die Form

ZUBEREITUNG

1. Den Backofen auf 180° (Umluft 160°) vorheizen. Die Fischfilets kalt abspülen, trockentupfen, mit Zitronensaft beträufeln, zugedeckt 10 Min. ziehen lassen.

2. Inzwischen aus Senf, Kaffeesahne, Eigelb, Salz und Pfeffer eine glatte Sauce rühren. Die Paprikaschoten waschen, putzen und in Streifen schneiden. Die Frühlingszwiebeln waschen, putzen und mit den knackigen Teilen des Zwiebelgrüns in ca. 4 cm lange Stücke schneiden.

3. Die Fischfilets trockentupfen, salzen, pfeffern und in eine gefettete ofenfeste Form legen. Mit Senfsauce bestreichen und im heißen Ofen (unten) 10 Min. braten.

4. Inzwischen das Öl in einer beschichteten Pfanne erhitzen. Zuerst die Paprikastreifen darin ca. 5 Min. unter Rühren anbraten, dann die Zwiebelstücke dazugeben und braten, bis sie Farbe angenommen haben.

5. Mit Apfelessig und Kalbsfond ablöschen und etwas einkochen lassen. Mit Salz und Pfeffer würzen. Das Gemüse auf zwei Tellern anrichten, die Kabeljaufilets darauf legen.

Kabeljau mit Senfsauce

Heilbutt mit Orangen auf Rucola

flugs, fruchtig, fein
25 Min.

pro Portion ca. 299 kcal, 92 kcal/100 g
37 g E (52 %) · 13 g F (38 %) · 8 g KH (10 %)

ZUTATEN
FÜR 2 PORTIONEN

150 g Rucola
2 EL Aceto balsamico
Salz · Pfeffer
2 Heilbuttsteaks (à ca. 150 g)
2 Orangen · 1 EL Olivenöl
10 g eiskalte Butter in Flöckchen
1 EL fein gehacktes Basilikum
Basilikumblätter zum Garnieren

ZUBEREITUNG

1. Rucola verlesen, waschen und trockenschütteln; auf zwei Teller verteilen. Aus Essig, Salz und Pfeffer eine Marinade bereiten und die Blätter damit beträufeln.

2. Fischsteaks kalt abspülen, trockentupfen, salzen und pfeffern. 1 Orange auspressen, die andere so schälen, dass keine weiße Haut daran bleibt, längs halbieren und quer in hauchdünne Scheiben schneiden.

3. Öl in einer beschichteten Pfanne erhitzen und den Fisch darin beidseitig bei milder Hitze goldgelb anbraten. Herausnehmen, in Alufolie gewickelt warm stellen.

4. Den Bratensatz mit Orangensaft ablöschen, etwas einkochen lassen. Nach und nach mit einem Schneebesen die Butterflöckchen unterschlagen. Das Basilikum einrühren, Orangenscheiben in der Sauce erwärmen.

5. Die Heilbuttsteaks auf dem Rucolasalat anrichten, mit der Sauce begießen, die Orangenscheiben daneben legen und mit Basilikumblättern garniert servieren.

Dazu passt 50 g Naturreis in 100 ml Gemüsebrühe gegart. Das ergibt zusammen mit dem Fischgericht pro Portion ca. 394 kcal, 42 % Eiweiß-Kalorien, 30 % Kalorien aus Fett, 28 % aus Kohlenhydraten.

Kabeljau in Gemüse aus dem Ofen

besonders lecker
35 Min.

pro Portion ca. 362 kcal, 53 kcal/100 g
47 g E (53 %) · 13 g F (32 %) · 13 g KH (15 %)

ZUTATEN
FÜR 2 PORTIONEN

2 Kabeljaufilets (à ca. 200 g)
1 EL Zitronensaft
1 mittelgroße Zwiebel
2 Knoblauchzehen
1 kleine Aubergine (ca. 250 g)
1 Zucchino (ca. 250 g)
1 grüne Paprikaschote
2 Fleischtomaten
2 EL Olivenöl
100 ml Gemüsebrühe
Cayennepfeffer · Salz

ZUBEREITUNG

1. Den Backofen auf 200° (Umluft 180°) vorheizen. Fischfilets kalt abspülen, trockentupfen, mit dem Zitronensaft beträufeln und zugedeckt ziehen lassen.

2. Die Zwiebel schälen und in Ringe schneiden. Die Knoblauchzehen schälen und in Scheiben schneiden. Aubergine und Zucchino waschen, putzen, längs halbieren und in Scheiben schneiden.

3. Die Paprikaschote waschen, putzen und würfeln. Fleischtomaten kurz in kochendes Wasser legen, kalt abschrecken und die Haut abziehen. Stielansätze und Samen entfernen und das Fruchtfleisch würfeln.

4. Öl in einer großen beschichteten Pfanne erhitzen, Zwiebeln und Knoblauch darin goldgelb anbraten. Auberginen, Paprika und Zucchini zugeben, unter Rühren anbraten. Mit Brühe ablöschen, mit Cayennepfeffer und Salz kräftig würzen. Flüssigkeit einkochen lassen.

5. Die Hälfte der Gemüsemischung in eine ofenfeste Form füllen. Die Fischfilets trockentupfen, salzen und darauf legen. Mit dem übrigen Gemüse bedecken. Die Tomatenwürfel obenauf verteilen. Mit Alufolie abdecken und im heißen Ofen (Mitte) 20 Min. garen.

Austauschen Für dieses Gericht eignet sich auch anderes Fischfilet. Es sollte nur nicht dicker als ca. 1,5 cm sein, sonst braucht es länger zum Garen.

Auberginen-Lachs-Lasagne

macht was her
30 Min. + 35 Min. Backen

pro Portion ca. 398 kcal, 86 kcal/100 g
32 g E (33 %) · 25 g F (57 %) · 10 g KH (10 %)

ZUTATEN
FÜR 2 PORTIONEN

1 Aubergine (ca. 300 g) · Salz
2 Lachssteaks bzw. Lachsfilets (ca. 250 g) · 1 EL Zitronensaft
1 mittelgroße Zwiebel
2 Knoblauchzehen · 2 EL Olivenöl · 1 Dose geschälte Tomaten (240 g Abtropfgewicht)
1 TL getrockneter Thymian
Pfeffer · 30 g Grana Padano, grob geraspelt
2 EL gehackte glatte Petersilie
Öl für die Form

ZUBEREITUNG

1. Die Aubergine waschen, putzen, längs in 6–8 Scheiben von 3–4 mm Dicke schneiden. Scheiben auf der Arbeitsfläche nebeneinander ausbreiten und dünn aber gleichmäßig mit Salz bestreuen. Auberginenscheiben ziehen lassen, damit sich die Bitterstoffe lösen.

2. Inzwischen den Lachs kalt abspülen, trockentupfen, längs halbieren, so dass 4 dünne Filets entstehen. Mit Zitronensaft beträufeln, zugedeckt ziehen lassen.

3. Backofen auf 200° vorheizen. Zwiebel und Knoblauchzehen schälen und fein hacken. Beides zusammen in einer tiefen Pfanne oder in einem Topf im heißen Öl goldgelb dünsten. Die Tomaten mit Saft dazugeben und mit einem Kochlöffel zerdrücken. Die Sauce mit Thymian würzen und 10 Min. bei mittlerer Hitze etwas einkochen lassen. Mit Salz und Pfeffer abschmecken.

4. Eine Auflaufform (ca. 18 x 25 cm) dünn fetten. Die Auberginenscheiben trockentupfen, mit der Hälfte davon die Form auslegen. Ein Drittel der Tomatensauce darauf verstreichen. Die Lachsfilets trockentupfen, salzen und pfeffern, darauf geben. Eine Schicht Tomatensauce darüber geben, die restlichen Auberginen auflegen, die übrige Tomatensauce darauf verstreichen und mit Käse bestreuen.

5. Die Auberginen-Lachs-Lasagne im Ofen (Mitte, Umluft 180°) 30–35 Min. backen, bis der Käse Blasen wirft und goldgelb ist. Mit Petersilie bestreut servieren.

Kabeljau in Gemüse

Auberginen-Lachs-Lasagne

Seeteufel in scharfer Kokossauce mit Tomaten

gut für Gäste
30 Min.
pro Portion ca. 444 kcal, 87 kcal/100 g
34 g E (31 %) · 28 g F (56 %) · 14 g KH (13 %)

ZUTATEN FÜR 2 PORTIONEN

400 g Seeteufelschwanz
Pfeffer · 1 Zwiebel
2 Knoblauchzehen
1 grüne Peperoni
1 rote Paprikaschote
3 Fleischtomaten
2 EL Olivenöl
je 1 TL gemahlener Koriander und Kreuzkümmel
1 kleine Dose Kokosmilch (160 ml)
Salz · 2 EL gehacktes Koriandergrün (ersatzweise glatte Petersilie)

ZUBEREITUNG

1. Den Seeteufelschwanz kalt abspülen, trockentupfen, in ca. 2 cm große Würfel schneiden und pfeffern. Zwiebel und Knoblauchzehen schälen und fein würfeln. Die Peperoni und die Paprikaschote putzen und waschen. Peperoni in sehr feine, die Paprikaschote in größere Würfel schneiden.

2. Tomaten kurz in kochendes Wasser legen, kalt abschrecken und die Haut abziehen. Stielansätze entfernen und das Fruchtfleisch in Würfel schneiden.

3. 1 EL Öl in einer beschichteten Pfanne erhitzen und die Seeteufelwürfel darin unter Rühren goldgelb anbraten. Herausnehmen und in Alufolie gewickelt warm stellen.

4. Das restliche Öl in der Pfanne erhitzen. Zwiebeln, Knoblauch, Peperoni und Paprika darin unter Rühren 2 Min. braten. Tomaten und Gewürze dazugeben, aufkochen lassen und bei mittlerer Hitze ca. 5 Min. sämig einkochen lassen.

5. Die Kokosmilch dazugießen und alles 2–3 Min. köcheln lassen. Die Sauce mit Salz und Pfeffer abschmecken. Fischwürfel in die Sauce geben und 3–4 Min. ziehen lassen. Auf zwei Tellern anrichten und mit Koriandergrün bestreuen.

Das beste Fett für den Fisch

So nehmen Sie hochwertige Fette quasi automatisch in einer ausgewogenen Mischung zu sich: Bereiten Sie Fisch am besten immer mit Olivenöl zu, Fleisch hingegen mit Rapsöl. Das gibt die richtige Kombination von Omega-3- und Omega-6-Fettsäuren.

Fisch als Pausensnack

Ein Fischfilet nach Wahl anbraten, eine dünne Vollkornbrotscheibe mit Frischkäse bestreichen. Darauf kommen Salatblätter oder Gurke und das gewürzte Fischfilet. Schmeckt und macht lange satt.

Lachssteaks mit Früchtesalsa und Wildreis

fruchtig-pikant
60 Min.
pro Portion ca. 483 kcal, 103 kcal/100 g
32 g E (27 %) · 21 g F (38 %) · 41 g KH (35 %)

ZUTATEN FÜR 2 PORTIONEN

50 g Wildreis
150 ml Gemüsebrühe
2 Lachssteaks (à ca. 150 g)
1 EL Zitronensaft
2 Scheiben frische Ananas (ca. 150 g geputzt gewogen)
1/2 Papaya (100 g geputzt gewogen)
1/2 Mango (150 g geputzt gewogen)
1 Schalotte
2 EL Olivenöl · Salz
bunter Pfeffer, grob zerstoßen

ZUBEREITUNG

1. Wildreis waschen und in der Gemüsebrühe zum Kochen bringen. 5 Min. sprudelnd kochen, anschließend den Reis bei kleiner Hitze 40 Min. garen, bis alle Flüssigkeit aufgesogen ist.

2. In der Zwischenzeit die Lachssteaks kalt abspülen, trockentupfen, mit Zitronensaft beträufeln und zugedeckt ziehen lassen. Jeweils die Hälfte der Früchte in kleine Würfel, die andere Hälfte in grobe Stücke schneiden. Die Schalotte schälen und fein hacken.

3. 1 EL Olivenöl in einer beschichteten Pfanne erhitzen und die Schalottenwürfel darin goldgelb braten. Die grob gehackten Fruchtstücke dazugeben und unter Rühren 5 Min. anbraten. Warm stellen.

4. Lachssteaks trockentupfen, salzen und mit dem bunten Pfeffer würzen. Das restliche Olivenöl in einer beschichteten Pfanne erhitzen und die Steaks darin von jeder Seite in 3 Min. goldgelb braten.

5. Die angebratenen Früchte mit dem Pürierstab oder im Mixer fein pürieren und mit Salz und buntem Pfeffer abschmecken. Früchtewürfel mit dem gegarten Wildreis vermischen und kurz erwärmen.

6. Auf zwei vorgewärmten Tellern auf der einen Tellerhälfte die Salsa verstreichen, auf der anderen Hälfte den Früchtereis verteilen. Die Lachssteaks quer darüber legen und das Gericht sofort servieren.

Tipp Etwas schneller geht's mit Wildreis-Basmatireis-Mischung, diese ist in nur 20 Min. gar.

Austauschen Papayas in guter Qualität zu finden, ist nicht immer ganz einfach. Eine reife Frucht muss auf Fingerdruck nachgeben, sonst schmeckt sie nicht. Im Zweifel die Papaya lieber liegen lassen und die Früchtesalsa stattdessen mit Cantaloup-Melone, Pfirsich oder Aprikosen zubereiten.

Barschfilet mit Sahne-Paprika-Bandnudeln

gelingt immer
25 Min.
pro Portion ca. 484 kcal, 151 kcal/100 g
43 g E (36 %) · 15 g F (27 %) · 45 g KH (37 %)

ZUTATEN FÜR 2 PORTIONEN

2 Barschfilets (à ca. 150 g)
1 EL Zitronensaft
2 rote Paprikaschoten
1 rote Peperoni
1–2 Knoblauchzehen
Salz · 120 g Vollkorn-Bandnudeln
2 EL Olivenöl · Pfeffer
2 EL saure Sahne (10 % Fett)
1 EL fein gehackte glatte Petersilie oder Basilikum

ZUBEREITUNG

1. Die Fischfilets kalt abspülen, trockentupfen, mit Zitronensaft beträufeln und zugedeckt ziehen lassen. Inzwischen die Paprikaschoten waschen, putzen und klein würfeln. Die Peperoni waschen, putzen und fein würfeln. Knoblauchzehen schälen und in dünne Scheibchen schneiden.

2. Reichlich Salzwasser zum Kochen bringen und die Bandnudeln darin nach Packungsanleitung in 5–6 Min. bissfest kochen.

3. Inzwischen das Öl in einer großen Pfanne erhitzen und den Knoblauch darin hellgelb rösten. Paprika und Peperoni zugeben, unter gelegentlichem Rühren 5 Min. anbraten.

4. Die Fischfilets trockentupfen, in 2,5 cm breite Streifen schneiden, salzen und pfeffern. Das Gemüse in der Pfanne an den Rand schieben und die Fischstücke von beiden Seiten kurz anbraten.

5. Nudeln in ein Sieb abgießen, gut abtropfen lassen, in die Pfanne geben und vorsichtig untermischen. Von der Kochstelle nehmen und die saure Sahne unterheben. Das Gericht mit Salz und Pfeffer abschmecken und mit Petersilie oder Basilikum bestreut servieren.

Lachssteaks mit Salsa und Wildreis

Geflügel & Fleisch

Ob am Stück oder als Filet, mal currygelb, mal kräutergrün, dann wieder knusprig umhüllt. Ob gefüllt, gerollt oder schlicht gekocht – Geflügel ist unendlich **wandelbar.** Und eine

absolute **Kombi-Zutat.** Huhn, Pute & Co. können mit fast allem gut. Schmecken Sie selbst! Mageres Fleisch von Rind und Schwein steht da in nichts nach – von **Wildbret** ganz zu schweigen: Entdecken Sie Gemüse und Obst als Partner von **Fleisch-Leckerbissen.** Genießen Sie wärmend Klassisches und würzig Kreatives.

Hähnchenbrust asiatisch

hot mariniert
25 Min.
pro Portion ca. 255 kcal, 119 kcal/100 g
48 g E (76 %) · 7 g F (23 %) · 1 g KH (1 %)

ZUTATEN
FÜR 2 PORTIONEN

2 Hähnchenbrustfilets (ca. 400 g)
10 g Ingwerwurzel
1 Chilischote (ca. 25 g)
1 EL Rapsöl
Salz · schwarzer Pfeffer
2 TL Sojasauce

ZUBEREITUNG

1. Ofen auf 200° (Umluft 180°) vorheizen. Die Hähnchenbrustfilets kalt abspülen, mit Küchenpapier trockentupfen und vom Fett befreien. An der Oberseite im Abstand von ca. 2 cm kreuzförmig 1 cm tief einschneiden. Auf die Alufolie legen und die Folie rund um die Filets jeweils zu einem Schiffchen falten.

2. Ingwer schälen und klein hacken. Chili waschen, putzen, längs aufschlitzen. Samen entfernen und das Fruchtfleisch fein hacken. Beides mit Rapsöl, Salz und Pfeffer mischen und auf das Fleisch streichen. Die Mischung dabei auch tief in die Einschnitte drücken.

3. Die Hähnchenbrustfilets im heißen Ofen (Mitte)15 Min. braten. Das Fleisch herausnehmen, aus den Alu-Schiffchen heben, schräg in Scheiben schneiden und mit der Sojasauce beträufelt servieren.

Dazu passt z. B. der **Indonesische Salat** von Seite 50, nach Belieben ohne Ei

Hähnchenbrust mediterran

schmeckt nach Urlaub
25 Min.
pro Portion ca. 299 kcal, 106 kcal/100 g
48 g E (68 %) · 9 g F (28 %) · 3 g KH (4 %)

ZUTATEN
FÜR 2 PORTIONEN

2 Hähnchenbrustfilets (ca. 400 g)
4 getrocknete in Öl eingelegte Tomaten
1 EL Olivenöl
1 kleine Fleischtomate
1 Kästchen Gartenkresse
Salz · schwarzer Pfeffer
2 TL Aceto balsamico (möglichst ein lange gereifter)

ZUBEREITUNG

1. Ofen auf 200° (Umluft 180°) vorheizen. Die Hähnchenbrustfilets kalt abspülen, mit Küchenpapier trockentupfen und vom Fett befreien. An der Oberseite im Abstand von ca. 2 cm kreuzförmig 1 cm tief einschneiden. Auf die Alufolie legen und die Folie rund um die Filets jeweils zu einem Schiffchen falten.

2. Die getrockneten Tomaten in feine Streifen schneiden, in die Einschnitte im Fleisch drücken. Mit dem Olivenöl beträufeln und im heißen Ofen (Mitte) 15 Min. braten.

3. Inzwischen die Tomate kurz in kochendes Wasser legen, kalt abschrecken und die Haut abziehen. Stielansatz und die Samen entfernen, das Fruchtfleisch klein würfeln. Die Kresseblättchen abschneiden.

4. Die Filets aus der Folie heben, mit Tomaten und Kresse anrichten. Salzen, pfeffern und mit Aceto balsamico beträufelt servieren.

Dazu passt der **Spinatsalat** (Teilrezept) von Seite 54 und eine Scheibe Vollkornbrot

Hähnchenbrust mit Gremolata

einfach, lecker
25 Min.
pro Portion ca. 258 kcal, 117 kcal/100 g
48 g E (76 %) · 6 g F (22 %) · 2 g KH (2 %)

ZUTATEN
FÜR 2 PORTIONEN

2 Hähnchenbrustfilets (ca. 400 g)
1–2 Knoblauchzehen
20 g Blätter von glatter Petersilie (1–2 Bund)
1 TL abgeriebene Schale von einer unbehandelten Zitrone
1 EL Olivenöl
Salz · schwarzer Pfeffer

ZUBEREITUNG

1. Den Ofen auf 200° (Umluft 180°) vorheizen. Hähnchenbrustfilets kalt abspülen, mit Küchenpapier trockentupfen und vom Fett befreien. An der Oberseite im Abstand von ca. 2 cm kreuzförmig 1 cm tief einschneiden. Auf die Alufolie legen und die Folie rund um die Filets jeweils zu einem Schiffchen falten.

2. Die Knoblauchzehen schälen. Mit 15 g Petersilienblättern, der Zitronenschale und dem Olivenöl im Blitzhacker fein hacken. Die Mischung auf den Filets verstreichen und dabei auch tief in die Einschnitte drücken. Das Fleisch mit Salz und Pfeffer bestreuen und im heißen Ofen (Mitte) 15 Min. braten.

3. Die restliche Petersilie fein hacken. Die Filets aus den Alu-Schiffchen heben und mit Petersilie bestreut servieren.

Dazu passt knuspriges Vollkornbaguette

Hähnchenbrust mit Pesto

gelingt immer
20 Min.
pro Portion ca. 256 kcal, 112 kcal/100 g
49 g E (78 %) · 6 g F (20 %) · 2 g KH (2 %)

ZUTATEN
FÜR 2 PORTIONEN

2 Hähnchenbrustfilets (ca. 400 g)
2 EL Pesto (aus dem Glas)
Salz · schwarzer Pfeffer
ca. 10 Basilikumblätter

ZUBEREITUNG

1. Ofen auf 200° (Umluft 180°) vorheizen. Hähnchenfleisch kalt abspülen, mit Küchenpapier trockentupfen und vom Fett befreien.

2. Die Hähnchenbrustfilets an der Oberseite im Abstand von ca. 2 cm kreuzförmig 1 cm tief einschneiden. Auf die Alufolie legen und die Folie rund um die Filets jeweils zu einem Schiffchen falten.

3. Das Fleisch mit Pesto bestreichen und im heißen Ofen (Mitte) 15 Min. braten.

4. Die Filets aus den Alu-Schiffchen heben, mit Salz bestreuen, mit Pfeffer übermahlen und mit Basilikum garnieren.

Dazu passt z. B. der **Toskanische Bohnensalat** von Seite 47

Hähnchenbrust asiatisch (hinten) und mediterran (vorne)

Putenstreifen »rot-weiß«

scharf-pikant
20 Min.
pro Portion ca. 298 kcal, 133 kcal/100 g
39 g E (53 %) · 12 F (37 %) · 7 g KH (9 %)

ZUTATEN FÜR 2 PORTIONEN

2 Putenschnitzel (à ca. 150 g)
Salz · Pfeffer
1 rote Paprikaschote
1 kleiner Rettich (ca. 250 g)
25 g Ingwerwurzel
2 EL Rapsöl
2 EL Apfelessig
2 EL helle Sojasauce

ZUBEREITUNG

1. Putenschnitzel kalt abspülen, mit Küchenpapier trockentupfen, salzen, pfeffern und quer in 1 cm breite Streifen schneiden.

2. Die Paprikaschote waschen, putzen und in Streifen schneiden. Rettich schälen und in ca. 5 cm lange und 1/2 cm breite Stäbchen schneiden. Die Ingwerwurzel schälen.

3. Öl in einer großen beschichteten Pfanne erhitzen, Puten- und Paprikastreifen darin unter Rühren ca. 4 Min. anbraten, bis sie Farbe angenommen haben. Dann die Rettichstäbchen dazugeben und ca. 1 Min. rühren, bis sie glasig sind.

4. Fleisch und Gemüse mit Apfelessig ablöschen und mit Sojasauce würzen. Die Ingwerwurzel grob darüber raspeln und das Gericht sofort servieren.

Currykraut mit Putenstreifen

East meets West
25 Min.
pro Portion ca. 265 kcal, 75 kcal/100 g
33 g E (50 %) · 12 g F (41 %) · 5 g KH (9 %)

ZUTATEN FÜR 2 PORTIONEN

1 kleine Zwiebel
250 g Putenschnitzel
2 EL Rapsöl
1 EL Madras-Curry
100 ml Wasser, Geflügelbrühe oder -fond
1 kleine Dose Sauerkraut (275 g Abtropfgewicht)
1 EL Rosinen · Salz
2 EL gehackte glatte Petersilie

ZUBEREITUNG

1. Die Zwiebel schälen und in feine Ringe schneiden. Putenschnitzel kalt abspülen, mit Küchenpapier trockentupfen und in Streifen schneiden.

2. Das Rapsöl in einem beschichteten Topf erhitzen, Zwiebeln und Putenstreifen darin rasch anbraten.

3. Den Pfanneninhalt mit Currypulver bestäuben und mit Wasser, Brühe oder Fond ablöschen. Das Sauerkraut mit einer Gabel zerpflücken und unterrühren. Die Rosinen dazugeben.

4. Alles zugedeckt bei milder Hitze 10 Min. köcheln lassen. Das Gericht mit Salz abschmecken und mit der gehackten Petersilie bestreut servieren.

Pfannengerührte Entenbrust mit Rosenkohl

besonders lecker
25 Min.

pro Portion ca. 436 kcal, 95 kcal/100 g
37 g E (35 %) · 27 g F (55 %) · 11 g KH (10 %)

ZUTATEN
FÜR 2 PORTIONEN

500 g Rosenkohl
1 unbehandelte Orange
15 g Ingwerwurzel
1 kleine Entenbrust (von einem weiblichen Tier; ca. 300 g)
Salz · Pfeffer

ZUBEREITUNG

1. Rosenkohl waschen, von den Röschen den Strunk abschneiden, die äußeren dunklen Blätter entfernen und die Röschen halbieren.

2. Die Orange heiß waschen, gut abtrocknen und von der Schale 1 EL fein abraspeln. Dabei möglichst nichts von der weißen Innenhaut abraspeln – sie schmeckt meist bitter. Orange auspressen und 100 ml Saft abmessen. Die Ingwerwurzel schälen und in fein würfeln.

3. Entenbrust kalt abspülen, mit Küchenpapier trockentupfen, vom sichtbaren Fett befreien und quer in ca. 1 cm breite Streifen schneiden. Salzen und pfeffern.

4. Eine beschichtete Pfanne (oder einen Wok) stark erhitzen und die Entenbruststreifen darin von beiden Seiten scharf anbraten. Ingwer und Orangenschale einrühren und die Kohlröschen dazugeben. Unter ständigem Rühren ca. 5–6 Min. braten, bis die Röschen Farbe angenommen haben.

5. Den Pfanneninhalt mit dem Orangensaft ablöschen, gut durchrühren, den Saft kurz einkochen lassen und das Gericht sofort servieren.

Info Achten Sie beim Einkauf darauf: Es gibt verschiedene Arten von Entenbrust. Die kleineren, vom Weibchen, sind zart, aromatisch und saftiger, die schweren vom Erpel dagegen kräftiger und würziger im Geschmack. Besonders beliebt bei Feinschmeckern ist die Barbarie-Ente, eine Kreuzung zwischen Flugentenweibchen und wildem Erpel, die hauptsächlich in Frankreich, in der Bretagne gezüchtet wird.

Austauschen Frischer Rosenkohl ist natürlich nicht immer zu bekommen. Wenn Sie nicht auf TK-Ware ausweichen wollen, bereiten Sie das Rezept doch einmal mit Rotkohl zu: Von einem kleinen Rotkohl (etwa 700 g) die äußeren Blätter entfernen, halbieren, den harten Strunk herausschneiden. Den Kohl in etwa 1 cm breite Streifen schneiden. Dann die Kohlstreifen wie im Rezept beschrieben (Arbeitsschritt 4) braten, sie werden allerdings 6–7 Min. benötigen, bis sie bissfest sind.

Gekochte Hähnchenkeulen mit Gemüsepüree

leicht und lecker
60 Min.
pro Portion ca. 378 kcal, 129 kcal/100 g
46 g E (48 %) · 18 g F (43 %) · 8 g KH (9 %)

ZUTATEN FÜR 2 PORTIONEN

1 großes Bund Suppengrün
je 1 TL Pfefferkörner und Senfkörner
4 Wacholderbeeren
2 Hähnchenkeulen
geriebene Muskatnuss
Salz · Pfeffer
Zitronensaft
2 EL gehackte glatte Petersilie

ZUBEREITUNG

1. Das Suppengrün waschen, putzen und in 2 cm große Stücke schneiden. Die Petersilie zu einem Sträußchen zusammenbinden. Pfefferkörner, Senfkörner und zerdrückte Wacholderbeeren in eine Gewürzkugel (oder einen Teefilter) geben.

2. Das Gemüse und die Gewürze in einen hohen Topf geben. Hähnchenkeulen kalt abspülen, mit Küchenpapier trockentupfen und obenauf legen (sie sollen eng nebeneinander Platz haben). Mit so viel Wasser aufgießen, dass das Fleisch gerade bedeckt ist.

3. Aufkochen und zugedeckt bei milder Hitze 45 Min. simmern lassen. Gelegentlich den entstehenden Schaum abschöpfen.

4. Die Suppe durch ein Sieb in einen anderen Topf abgießen und die Hähnchenkeulen darin warm halten. Das Gemüse mit einem Pürierstab oder im Mixer nach Belieben mehr oder weniger fein pürieren, mit Muskat, Salz, Pfeffer und Zitronensaft abschmecken.

5. Hähnchenkeulen auf zwei Tellern anrichten, mit dem Gemüsepüree bedecken und mit der gehackten Petersilie bestreut servieren.

Tipp Die übrige Suppe können Sie einige Tage im Kühlschrank aufbewahren. Mit ein paar Suppennudeln, Erbsen und Champignons ergibt sie ein schnelles Gericht. Oder Sie verwenden die Suppe zum Aufgießen von Braten oder zum Reiskochen.

Huhn aus dem Topf

Gekochtes Geflügel ist fast gänzlich von unserem Speiseplan verschwunden. Völlig zu Unrecht. Moderne Suppenhühner sind Poularden oder Masthähnchen. Diese Tiere sind nur 10–20 Wochen alt und haben ein aromatisches und saftiges Fleisch.

Geflügel zum Snacken

Kurz gebratene Hähnchen- oder Putenbrustfilets können Sie gut verpackt 2–3 Tage im Kühlschrank aufbewahren. So haben Sie immer einen kalorienarmen Snack für zu Hause oder zum Mitnehmen parat.

Hähnchenbrustfilet im Walnussmantel

flugs gebrutzelt
15 Min.
pro Portion ca. 280 kcal, 130 kcal/100 g
49 g E (71 %) · 8 g F (27 %) · 1 g KH (2 %)

ZUTATEN FÜR 2 PORTIONEN

2 Hähnchenbrustfilets (ca. 400 g)
Salz · Pfeffer
2 EL gemahlene Walnüsse
1 EL Rapsöl

ZUBEREITUNG

1. Die Hähnchenbrustfilets kalt abspülen, mit Küchenpapier trockentupfen und vorsichtig dünn plattieren. Salzen und pfeffern.

2. Die gemahlenen Walnüsse auf einem flachen Teller ausbreiten und das Fleisch von beiden Seiten darauf drücken. Das Nussmehl andrücken, damit es gut haften bleibt.

3. Das Öl in einer beschichteten Pfanne erhitzen und die Schnitzel darin auf jeder Seite bei milder Hitze 3 Min. anbraten, bis die Kruste goldgelb und knusprig ist.

Dazu passt der **Knackige Salat** von Seite 48, ohne Putenschinken, mit Käse nach Belieben

Hähnchenbrustfilets im Sesammantel

knusperzart
15 Min.
pro Portion ca. 270 kcal, 126 kcal/100 g
49 g E (73 %) · 7 g F (24 %) · 1 g KH (2 %)

ZUTATEN FÜR 2 PORTIONEN

2 Hähnchenbrustfilets (ca. 400 g)
Salz · Pfeffer
2 EL ungeschälter Sesam (Reformhaus, Bioladen)
1 EL Rapsöl

ZUBEREITUNG

1. Die Hähnchenbrustfilets kalt abspülen, mit Küchenpapier trockentupfen und vorsichtig dünn plattieren. Salzen und pfeffern.

2. Die Sesamsamen auf einem flachen Teller ausbreiten und das Fleisch von beiden Seiten darauf drücken. Sesam etwas andrücken, damit die Körnchen gut haften bleiben.

3. Das Öl in einer beschichteten Pfanne erhitzen und die Schnitzel darin auf jeder Seite bei milder Hitze 3 Min. anbraten, bis die Kruste goldgelb und knusprig ist.

Dazu passt süßscharfe **Chilisauce** (Teilrezept) von Seite 117

Hähnchenschenkel mit Pfifferlingen, Möhren und Erbsen

gut für Gäste
40 Min.
pro Portion ca. 646 kcal, 111 kcal/100 g
65 g E (42 %) · 32 g F (45 %) · 21 g KH (13 %)

ZUTATEN FÜR 2 PORTIONEN

1 EL Rapsöl
Salz · Pfeffer
1 TL rosenscharfes Paprikapulver
6 Hähnchenunterschenkel (ca. 500 g)
400 g Möhren
150 g Pfifferlinge
150 g TK-Erbsen
20 g Butter
3 EL gehackte glatte Petersilie

ZUBEREITUNG

1. Backofen auf 200° vorheizen. Aus Rapsöl, Salz, Pfeffer und Paprikapulver in einer flachen Schüssel eine Marinade rühren. Hähnchenschenkel kalt abspülen, mit Küchenpapier trockentupfen und darin wenden.

2. Ein Backblech mit Alufolie auslegen, die Hähnchenschenkel mit der Haut nach unten darauf legen und im Ofen (Mitte, Umluft 180°) 15 Min. braten. Die Schenkel wenden und weitere 15 Min. braten, bis sie goldgelb und knusprig sind.

3. In der Zwischenzeit die Möhren schälen, putzen und in ca. 1,5 mm breite Scheiben schneiden. Die Pfifferlinge behutsam mit einer weichen Bürste reinigen. Größere Pilze halbieren.

4. 2 l Salzwasser zum Kochen bringen und die Möhren darin 4 Min. blanchieren. Zum Schluss für ca. 1 Min. die Erbsen dazugeben, damit sie auftauen. In ein Sieb abgießen und gut abtropfen lassen.

5. Butter in einer großen Pfanne stark erhitzen und die Pfifferlinge darin unter Rühren 2 Min. anbraten. Möhren, Erbsen und Petersilie dazugeben, gut durchrühren und mit Salz und Pfeffer pikant abschmecken. Das Gemüse auf zwei Teller verteilen, mit Petersilie bestreuen, die Hähnchenschenkel daneben anrichten.

Hähnchenbrust im Sesammantel

Gefüllte Hähnchenbrust mit Olivenreis

Gefüllte Hähnchenbrust mit Olivenreis

besonders lecker
25 Min. + 45 Min. Braten
pro Portion ca. 775 kcal, 173 kcal/100 g
61 g E (32 %) · 41 g F (47 %) · 41 g KH (21 %)

ZUTATEN FÜR 2 PORTIONEN

1 doppelte Hähnchenbrust mit Haut (ca. 400 g) · 75 g Doppelrahm-Frischkäse
1 Päckchen italienische TK-Kräuter · Salz
Pfeffer · 100 g Naturreis · 250 ml Gemüsebrühe · 1 EL Rapsöl · 1 TL rosenscharfes Paprikapulver · 6 entsteinte grüne Oliven (ca. 25 g)

ZUBEREITUNG

1. Den Backofen auf 180° vorheizen. Hähnchenbrust kalt abspülen und mit Küchenpapier trockentupfen. Mit einem stumpfen Messer vorsichtig die Haut vom Hähnchenfleisch lösen, so dass eine Tasche entsteht und die Haut an den Rändern noch gut mit dem Fleisch verbunden ist.

2. Den Frischkäse mit den Kräutern verrühren, mit Salz und Pfeffer abschmecken und in die Fleischtasche füllen. Die Haut andrücken und die Füllung sanft mit dem Handballen gut verteilen.

3. Das Fleisch in eine ofenfeste Form oder eine kleine Kasserolle geben und 2 EL Wasser angießen (Fetten der Form ist wegen des Wassers nicht nötig). Die Hähnchenbrust im Ofen (Mitte, Umluft 160°) 15 Min. braten.

4. Inzwischen den Reis waschen und mit der Gemüsebrühe einmal aufkochen lassen. Zugedeckt bei kleiner Hitze 40 Min. ziehen lassen, bis alle Flüssigkeit aufgesogen ist.

5. Das Öl mit dem Paprikapulver verrühren und die Hähnchenbrust damit bestreichen. Weitere 30 Min. braten, bis die Haut goldgelb und kross ist.

6. Den Backofen ausschalten und das Fleisch 10 Min. ruhen lassen. Den Reis mit einer Gabel auflockern, offen ausdampfen lassen. Die Oliven hacken, unter den Reis heben.

7. Das Fleisch schräg in Scheiben schneiden, anrichten und mit der entstandenen Sauce begießen. Den Reis getrennt servieren.

Putenrollen mit Sojasprossen

ganz einfach
35 Min.
pro Portion ca. 421 kcal, 86 kcal/100 g
42 g E (39 %) · 22 g F (47 %) · 16 g KH (15 %)

ZUTATEN FÜR 2 PORTIONEN

40 g Walnusskerne
1 rote Paprikaschote
2 Putenschnitzel (à 175 g)
Salz · Pfeffer
1 EL Rapsöl
150 ml Gemüsebrühe
100 g Shiitakepilze
250 g Sojasprossen
Zahnstocher zum Fixieren

ZUBEREITUNG

1. Walnüsse grob hacken und in einer beschichteten Pfanne ohne zusätzliches Fett rösten. Die Paprikaschote waschen, putzen und längs in feine Streifen schneiden.

2. Putenschnitzel kalt abspülen, mit Küchenpapier trockentupfen und behutsam flach klopfen, salzen und pfeffern. Das Fleisch mit den Paprikastreifen und Walnüssen belegen. Aufrollen und mit Zahnstochern fixieren.

3. Das Öl in einer hohen beschichteten Pfanne erhitzen und die Putenröllchen darin von allen Seiten goldgelb anbraten. Die Gemüsebrühe angießen und zugedeckt 20 Min. bei mittlerer Hitze dünsten.

4. In der Zwischenzeit die Pilze putzen, die Stiele herausdrehen und die Köpfchen in mundgerechte Stücke brechen.

5. Die Putenröllchen aus der Pfanne nehmen und warm stellen. Die Hitze wieder erhöhen, Shiitakepilze und Sojasprossen in den Bratensaft geben. 2 Min. rühren, bis Pilze und Sprossen heiß sind.

6. Das Gemüse mit Salz und Pfeffer abschmecken, auf zwei Tellern anrichten und die Putenröllchen darauf setzen.

Hähnchenrouladen mit Chinakohlgemüse

pikant gewickelt
35 Min.
pro Portion ca. 300 kcal, 49 kcal/100 g
54 g E (77 %) · 5 g F (17 %) · 4 g KH (6 %)

ZUTATEN FÜR 2 PORTIONEN

2 Hähnchenbrustfilets (ca. 400 g)
Salz · Pfeffer · 2 EL scharfer Senf
2 Gewürzgurken · 2 EL Rapsöl
150 ml Geflügelfond oder Geflügelbrühe
1/2 Kopf Chinakohl (ca. 400 g)
300 g braune Champignons
2 EL gehackte Petersilie
Zahnstocher zum Fixieren

ZUBEREITUNG

1. Die Hähnchenbrustfilets kalt abspülen, mit Küchenpapier trockentupfen, von Sehnen und Fett befreien und behutsam zu Rechtecken plattieren. Salzen und pfeffern. Je zwei Drittel mit Senf bestreichen. Die Gurken längs vierteln und darauf legen. Von der bestrichenen Seite her aufrollen und mit Zahnstochern fixieren.

2. Das Öl in einer beschichteten Pfanne erhitzen und die Rouladen darin von allen Seiten goldgelb braten. Mit dem Fond ablöschen und zugedeckt bei kleiner Hitze 10 Min. dünsten.

3. Inzwischen aus dem Chinakohl den harten Strunk herausschneiden. Den Kohl zerteilen, die Blätter waschen und grob hacken. Champignons putzen, die Stiele abschneiden und die Köpfchen in Scheiben schneiden.

4. Rouladen aus der Pfanne nehmen und in Alufolie gewickelt warm stellen. Hitze wieder erhöhen und den Chinakohl und die Champignons in den kochenden Bratensaft geben. Ca. 3 Min. unter Rühren schmoren, bis der Chinakohl zusammengefallen und nahezu alle Flüssigkeit verdunstet ist. Mit Salz und Pfeffer pikant abschmecken.

5. Das Gemüse auf zwei Tellern anrichten, die Rouladen darauf legen und mit Petersilie bestreut servieren.

Pute oder Hähnchen?

Im Prinzip können Sie bei allen unseren Geflügelrezepten Hähnchen- oder Putenbrust nehmen. Puten- bzw. Truthahnfleisch kann etwas trockener sein, die Hähnchenbrust schmeckt auf jeden Fall feiner. Fettarm sind beide, Pute bzw. Truthahn bringt lediglich 5 kcal/100 g mehr an Energie mit. Bereiten Sie auch mal Geflügel aus dem Bioladen oder vom Biomarkt zu. Das ist zwar um einiges teuerer, aber Sie werden den Unterschied schmecken!

Hähnchenschnitzel mit Zucchini und Austernpilzen

ganz einfach
25 Min.
pro Portion ca. 366 kcal, 63 kcal/100 g
44 g E (48 %) · 17 g F (43 %) · 8 g KH (9 %)

ZUTATEN
FÜR 2 PORTIONEN

2 Hähnchenschnitzel (à ca. 150 g)
Salz · Pfeffer
2 mittelgroße Zucchini (ca. 500 g)
300 g Austernpilze
3 EL Rapsöl
gemahlener Koriander
Saft von 1/2 Zitrone
2 EL Schnittlauchröllchen

ZUBEREITUNG

1. Die Hähnchenschnitzel kalt abspülen, mit Küchenpapier trockentupfen und vorsichtig plattieren. Salzen und pfeffern.

2. Zucchini waschen, putzen, längs halbieren und in dünne Scheiben schneiden. Die Austernpilze putzen, größere Pilze vierteln, die restlichen halbieren.

3. 1 EL Öl in einer großen Pfanne erhitzen, Schnitzel darin von beiden Seiten goldgelb anbraten. In Alufolie gewickelt warm stellen.

4. Das restliche Öl in der Pfanne erhitzen, die Zucchini darin unter Rühren ca. 5 Min. anbraten, bis sie weich, aber noch bissfest sind. Die Pilze dazugeben, 1 Min. rühren, kräftig mit Koriander würzen, mit dem Zitronensaft ablöschen, mit Salz und Pfeffer abschmecken.

5. Das Gemüse auf Tellern anrichten, die Putenschnitzel auspacken und darauf legen. Mit Schnittlauch bestreut sofort servieren.

Putenschnitzel mit pfannengerührten Erdnuss-Möhren

nuss-aromatisch
25 Min.
pro Portion ca. 397 kcal, 71 kcal/100 g
43 g E (43 %) · 17 g F (39 %) · 17 g KH (17 %)

ZUTATEN
FÜR 2 PORTIONEN

500 g Möhren
2 grüne Paprikaschoten (à ca. 150 g)
2 EL Erdnussbutter
2 Putenschnitzel (à ca. 150 g)
Salz · Pfeffer
2 EL Rapsöl
2 EL Schnittlauchröllchen

ZUBEREITUNG

1. Die Möhren schälen, putzen und in ca. 1 mm breite Scheiben schneiden. Paprikaschoten waschen, putzen und in 1 cm große Würfel schneiden. Die Erdnussbutter mit 100 ml lauwarmem Wasser glatt rühren.

2. Putenschnitzel kalt abspülen, mit Küchenpapier trockentupfen, etwas plattieren, salzen und pfeffern. 1 EL Öl in einer beschichteten Pfanne erhitzen und die Schnitzel darin von beiden Seiten goldgelb braten. Herausnehmen und in Alufolie gewickelt warm stellen.

3. Das restliche Öl in der Pfanne erhitzen, Möhren und Paprika darin unter ständigem Rühren 5 Min. braten. Mit dem Erdnussbutter-Mix ablöschen und kurz einkochen lassen. Kräftig mit Salz und Pfeffer würzen.

4. Das Gemüse auf zwei Tellern verteilen, die Schnitzel in Streifen schneiden und obenauf legen. Mit Schnittlauch bestreut servieren.

Putenschnitzel mit gebratenen Mango-Nudeln

raffiniert gewürzt
20 Min.

pro Portion ca. 542 kcal, 138 kcal/100 g
55 g E (41 %) · 18 g F (30 %) · 39 g KH (29 %)

ZUTATEN
FÜR 2 PORTIONEN

75 g Vollkorn-Spaghetti · Salz
1 Mango (ca. 250 g)
1 weiße Zwiebel
2 Putenschnitzel (à ca. 200 g)
3 EL Rapsöl · Cayennepfeffer
gemahlener Koriander
2 EL gehacktes Koriandergrün
(ersatzweise glatte Petersilie)

ZUBEREITUNG

1. Die Spaghetti nach Packungsanleitung in reichlich Salzwasser bissfest kochen.

2. In der Zwischenzeit die Mango schälen, das Fruchtfleisch vom harten Kern abschneiden und in dünne, ca. 4 cm lange Streifen schneiden. Die Zwiebel schälen und in feine Ringe schneiden. Putenschnitzel kalt abspülen, mit Küchenpapier trockentupfen, von Fett und Sehnen befreien, vorsichtig plattieren und salzen.

3. 1 EL Rapsöl in einer beschichteten Pfanne erhitzen und die Schnitzel darin von beiden Seiten goldgelb braten. Herausnehmen und in Alufolie gewickelt warm stellen.

4. Das restliche Öl in die Pfanne geben und die Zwiebelringe darin glasig dünsten. Die Mangostreifen dazugeben und unter Rühren braten, bis sie Farbe angenommen haben.

5. Die Nudeln in ein Sieb abschütten, kalt abschrecken, gut abtropfen lassen und in die Pfanne geben. Ca. 1 Min. anbraten und mit Salz, Cayennepfeffer und gemahlenem Koriander pikant abschmecken.

6. Die Mango-Spaghetti auf zwei Tellern anrichten und die Putenschnitzel obenauf legen. Mit Koriandergrün bestreut servieren.

Variante Putenschnitzel mit Zucchini-Nudeln: 75 g Vollkorn-Bandnudeln in reichlich Salzwasser nach Packungsanleitung bissfest kochen. In ein Sieb abgießen und gut abtropfen lassen. In der Zwischenzeit die Putenschnitzel vorbereiten wie im Rezept beschrieben. 2 Zucchini (ca. 400 g) waschen, putzen und in ca. 6 cm lange dünne Stifte schneiden. 25 g getrocknete, in Öl eingelegte Tomaten in feine Streifen schneiden. 2 Knoblauchzehen schälen und durchpressen. Putenschnitzel wie im Rezept beschrieben goldgelb anbraten und in Alufolie gewickelt warm stellen. Knoblauch, Zucchinistifte, Nudeln und getrocknete Tomaten ins Bratfett geben und 3 Min. unter Rühren anbraten, bis die Zucchini weich sind. Mit dem Fleisch auf vorgewärmte Teller geben, die Zucchini-Nudeln daneben anrichten und mit Basilikumblättern garnieren.

Kaninchenläufe auf Fenchel mit Brombeersauce

würzig-fruchtig
35 Min.

pro Portion ca. 338 kcal, 56 kcal/100 g
32 g E (40 %) · 16 g F (44 %) · 12 g KH (16 %)

ZUTATEN FÜR 2 PORTIONEN

600 g möglichst kleine Fenchelknollen
2 EL Rapsöl
250 ml Gemüsebrühe
75 g Ziegenfrischkäse (z. B. Picandu)
2 Läufe vom Hauskaninchen
1 TL Dijon-Senf nach Belieben
Salz · Pfeffer
150 g Brombeeren (frisch oder TK)

ZUBEREITUNG

1. Den Backofen auf 200° (Umluft 180°) vorheizen. Die äußeren Blätter der Fenchelknollen dünn schälen. Den Fenchel waschen und putzen, quer in ca. 1 cm breite Ringe schneiden. Dabei auch sämtliches Fenchelgrün mitschneiden.

2. 1 EL Öl in einem ofenfesten Bräter erhitzen und die Fenchelringe darin unter ständigem Rühren 5 Min. andünsten. Mit 150 ml Gemüsebrühe ablöschen und den Ziegenkäse einrühren.

3. Die Kaninchenläufe nach Belieben dünn mit dem Senf bestreichen, salzen und pfeffern. Das restliche Öl in einer beschichteten Pfanne erhitzen und das Fleisch darin von beiden Seiten goldgelb anbraten. Auf den Fenchel legen, im heißen Ofen (Mitte) 20 Min. braten.

4. In der Zwischenzeit den Bratensatz in der Pfanne mit der restlichen Gemüsebrühe loskochen und die Flüssigkeit in einen kleinen Topf umfüllen. Die Brombeeren dazugeben und kochen lassen, bis sie gegebenenfalls aufgetaut sind und sich leicht mit einer Gabel zerdrücken lassen. Mit Salz und Pfeffer abschmecken und zu einer cremigen Sauce einkochen lassen.

5. Kaninchen und Fenchel im Bräter servieren und die Sauce getrennt dazureichen.

Hähnchenschenkel mit buntem Gemüse

gelingt immer
40 Min.

pro Portion ca. 644 kcal, 91 kcal/100 g
64 g E (42 %) · 29 g F (42 %) · 23 g KH (16 %)

ZUTATEN FÜR 2 PORTIONEN

3 EL Rapsöl · Salz · Pfeffer
1 TL rosenscharfes Paprikapulver · 6 Hähnchenunterschenkel
1 Möhre · 1 Zucchino (ca. 200 g)
1 Stange Lauch (ca. 200 g geputzt gewogen) · je 1 rote und gelbe Paprikaschote
2 TL getrockneter Majoran
1 TL abgeriebene Schale von einer unbehandelten Zitrone
2 EL weißer Aceto balsamico
3 EL gehackte glatte Petersilie

ZUBEREITUNG

1. Backofen auf 200° vorheizen. Aus 1 EL Rapsöl, Salz, Pfeffer und Paprikapulver in einer flachen Schüssel eine Marinade bereiten. Die Hähnchenschenkel kalt abspülen, mit Küchenpapier trockentupfen und darin wenden. Ein Backblech mit Alufolie auslegen, die Hähnchenschenkel mit der Haut nach unten darauf legen und im Ofen (Mitte, Umluft 180°) 15 Min. braten. Anschließend wenden und weitere 15 Min. braten, bis sie goldgelb und knusprig sind.

2. Inzwischen die Möhre schälen, längs halbieren und in ca. 1,5 mm dicke Scheiben schneiden. Zucchino waschen, putzen und in ca. 2 mm breite Scheiben schneiden. Lauch putzen, längs halbieren, gründlich waschen und quer in 2 cm lange Stücke schneiden. Die Paprikaschoten waschen, putzen und in grobe Rauten schneiden.

3. Das restliche Rapsöl in einer großen Pfanne erhitzen und zuerst die Möhren darin unter Rühren 1 Min. anbraten. Zucchinischeiben, Lauchstücke und Majoran dazugeben und weitere 2 Min. rühren. Zum Schluss die Paprikarauten beifügen, gut vermischen und unter gelegentlichem Rühren anbraten, bis sie etwas Farbe angenommen haben. Das Gemüse soll noch bissfest sein.

4. Mit Zitronenschale würzen und mit Essig ablöschen. Das Gemüse auf zwei Tellern anrichten, mit Petersilie bestreuen und die Hähnchenschenkel obenauf legen.

Kaninchenrücken mit Pfifferlingen

einfach, lecker
40 Min.

pro Portion ca. 456 kcal, 92 kcal/100 g
58 g E (53 %) · 21 g F (41 %) · 6 g KH (6 %)

ZUTATEN FÜR 2 PORTIONEN

1 Kaninchenrücken (ca. 450 g)
Salz · Pfeffer
250 g Schalotten
2 EL Rapsöl
100 ml Kalbsfond (aus dem Glas)
1 Glas kleine Pfifferlinge (185 g Abtropfgewicht)
4 EL gehackte glatte Petersilie

ZUBEREITUNG

1. Den Kaninchenrücken – wenn nötig – von Fett und Nieren befreien. Von beiden Seiten kräftig salzen und pfeffern. Die Schalotten schälen und längs halbieren.

2. Öl in einem Bräter erhitzen. Den Kaninchenrücken darin beidseitig, aber zuerst mit der »schönen Seite«, zusammen mit den Schalotten goldgelb anbraten. Dabei den Bräter öfters rütteln, damit nichts ansetzt.

3. Mit dem Kalbsfond ablöschen und zugedeckt bei milder Hitze 20 Min. schmoren lassen.

4. Kaninchenrücken herausnehmen und in Alufolie gewickelt warm stellen. Die Hitze hochschalten, die Pfifferlinge in ein Sieb abgießen und zusammen mit der Petersilie in den Topf geben. Unter Rühren 2 Min. kräftig erhitzen, mit Salz und Pfeffer abschmecken.

5. Den Kaninchenrücken längs entlang des Rückgrats halbieren, auf zwei Tellern anrichten und die Schalotten-Pilz-Mischung daneben anrichten.

Hähnchenschenkel mit Gemüse

Kaninchenrücken mit Pfifferlingen

Schweinefilet im Wirsingmantel

Rinderfilets mit Chicorée

ganz einfach
45 Min.

pro Portion ca. 328 kcal, 98 kcal/100 g
41 g E (51 %) · 15 g F (42 %) · 4 g KH (6 %)

ZUTATEN
FÜR 2 PORTIONEN

2 EL Aceto balsamico
1 EL ungeschälter Sesam (Reformhaus, Bioladen
Salz · Pfeffer
1 EL Kürbiskernöl (ersatzweise Rapsöl)
2 Filetsteaks (à ca. 150 g)
250 g Chicorée
2 Tomaten · 1 EL Rapsöl
2 EL saure Sahne (10 % Fett)
2 EL Schnittlauchröllchen

ZUBEREITUNG

1. Den Essig mit Sesam, Salz und Pfeffer gut verrühren. Das Öl unterschlagen, so dass eine cremige Marinade entsteht. Die Steaks damit begießen und zugedeckt 30 Min. ziehen lassen. Dabei öfters wenden, damit sie von allen Seiten mit Marinade bedeckt sind.

2. In der Zwischenzeit von den Chicoréestauden die äußeren Blätter entfernen, die Strünke abschneiden. Chicoréestauden quer in 2 cm breite Ringe schneiden.

3. Die Tomaten kurz in kochendes Wasser legen, kalt abschrecken und die Haut abziehen. Tomaten vierteln, Stielansätze und Samen entfernen und das Fruchtfleisch würfeln.

4. Das Rapsöl in einer beschichteten Pfanne erhitzen. Die Filets aus der Marinade nehmen, abtropfen lassen und im heißen Öl von beiden Seiten zunächst kräftig anbraten, dann bei milder Hitze jeweils 3 Min. braten. In Alufolie gewickelt warm stellen.

5. Chicoréeringe und Tomatenwürfel in das Bratfett geben und unter Rühren 2 Min. dünsten. Die restliche Marinade und die saure Sahne einrühren. Mit Salz und Pfeffer abschmecken. Auf zwei Teller verteilen und die Steaks darauf anrichten. Mit Schnittlauch bestreut servieren.

Schweinefilet im Wirsingmantel

herbstlich

35 Min. + 45 Min. Braten

pro Portion ca. 405 kcal, 62 kcal/100 g
58 g E (60 %) · 14 g F (32 %) · 8 g KH (8 %)

ZUTATEN FÜR 2 PORTIONEN

30 g getrocknete Pilze (z. B. Steinpilze, Butterpilze oder Mischpilze)
1 kleiner Wirsing (ca. 800 g) · Salz
400 g Schweinefilet, pariert · Pfeffer
2 EL Rapsöl · 100 ml Gemüsebrühe
Zahnstocher oder Küchengarn zum Fixieren

ZUBEREITUNG

1. Getrocknete Pilze in lauwarmem Wasser einweichen. Backofen auf 180° vorheizen.

2. Vom Wirsing die äußeren Blätter entfernen. 8 schöne Blätter vorsichtig ablösen und in reichlich Salzwasser 5 Min. blanchieren. Blätter gut abtropfen lassen und auf der Arbeitsfläche zu einem Rechteck von ca. 30 x 20 cm ausbreiten. Den restlichen Wirsing in grobe Stücke schneiden.

3. Das Schweinefilet salzen und pfeffern und in einem Bräter im heißen Öl von allen Seiten kross anbraten. Herausnehmen und auf die Wirsingblätter legen. Den gehackten Wirsing im Bratfett kurz anschmoren und mit der Gemüsebrühe ablöschen.

4. Die Pilze auf dem Schweinefilet verteilen und das Einweichwasser zum Wirsing in den Bräter schütten.

5. Das Schweinefilet in die Wirsingblätter einrollen und mit Zahnstochern oder Küchengarn fixieren. Auf das Gemüse im Bräter legen und im Ofen (Mitte, Umluft 160°) mit Alufolie abgedeckt 30 Min. braten. Dann die Alufolie entfernen und die Wirsingrolle 10–15 Min. offen braten, bis sie Farbe angenommen hat.

6. Die Wirsingrolle herausnehmen, auf eine Servierplatte geben und in vier Scheiben schneiden. Das Wirsinggemüse mit Salz und Pfeffer abschmecken und getrennt in einer Schüssel dazureichen.

Schweinefilet mit Paprika-Spinat

im Nu auf dem Teller

20 Min. (ohne Auftauzeit)

pro Portion ca. 288 kcal, 68 kcal/100 g
35 g E (54 %) · 12 g F (38 %) · 7 g KH (9 %)

ZUTATEN FÜR 2 PORTIONEN

450 g TK-Blattspinat
1 große rote Paprikaschote
250 g Schweinefilet
Salz · Pfeffer
2 EL Rapsöl
1 EL Erdnussbutter

ZUBEREITUNG

1. Den Blattspinat nach Packungsangabe auftauen. Die Paprikaschote waschen, putzen und in ca. 1 cm große Würfel schneiden. Das Schweinefilet von den Sehnen befreien, in 6 Scheiben schneiden, salzen und pfeffern.

2. 1 EL Öl in einer beschichteten Pfanne erhitzen und die Paprikawürfel darin unter ständigem Rühren ca. 5 Min. anbraten. Den aufgetauten Spinat dazugeben und heiß werden lassen. Mit Salz und Pfeffer kräftig abschmecken und warm stellen.

3. Das restliche Öl in einer kleinen beschichteten Pfanne erhitzen und die Filetstücke darin von beiden Seiten kräftig anbraten. Mit ca. 100 ml Wasser ablöschen und die Erdnussbutter einrühren.

4. Den Spinat auf zwei Teller geben, das Fleisch daneben anrichten und mit der Erdnusssauce begießen.

Tipp Wer gerne scharf isst, kann zusätzlich rote Peperoni mit den Paprikawürfeln anbraten. Die Peperonischote waschen, längs aufschlitzen, die Kerne herausschaben und die Schote fein würfeln. Die Schärfe harmoniert gut mit der cremigen Erdnussbutter.

Geschnetzeltes mit Zuckererbsen

mit Nuss-Plus

20 Min.

pro Portion ca. 495 kcal, 143 kcal/100 g
52 g E (36 %) · 26 g F (49 %) · 17 g KH (14 %)

ZUTATEN FÜR 2 PORTIONEN

300 g Schweinefilet oder »Minutensteaks«
Salz · Pfeffer
6 Frühlingszwiebeln
250 g Zuckererbsen
40 g Pecannüsse
2 EL Rapsöl
2 EL Sojasauce
gemahlener Koriander

ZUBEREITUNG

1. Schweinefleisch in dünne Streifen schneiden, salzen und pfeffern. Die Frühlingszwiebeln waschen, putzen und in Ringe schneiden. Die Zuckererbsenschoten in ca. 1 cm breite Streifen schneiden. Pecannüsse in einer trockenen Pfanne kurz anrösten.

2. Das Öl in einer beschichteten Pfanne erhitzen und das Fleisch darin hellgelb anbraten. Zwiebeln, Zuckererbsen und die Nüsse dazugeben, unter Rühren 4–5 Min. braten, bis die Zwiebeln goldgelb und die Zuckererbsen bissfest sind.

3. Das Gericht mit Sojasauce würzen, mit Salz und Pfeffer abschmecken. Mit Koriander bestreut sofort servieren.

Tipp Zuckererbsen oder Kaiserschoten sind unreif geerntete Erbsenschoten, deren süßliche Samen mitsamt der noch zarten Hülle gegessen werden. Frisch sind Zuckererbsen hier zu Lande von Mai bis August am besten. Legen Sie sich doch einen Vorrat an: Sie können Zuckererbsen blanchiert gut bis zu 12 Monate einfrieren.

Schweinefleisch – kurz belichtet

Schweinefilet hat nicht mehr Kalorien als zum Beispiel Putenbrust. Enthält dafür aber alle B-Vitamine und viele Mineralstoffe. Kotelett vom Schwein ist da schon fettreicher und Schweinehack schlägt mit ganzen 250 kcal/100 g zu Buche. Greifen Sie auch bei Schweinefleisch am besten zu Bio-Ware, denn nur artgerecht gehaltene Tiere entwickeln in ihren Muskeln die wertvollen mehrfach ungesättigten Omega-3-Fettsäuren.

Kalbsfrikassee

klassisch gut
1 Std. 20 Min.
pro Portion ca. 476 kcal, 78 kcal/100 g
55 g E (49 %) · 17 g F (33 %) · 20 g KH (18 %)

ZUTATEN FÜR 2 PORTIONEN

2 Schalotten
300 g Kalbsgulasch
2 EL Rapsöl
250 ml Kalbsfond (aus dem Glas)
1/2 TL geriebene Muskatnuss
250 g Zuckererbsen
250 g Champignons
75 g saure Sahne (10 % Fett)
1 Eigelb
1–2 EL Zitronensaft
Salz · Pfeffer
2 EL fein gehackte glatte Petersilie

ZUBEREITUNG

1. Die Schalotten schälen und fein würfeln. Kalbfleisch in mundgerechte Stücke schneiden. Das Öl in einem Topf erhitzen.

2. Schalottenwürfel im heißen Öl glasig dünsten. Das Fleisch dazugeben und unter gelegentlichem Rühren anbraten, bis keine Flüssigkeit mehr im Topf ist. Mit dem Fond aufgießen und mit Muskat würzen. Zugedeckt 50 Min. bei kleiner Hitze ziehen lassen.

3. In der Zwischenzeit die Zuckererbsen waschen, quer halbieren und längs in schmale Streifen schneiden. Champignons putzen, die Stiele abschneiden und die Köpfchen in Scheiben schneiden.

4. Hitze erhöhen, die Zuckererbsen zum Fleisch geben und in 5 Min. zugedeckt bissfest garen. Die Champignons dazugeben und weitere 5 Min. zugedeckt köcheln lassen.

5. Die saure Sahne mit dem Eigelb verquirlen und vorsichtig unterrühren. Nicht mehr kochen lassen. Mit Zitronensaft, Salz und Pfeffer abschmecken und mit Petersilie bestreut servieren.

Dazu passt knuspriges Baguette oder pro Person 50 g in Brühe gekochter Reis

Tipp Wenn Sie wollen, bereiten Sie von diesem Gericht gleich die doppelte Portion bis einschließlich Arbeitsschritt 4 zu. Dann können Sie 2 Portionen einfrieren. Die saure Sahne und das Eigelb kommen dann nach dem Auftauen und Erwärmen dazu.

Retro-Gericht

Frikassee ist ein ursprünglich klassisches französisches Gericht aus klein geschnittenem hellem Fleisch, meist Kalbfleisch, auch aus Geflügel oder Fisch. Man kann das Frikassee auch mit Weißwein anstelle von Kalbsfond zubereiten.

Besonders pikant

Wer hätte das gedacht? Das zarte, cremige Kalbsgericht verträgt sich mit Salzigem aus dem Meer! 1 TL Sardellenpaste in das Frikassee einrühren. Schmeckt garantiert nicht fischig, gibt aber Pep.

Kalbsscheiben-Ragout

Kräftiges für Gäste
30 Min. + 1 Std. 30 Min. Garen
pro Portion ca. 658 kcal, 79 kcal/100 g
79 g E (50 %) · 22 g F (30 %) · 16 g KH (10 %)

ZUTATEN
FÜR 4 PORTIONEN

25 g getrocknete Steinpilze
1 große Stange Lauch (ca. 450 g)
300 g Möhren
1 Staudensellerie (ca. 600 g)
4 Kalbshaxenscheiben (à ca. 250 g)
Salz · Pfeffer
3 EL Rapsöl
400 ml Kalbsfond
500 ml Rotwein
1 Bund glatte Petersilie
je 1 TL Senfkörner, schwarze Pfefferkörner und Wacholderbeeren
etwas Saft und Schale von einer unbehandelten Zitrone

ZUBEREITUNG

1. Den Backofen auf 150° vorheizen. Die Steinpilze in lauwarmem Wasser einweichen.

2. Lauch putzen, gründlich waschen und in ca. 2 cm lange Rollen schneiden. Möhren schälen, putzen und ebenfalls in 2 cm große Scheiben schneiden. Vom Staudensellerie den harten Strunk abschneiden, die Stangen sorgfältig waschen, wenn nötig die äußeren Stangen dünn schälen und grob hacken.

3. Die Kalbsscheiben salzen und pfeffern. Das Rapsöl in einem Bräter, in dem die Kalbsscheiben nebeneinander Platz haben, erhitzen. Das Fleisch darin von beiden Seiten kräftig anbraten und herausnehmen.

4. Das Gemüse im Bratfett anrösten. Mit Fond und Wein ablöschen, die Pilze mit dem Einweichwasser unterrühren. Das Fleisch wieder einlegen, es soll vollständig mit Gemüse und Flüssigkeit bedeckt sein.

5. Die Petersilie waschen, mit Küchengarn binden, die Gewürze in eine Gewürzkugel (siehe Tipp) geben und alles in den Bräter legen. 1 Std. 30 Min. offen im Ofen (Mitte, Umluft 140°) schmoren lassen.

6. Die Kalbsscheiben herausnehmen und warm stellen. Gewürzkugel und Petersilie entfernen. Die Sauce pürieren, mit Salz, Pfeffer, Zitronenschale und -saft pikant säuerlich abschmecken. Das Fleisch wieder in die Sauce legen und 10 Min. bei milder Hitze durchziehen lassen.

Tipp Wenn Sie keine Gewürzkugel haben, können Sie die Gewürze auch in ein Tee-Ei oder einen Papier-Teefilter geben, der mit Küchengarn oder weißem Zwirn zugebunden wird.

Dazu passt Vollkornnudeln oder 1 Scheibe Roggenbrot

Besonders Noch ein kleiner Schritt zur Perfektion: Bestreuen Sie die Kalbsscheiben vor dem Servieren mit einer Gremolata: 3 Knoblauchzehen, geschält und klein gehackt, mit 2 EL fein gehackter Petersilie und 1 EL abgeriebener Schale von einer unbehandelten Zitrone vermischen.

Rinderfilet »à la Tafelspitz«

leicht und lecker
30 Min.
pro Portion ca. 388 kcal, 58 kcal/100 g
57 g E (61 %) · 10 g F (23 %) · 15 g KH (16 %)

ZUTATEN
FÜR 2 PORTIONEN

250 ml Rinderbrühe
2 Rinderfiletsteaks (à ca. 170 g)
1 Stange Lauch (ca. 180 g geputzt gewogen)
250 g Möhren
1 kleiner Kohlrabi (ca. 250 g)
2 EL geriebener Meerrettich (aus dem Glas)
2 EL Joghurt (1,5 % Fett)
Salz · schwarzer Pfeffer
2 EL Schnittlauchröllchen

ZUBEREITUNG

1. Die Rinderbrühe in einem kleinen hohen Topf (die Steaks sollen nebeneinander darin Platz haben) zum Kochen bringen. Die Steaks hineingeben, die Hitze sofort reduzieren und das Fleisch zugedeckt 15 Min. leise sieden lassen.

2. In der Zwischenzeit den Lauch putzen, längs halbieren und gründlich waschen. In 5 cm lange, feine Streifen schneiden. Möhren und Kohlrabi schälen, putzen und in ca. 5 cm lange und 1/2 cm breite Stäbchen schneiden.

3. Meerrettich mit Joghurt verrühren, mit Salz und Pfeffer abschmecken.

4. Die Steaks aus der Brühe nehmen und zugedeckt warm stellen. Das Gemüse in den Sud geben, gut verrühren und zugedeckt in 5 Min. bissfest garen.

5. Die Steaks quer in Scheiben schneiden und auf vorgewärmten Tellern anrichten. Das Gemüse mit einer Schaumkelle aus dem Sud heben und auf den Steaks anrichten. Mit Pfeffer übermahlen und mit Schnittlauch bestreut servieren. Die Meerrettichsauce getrennt dazureichen.

Variante Die Meerrettichsauce können Sie noch verfeinern, indem Sie 1/2 fein geriebenen Apfel untermischen.

Rinderfilet »à la Tafelspitz«

Straußensteak mit Apfel-Schmorgurken

ganz schnell serviert
25 Min.

pro Portion ca. 326 kcal, 57 kcal/100 g
38 g E (51 %) · 10 g F (29 %) · 15 g KH (20 %)

ZUTATEN FÜR 2 PORTIONEN

1 Salatgurke (ca. 500 g)
1 rotschaliger Apfel (z. B. Cox Orange)
150 g braune Champignons
2 EL Rapsöl
2 Straußensteaks
Salz · Pfeffer
2 EL gehackte Walnüsse

ZUBEREITUNG

1. Die Gurke schälen, längs halbieren und die Samen mit einem Teelöffel herausschaben. Gurkenhälften quer in Scheiben schneiden. Den Apfel waschen, vierteln, jeweils Stiel, Blütenansatz und Kernhaus entfernen und das Fruchtfleisch in feine Spalten schneiden.

2. Champignons putzen, die Stiele entfernen und die Köpfchen in Scheiben schneiden. Pilze, Gurken und Äpfel mischen und abgedeckt beiseite stellen.

3. Das Öl in einer beschichteten Pfanne erhitzen. Die Steaks vorsichtig plattieren, salzen und pfeffern und im heißen Öl auf jeder Seite 4–5 Min. bei mittlerer Hitze anbraten. Die Steaks aus der Pfanne nehmen und in Alufolie gewickelt warm stellen.

4. Gurken, Äpfel und Champignons in das Bratöl geben und unter Rühren ca. 4 Min. anbraten, bis die Gurken weich, aber noch bissfest sind.

5. Das Gemüse kräftig mit Salz und Pfeffer würzen, auf zwei Teller verteilen und die Steaks daneben anrichten. Mit den Walnüssen bestreut servieren.

Rehmedaillons mit Zimt-Orangen-Rotkohl

raffiniert aromatisiert
40 Min.

pro Portion ca. 350 kcal, 66 kcal/100 g
50 g E (61 %) · 9 g F (24 %) · 12 g KH (15 %)

ZUTATEN FÜR 2 PORTIONEN

1 kleiner Rotkohl (ca. 600 g)
1 rote Zwiebel
1 Orange
2 EL Rapsöl
100 ml Kalbs- oder Wildfond
1 TL Zimtpulver
Salz · Pfeffer
2 Rehmedaillons (à ca. 150 g)

ZUBEREITUNG

1. Vom Rotkohl die äußeren Blätter entfernen, den Kopf längs halbieren, den Strunk herausschneiden. Den Rotkohl in grobe Streifen schneiden. Die Zwiebel schälen und in feine Ringe schneiden. Die Orange schälen, möglichst viel von der weißen Haut entfernen. Die Frucht in grobe Stücke schneiden.

2. 1 EL Rapsöl in einem mittelgroßen Topf erhitzen und die Zwiebelringe darin glasig dünsten. Den Rotkohl dazugeben und unter Rühren kurz andünsten. Mit dem Fond aufgießen und zugedeckt 20 Min. bei mittlerer Hitze garen. Der Rotkohl soll noch bissfest bleiben. Zimt und Orangenwürfel einrühren, mit Salz und Pfeffer abschmecken und warm stellen.

3. Das restliche Öl in einer kleinen beschichteten Pfanne erhitzen. Die Rehmedaillons salzen und pfeffern und von beiden Seiten kräftig anbraten, damit sich die Poren schließen. Die Hitze reduzieren und das Fleisch unter mehrmaligem Wenden ca. 3 Min. auf jeder Seite fertig braten.

Schmortopf vom Hirschgulasch mit Pilzen

fein im Herbst
30 Min. + 1 Std. 30 Min. Schmoren

bei 3 Portionen pro Portion ca. 339 kcal, 76 kcal/100 g
51 g E (61 %) · 11 g F (29 %) · 7 g KH (8 %)

ZUTATEN FÜR 2–3 PORTIONEN

1 mittelgroße Zwiebel
2 Knoblauchzehen
1/2 Staude Staudensellerie
250 g Champignons
2 EL Rapsöl · 500 g Hirschgulasch · 1 EL Tomatenmark
400 ml Wild- oder Waldpilzfond (aus dem Glas)
1 TL getrockneter Thymian
Salz · Pfeffer
1 EL Wildpreiselbeeren

ZUBEREITUNG

1. Den Backofen auf 170° vorheizen. Zwiebel und Knoblauchzehen schälen und in Scheiben schneiden. Sellerie waschen, putzen und in 1 cm breite Streifen schneiden. Die Champignons putzen, die Stiele herausdrehen und die Köpfchen vierteln.

2. Das Öl in einem ofenfesten Topf (mit passendem Deckel) erhitzen und das Fleisch darin unter gelegentlichem Rühren kräftig anbraten.

3. Zwiebeln, Knoblauch, Sellerie und Tomatenmark dazugeben und ca. 2 Min. unter Rühren durchrösten. Mit dem Fond ablöschen, mit Thymian würzen und die Champignons unterrühren. Alles zugedeckt im Backofen (unten, Umluft 150°) 1 Std. 30 Min. schmoren lassen.

4. Das Gericht vor dem Servieren mit Salz und Pfeffer abschmecken, die Preiselbeeren einrühren.

Dazu passt Pro Portion 50 g Vollkorn-Bandnudeln kurz vor Ende der Schmorzeit kochen und getrennt dazureichen.

Rehmedaillons mit Zimt-Orangen-Rotkohl

Süßes »low sweet«

Lassen Sie sich ganz **sanft** verführen. Mit sämigen Drinks, Obstsalaten, Cremes, Eis oder Soufflé. Unsere Desserts und Sweets **verwöhnen den Gaumen** mit allen vorstellbaren Aromen: fruchtig, erfrischend, würzig, nussig... Die in den nur zart gesüßten Gerichten umso intensiver sind.

Dazu verwenden wir Agavendicksaft, Honig, wenig braunen Zucker und nutzen vor allem die **natürliche Fruchtsüße** – ob für den leichten Schlussakkord der Mahlzeit, ein Drink-Frühstück der Luxusklasse oder einen süßen **Zwischengang untertags.**

Sojadrink mit Aprikosen

mit Mandelaroma
10 Min.
pro Glas ca. 198 kcal, 67 kcal/100 g
7 g E (12 %) · 12 g F (44 %) · 27 g KH (44 %)

ZUTATEN FÜR 2 GLÄSER

200 g Aprikosen
3 Saftorangen
200 g Sojajoghurt
2 EL Mandelmus (Reformhaus, Bioladen)
1 TL Honig

ZUBEREITUNG

1. Die Aprikosen waschen und halbieren. Den Kern entfernen. Das Fruchtfleisch in Stücke schneiden. Die Orangen auspressen.

2. Mit dem Pürierstab die Aprikosenstücke, Orangensaft, Sojajoghurt, Mandelmus und Honig fein vermixen. In Gläser portionieren.

Austauschen Sojadrink nach Saison: Im Sommer können Sie den Drink auch mit Pfirsichen und frischen Beeren zubereiten. Im Winter sind dann saftige Papayas dran. Und den Orangensaft können Sie auch durch Mandarinen- oder – für ganz Herbe – Grapefruitsaft ersetzen.

Mango-Lassi

schmeckt nach Indien
10 Min.
pro Glas ca. 222 kcal, 62 kcal/100 g
8 g E (15 %) · 11 g F (47 %) · 20 g KH (37 %)

ZUTATEN FÜR 2 GLÄSER

1 reife Mango
400 g Joghurt (3,5 % Fett)
70 g saure Sahne (10 % Fett)
1 EL Zitronensaft
1 TL Honig
100 ml eiskaltes Mineralwasser
4 Eiswürfel

ZUBEREITUNG

1. Die Mango schälen. Das Fruchtfleisch vom Kern lösen und in kleine Stücke schneiden.

2. Mit dem Pürierstab die Mangostückchen, Joghurt, saure Sahne, Zitronensaft, Honig und Mineralwasser fein pürieren.

3. Das Mango-Lassi in große Gläser gießen. Eiswürfel in den Drink geben.

Info Schäumendes Mango-Lassi ist ein typisches indisches Erfrischungsgetränk, das auch gerne zum Essen gereicht wird. Angenehm süß und mild ist es ein schöner Kontrast zu feurigen Currygerichten. Probieren Sie das Mango-Lassi zum **Gemüse-Trio mit Curry-Mandel-Sauce** (Seite 90).

Erdbeer-Kokos-Kuss

minzefrisch
10 Min.
pro Glas ca. 161 kcal, 71 kcal/100 g
3 g E (7 %) · 9 g F (54 %) · 15 g KH (38 %)

ZUTATEN
FÜR 2 GLÄSER

200 g Erdbeeren
3 Saftorangen
2 Zweige Minze
1 EL Limettensaft
100 ml Kokosmilch
4 Eiswürfel

ZUBEREITUNG

1. Erdbeeren waschen, putzen und in Stücke schneiden. Die Orangen auspressen. Die Minze waschen und trockenschütteln.

2. Mit dem Pürierstab die Erdbeeren mit dem Orangen- und Limettensaft sowie der Kokosmilch fein pürieren.

3. Die Eiswürfel in große Gläser geben. Den Erdbeer-Kokos-Kuss darüber gießen. Die Gläser mit den Minzezweigen garnieren.

Austauschen Kokosmilch und Fruchtaroma: Auch mit saftigem Honigmelonen-Fruchtfleisch verträgt sich die aromatische Kokosmilch. Und Kräuterfans können mit verschiedenen Arten von Minze oder auch Melisse experimentieren.

Gewürz-Mandelmilch

flugs gerührt
3 Min.
pro Glas ca. 164 kcal, 76 kcal/100 g
7 g E (14 %) · 12 g F (50 %) · 19 g KH (36 %)

ZUTATEN
FÜR 2 GLÄSER

400 ml Milch (1,5 % Fett)
2 EL Mandelmus (Reformhaus, Bioladen)
1 EL Honig
2 Prisen Zimtpulver
2 Prisen gemahlener Kardamom

ZUBEREITUNG

1. Mit dem Handrührgerät die Milch, Mandelmus und Honig vermischen.

2. Die Mandelmilch mit Zimt und Kardamom abschmecken und in Gläser portionieren.

Tipp Die Mandelmilch schmeckt mit Eiswürfeln, aber auch als heißes Getränk. Mit diesen gehaltvollen Schlückchen können Sie eine Zwischenmahlzeit ersetzen.

Austauschen Sie mögen keine Milch oder haben eine Laktose-Intoleranz? Dann mixen Sie einfach Soja- oder Reismilch mit dem Nussmus und den Gewürzen.

Karibischer Fruchtsalat mit Mandelcreme

Birnen-Trauben-Salat mit Erdnusscreme

herbstlich
15 Min.
pro Portion ca. 313 kcal, 82 kcal/100 g
21 g E (28 %) · 6 g F (17 %) · 42 g KH (55 %)

ZUTATEN FÜR 2 PORTIONEN

1 Birne
1 EL Zitronensaft
200 g blaue Trauben
1 unbehandelte Orange
250 g Magerquark
2 EL Erdnussmus (Reformhaus, Bioladen)
1 EL Honig

ZUBEREITUNG

1. Birne waschen und vierteln, Stiel, Blütenansatz und das Kernhaus entfernen. Das Fruchtfleisch in Stücke schneiden. Mit dem Zitronensaft beträufeln. Trauben waschen, abzupfen und halbieren.

2. Die Orange heiß waschen und trockenreiben. Ein Viertel der Frucht dünn schälen und die Schale sehr fein hacken. Die Orange auspressen.

3. Quark, Erdnussmus, Honig, Orangenschale und Orangensaft mit dem Handrührgerät glatt rühren.

4. Den Birnen-Trauben-Salat portionsweise mit der Erdnusscreme anrichten.

Honigmelonensalat mit Mascarponecreme

einfach, lecker
15 Min.
pro Portion ca. 259 kcal, 72 kcal/100 g
20 g E (27 %) · 10 g F (31 %) · 31 g KH (42 %)

ZUTATEN FÜR 2 PORTIONEN

300 g Honig- oder Zuckermelone
1 Saftorange
250 g Magerquark
50 g Mascarpone
2 Päckchen Bourbon-Vanillezucker
1/2 TL abgeriebene Schale von einer unbehandelten Zitrone

ZUBEREITUNG

1. Die Melonenschale abschneiden und die Samen entfernen. Das Fruchtfleisch in kleine Stücke schneiden. Die Orange auspressen. Die Melonenstückchen mit der Hälfte des Orangensafts vermischen.

2. Mit dem Handrührgerät den Magerquark mit dem restlichen Orangensaft sowie Mascarpone, Vanillezucker und Zitronenschale glatt rühren.

3. Den Melonensalat in kleinen Schälchen portionsweise anrichten. Die Mascarponecreme darüber geben.

Variante Die Mascarponecreme schmeckt auch fantastisch zu flugs zubereitetem **Beerenpüree**. Dafür 300 g Erdbeeren (frisch oder TK-Ware) zusammen mit 1 Päckchen Bourbonvanillezucker pürieren.

Karibischer Fruchtsalat mit Mandelcreme

Exotisches für Gäste
20 Min. (ohne Auftauzeit)
pro Portion ca. 273 kcal, 94 kcal/100 g
5 g E (6 %) · 17 g F (52 %) · 30 g KH (42 %)

ZUTATEN FÜR 4 PORTIONEN

100 g Himbeeren (frisch oder TK)
1 Mango
300 g Ananas
2 Orangen
1/4 TL Zimtpulver
1 TL gehackte Ingwerwurzel
3 TL Honig
250 g Joghurt (1,5 % Fett)
2 EL Mandelmus (Reformhaus, Bioladen)
150 g Sahne

ZUBEREITUNG

1. TK-Beeren auftauen. Frische Himbeeren verlesen, abbrausen und abtropfen lassen. Die Mango mit einem scharfen Messer oder einem Spargelschäler schälen. Das Fruchtfleisch vom Kern schneiden und in feine Scheibchen schneiden.

2. Die Schale der Ananas abschneiden. Die harten Augen und den Strunk entfernen. Das Fruchtfleisch in kleine Stücke schneiden.

3. 1 Orange mit einem scharfen Messer schälen. Über einer Schüssel die Orangenschnitze zwischen den Trennwänden herausschneiden, abtropfenden Saft auffangen. Die Orangenschnitze mit den übrigen Fruchtstücken (ohne die Himbeeren) mischen.

4. Die zweite Orange auspressen. Den Saft in die Schüssel zum aufgefangenen Saft geben und mit Zimt, Ingwer sowie 1 TL Honig glatt rühren. Die gemischten Fruchtstücke mit dem Orangensaft verrühren.

5. Mit dem Handrührgerät Joghurt, Mandelmus und 2 TL Honig glatt rühren. Die Sahne steif schlagen und unter die Joghurt-Mandel-Creme heben. Den Fruchtsalat portionsweise mit der Mandelcreme anrichten. Die Himbeeren darüber streuen.

Honigmelonensalat

Erdbeer-Tofu-Creme mit Pinienkernen

mit Knusper-Plus
15 Min.
pro Portion ca. 184 kcal, 92 kcal/100 g
8 g E (19 %) · 9 g F (45 %) · 16 g KH (36 %)

ZUTATEN FÜR 2 PORTIONEN

200 g Erdbeeren
1 EL brauner Zucker
1 Päckchen Bourbon-Vanillezucker
100 g Tofu (Reformhaus, Bioladen)
2 EL Pinienkerne
50 ml ungesüßter Soja-Drink (Reformhaus)
1 EL Rapsöl

ZUBEREITUNG

1. Die Erdbeeren waschen, abzupfen, in Stücke schneiden und mit Zucker und Vanillezucker fein pürieren.

2. Tofu kalt abwaschen, trockentupfen und in kleine Stücke schneiden. Die Pinienkerne in einer trockenen Pfanne kurz anrösten.

3. Mit dem Handrührgerät das Erdbeerpüree, Tofu, Sojamilch und Öl im Mixer auf hoher Stufe zu einer glatten Creme pürieren.

4. Die Erdbeer-Tofu-Creme portionsweise anrichten und mit den gerösteten Pinienkernen bestreuen.

Austauschen Sie können dieses Rezept auch mit dem superweichen Seidentofu zubereiten. Dann aber den Sojadrink weglassen.

Haselnusseis mit heißer Zwetschgensauce

Besonderes für Besuch
20 Min. + 30 Min. + 2 Std. Gefrierzeit
pro Portion ca. 232 kcal, 149 kcal/100 g
6 g E (11 %) · 15 g F (57 %) · 18 g KH (32 %)

ZUTATEN FÜR 4 PORTIONEN

40 g Haselnusskerne
100 g Magerquark
100 g Joghurt (3,5 % Fett)
3 Päckchen Bourbon-Vanillezucker
100 g Sahne
300 g Zwetschgen
1 EL brauner Zucker
1/2 TL Zimtpulver
1 Stück unbehandelte Zitronenschale

ZUBEREITUNG

1. Nüsse in einer trockenen Pfanne kurz anrösten und fein hacken. Mit dem Handrührgerät Quark mit Joghurt und Vanillezucker glatt rühren. Die Haselnüsse untermischen.

2. Die Sahne steif schlagen und unter die Haselnusscreme heben. Die Masse in der Eismaschine zu Eis rühren.

3. Zwetschgen waschen, halbieren und entsteinen. Mit 80 ml Wasser, Zucker, Zimt und Zitronenschale zum Kochen bringen. Die Zwetschgen zugedeckt 7 Min. leicht kochen.

4. Die Zwetschgen mit dem Pürierstab fein pürieren. Die Fruchtsauce durch ein Sieb streichen. Das Haselnusseis portionsweise mit der heißen Zwetschgensauce anrichten.

Variante Keine Eismaschine? Geben Sie die Masse in eine flache Schüssel – ab für 2 Std. ins Tiefkühlfach und alle 20 Min. kräftig umrühren, damit sich keine Eiskristalle bilden.

Kokospudding mit Ananas und Minze

exotisch

15 Min. + 3 Std. Kühlen

pro Portion ca. 204 kcal, 105 kcal/100 g
3 g E (6 %) · 14 g F (60 %) · 17 g KH (34 %)

ZUTATEN FÜR 4 PORTIONEN

- 300 ml Kokosmilch
- 100 ml Milch (1,5 % Fett)
- 2 EL brauner Zucker
- 1/2 TL abgeriebene Schale von einer unbehandelten Zitrone
- 1/2 TL fein gehackte Ingwerwurzel
- 1 TL Agar-Agar-Pulver
- 300 g frische Ananas (mit Schale und Strunk gewogen)
- 2 Zweige Minze

ZUBEREITUNG

1. Mit einem Handrührgerät die Kokosmilch mit Milch, Zucker, Zitronenschale und Ingwer verrühren. Das Agar-Agar-Pulver mit 50 ml Wasser verrühren. Die Agar-Agar-Lösung mit der Kokosmischung vermischen.

2. Die Kokosmischung in einem kleinen beschichteten Topf unter Rühren zum Kochen bringen und kurz kochen. Dann in kleine Förmchen gießen und 3 Std. zum Festwerden kalt stellen.

3. Die Ananas schälen. Den harten Strunk und die harten Augen entfernen. Das Fruchtfleisch in feine Scheibchen schneiden. Die Minze waschen, trockenschütteln und die Blättchen abzupfen.

4. Die Kokospuddings auf kleine Teller stürzen, mit Ananasscheibchen und Minzeblättchen garnieren.

Mandelgelee mit Himbeer-Joghurt-Sauce

gut für Gäste

20 Min. + 3 Std. Kühlen

pro Portion ca. 285 kcal, 129 kcal/100 g
5 g E (4 %) · 36 g F (67 %) · 34 g KH (29 %)

ZUTATEN FÜR 4 PORTIONEN

Für das Mandelgelee:

- 150 g Mandelmus (Reformhaus, Bioladen)
- 1/4 TL Zimtpulver
- 1 Prise Kardamom
- 1/2 TL gehackte Schale von einer unbehandelten Zitrone
- 30 g brauner Zucker
- 1 TL Agar-Agar-Pulver

Für die Himbeer-Joghurt-Sauce:

- 200 g Himbeeren
- 1 TL brauner Zucker
- 250 g Joghurt (3,5 % Fett)

ZUBEREITUNG

1. Mit dem Handrührgerät das Mandelmus mit 200 ml Wasser, Zimt, Kardamom, Zitronenschale und Zucker glatt rühren. Das Agar-Agar-Pulver mit 50 ml Wasser glatt rühren und mit der Mandelcreme gut vermischen.

2. Die Mandelcreme in einem beschichteten Topf unter ständigem Rühren zum Kochen bringen und kurz unter Rühren aufkochen. Sofort in eine flache Form (ca. 18 x 18 cm) gießen und 3 Std. kalt stellen.

3. Für die Beerensauce die Himbeeren vorsichtig abbrausen und abtropfen lassen. Die Beeren und 1 TL braunen Zucker mit dem Pürierstab fein pürieren, durch ein Sieb streichen und mit dem Joghurt glatt rühren.

4. Das Mandelgelee auf ein Brett stürzen und in kleine Würfel schneiden. Die Mandelgelee-Würfel portionsweise mit der Himbeer-Joghurt-Sauce anrichten.

Quarkbällchen mit Aprikosensauce

zum Sattessen
40 Min.

pro Portion ca. 276 kcal, 138 kcal/100 g
14 g E (21 %) · 12 g F (40 %) · 26 g KH (39 %)

ZUTATEN
FÜR 4 PORTIONEN

Für die Sauce:
300 g Aprikosen
1 EL brauner Zucker
1 Stück unbehandelte Zitronenschale · 1 Saftorange

Für die Bällchen:
40 g Walnusskerne · 2 EL weiche Butter · 250 g Magerquark
70 g feiner Grieß · 1 Ei
1/4 TL Zimtpulver · Salz

ZUBEREITUNG

1. Für die Sauce die Aprikosen waschen, halbieren und die Steine entfernen. Die Früchte mit 2 EL Wasser, Zucker und Zitronenschale zum Kochen bringen. 7 Min. leicht kochen.

2. Die Orange auspressen. Die Aprikosen und den Orangensaft mit dem Pürierstab fein pürieren. Die Aprikosensauce durch ein Sieb streichen.

3. Die Walnüsse hacken. In einer Pfanne 1 EL Butter schmelzen und die Nüsse darin unter Rühren anrösten.

4. Für die Quarkbällchen mit dem Handrührgerät den Quark, Grieß, Ei, 1 EL weiche Butter, Zimt und eine Prise Salz zu einer glatten Masse rühren. Mit feuchten Händen aus der Quarkmasse kleine Bällchen formen.

5. Reichlich Salzwasser zum Kochen bringen. Die Quarkbällchen darin ca. 10 Min. ziehen lassen.

6. Die Bällchen mit dem Schaumlöffel aus dem Topf heben und portionsweise mit Aprikosensauce anrichten. Mit den gerösteten Walnüssen bestreuen.

Kirsch-Quark-Soufflé

macht was her
20 Min. + 25 Min. Backen

pro Portion ca. 342 kcal, 130 kcal/100 g
19 g E (23 %) · 14 g F (37 %) · 33 g KH (40 %)

ZUTATEN
FÜR 2 PORTIONEN

250 g Süßkirschen
1 TL Butter · 2 Eier
150 g Magerquark
1 EL Mehl
2 EL gemahlene Haselnüsse
1/2 TL abgeriebene Schale von einer unbehandelten Zitrone
2 Päckchen Bourbon-Vanillezucker
1/2 EL Zucker

ZUBEREITUNG

1. Den Backofen auf 200° vorheizen. Die Kirschen waschen, abtropfen lassen und entsteinen. Eine Form mit der Butter ausstreichen. Den Boden der Form mit den Kirschen bedecken.

2. Die Eier trennen. Mit dem Handrührgerät den Quark, Eigelbe, Mehl, geriebene Haselnüsse und Zitronenschale glatt rühren.

3. Die Eiweiße steif schlagen. Den Vanillezucker und den Zucker nach und nach unterrühren. Ein Drittel des Eischnees mit der Quarkmasse gut verrühren. Den restlichen Eischnee vorsichtig unterheben.

4. Die Masse auf den Kirschen verteilen. Das Soufflé im Ofen (Mitte, Umluft 180°) 25 Min. backen. Während der ersten 20 Min. den Ofen nicht öffnen. Das Soufflé sofort servieren.

Info Der Trick mit dem Magerquark: Magerquark versorgt Sie mit reichlich Eiweiß, enthält aber fast kein Fett. Und das ist gut so. Denn so können Sie Ihren Fettbedarf mit den guten Fetten aus den Nüssen decken. Diese schützen die Gefäßwände, stärken das Immunsystem und beugen Krebs vor.

Gratinierte Früchte

himmlisch lecker
20 Min. + 20 Min. Backen

pro Portion ca. 237 kcal, 99 kcal/100 g
11 g E (20 %) · 14 g F (52 %) · 16 g KH (28 %)

ZUTATEN
FÜR 2 PORTIONEN

2 Pfirsiche
100 g Erdbeeren
150 g Joghurt (3,5 % Fett)
2 Eier · 2 TL Zucker
1/2 TL abgeriebene Schale von einer unbehandelten Zitrone
1/4 TL Zimtpulver
20 g Mandelstifte

ZUBEREITUNG

1. Den Backofen auf 200° (Umluft 180°) vorheizen. Die Pfirsiche kurz in kochendes Wasser legen, kalt abschrecken und die Haut abziehen. Die Pfirsiche halbieren und den Stein entfernen. Das Fruchtfleisch in kleine Schnitze schneiden.

2. Die Erdbeeren waschen, die Kelchblätter abzupfen und die Beeren halbieren. Pfirsichschnitze und Erdbeerhälften dachziegelartig in eine flache beschichtete Form legen.

3. Mit dem Handrührgerät Joghurt, Eier, Zucker, Zitronenschale und Zimt glatt rühren. Den Guss über die Pfirsiche gießen. Das Gratin mit Mandelstiften bestreuen und im Ofen (Mitte) 20 Min. backen.

Kirsch-Quark-Soufflé

Gratinierte Früchte

LowCarb-Backideen

Aus dem Ofen kommt Vollkorn in seiner kreativsten Form auf den Tisch! Erst recht in der LowCarb-Küche. Denn hier trifft das Getreidekorn die tollsten Begleiter: In unseren Teigen stecken reichlich Nüsse, Mandeln und kleine Knuspersamen. So werden Brötchen, Küchlein und

Tortenböden zu Leckerbissen. Aber wir können auch in Bunt: Frisches Obst macht Kuchen zum Augen- und Gaumenschmaus und tut dem Kalorienkonto gut. Joghurt und Frischkäse bringen feine Frische und wertvolles Eiweiß. Zartherbe Schokolade jedoch ist und bleibt ein Genuss-Plus!

Quarkfladen

leicht und lecker

10 Min. + 40 Min. Backen

pro Stück ca. 40 kcal, 144 kcal/100 g
4 g E (47 %) · 2 g F (45 %) · 1 g KH (8 %)

ZUTATEN FÜR 8 STÜCK

100 g Magerquark
2 Eier
1 Prise Salz
1 EL Sesam
1 EL Gluten (Weizenkleber; Reformhaus oder Bioladen)

ZUBEREITUNG

1. Den Backofen auf 150° vorheizen. Ein Blech mit Backpapier belegen. Den Quark gut auspressen. Die Eier trennen, die Eiweiße mit Salz steif schlagen. Die Eigelbe mit Quark cremig rühren.

2. Sesam und Gluten mischen und zusammen mit dem Eischnee vorsichtig unter die Quarkmasse heben.

3. Mit einem Esslöffel 8 gleich große Portionen auf das Blech setzen. Im Ofen (Mitte, Umluft 130°) 40 Min. backen. Die Quarkfladen im Ofen auskühlen lassen.

Variante Die Quarkfladen ohne Sesam und Gluten zubereiten. Die Quarkmasse mit 1 TL Anispulver würzen.

Buttermilchbrötchen

ausgesprochen fein

25 Min. + 45 Min. Ruhen + 35 Min. Backen

pro Stück ca. 148 kcal, 274 kcal/100 g
8 g E (22 %) · 6 g F (38 %) · 15 g KH (40 %)

ZUTATEN FÜR 12 STÜCK

200 ml Buttermilch
1 TL Honig
1 Würfel Hefe (42 g)
100 g gemahlene Mandeln
2 EL Sojaflocken
2 EL Gluten (Weizenkleber; Reformhaus oder Bioladen)
200 g Dinkelmehl (Type 1050)
1 TL Salz
1 TL Brotgewürz (Reformhaus)
4 EL Rapsöl
2 EL Amaranth

ZUBEREITUNG

1. Die Buttermilch mit dem Honig leicht erwärmen, die Hefe darin auflösen. Gemahlene Mandeln mit Sojaflocken, Gluten, Dinkelmehl, Salz und Brotgewürz vermischen.

2. Die Hefe-Buttermilch und das Öl zum Mehl geben, alles gut vermischen. Den Teig ca. 10 Min. kneten. Danach zugedeckt 30 Min. an einem warmen Ort gehen lassen.

3. Den Ofen auf 200° vorheizen. Ein Blech mit Backpapier belegen. Den gegangenen Teig kräftig durchkneten. Daraus 12 runde Brötchen formen, auf das Blech legen und zugedeckt nochmals 15 Min. gehen lassen.

4. Die Brötchen sternförmig einschneiden, mit lauwarmem Wasser bestreichen und mit Amaranth bestreuen. Eine ofenfeste Tasse mit Wasser in den Backofen stellen. Die Buttermilchbrötchen im Ofen (Mitte, Umluft 180°) 30–35 Min. backen.

Partybrötchen

super einzufrieren

20 Min. + 30 Min. Backen

pro Stück ca. 93 kcal, 208 kcal/100 g

5 g E (24 %) · 3 g F (34 %) · 9 g KH (42 %)

ZUTATEN FÜR 12 STÜCK

150 g Frischkäse (16 % Fett absolut; ersatzweise Magerquark)
5 EL Rapsöl · 5 EL Milch
1 Ei · 1 TL Salz
1/2 TL Anispulver
1 TL Fenchelsamen
2 EL Leinsamenschrot (Reformhaus)
1 EL Gluten (Weizenkleber; Reformhaus oder Bioladen)
150 g Weizenvollkornmehl · 2 TL Weinstein-Backpulver · 1 Eigelb
1 EL Haferflocken zum Bestreuen

ZUBEREITUNG

1. Den Backofen auf 200° vorheizen. Ein Blech mit Backpapier belegen.

2. Den Frischkäse mit Öl, 4 EL Milch, Ei und Salz glatt rühren. Anispulver, Fenchel und Leinsamen zugeben. Gluten mit Weizenmehl und Backpulver mischen, dazugeben und alles zu einem glatten Teig verkneten.

3. 12 kleine runde Brötchen formen und auf das Backblech legen. Das Eigelb mit 1 EL Milch verrühren, die Brötchen damit bestreichen und mit Haferflocken bestreuen.

4. Die Brötchen im Ofen (Mitte, Umluft 180°) 25–30 Min. backen.

Tipp Die Partybrötchen können Sie bestens auf Vorrat backen und nach dem Abkühlen einfrieren. Je nach Bedarf im Backofen bei 100° etwa 8 Min. auftauen lassen.

Sonnenblumenbrötchen

klassisch, kernig

25 Min. + 60 Min. Ruhen + 35 Min. Backen

pro Stück ca. 187 kcal, 276 kcal/100 g

7 g E (16 %) · 8 g F (37 %) · 21 g KH (47 %)

ZUTATEN FÜR 12 STÜCK

250 g Kefir
1 EL Ahornsirup
1 Würfel Hefe (42 g)
4 EL Sonnenblumenkerne
1 TL gemahlener Koriander
1/2 TL Salz
100 g kernige Vollkorn-Haferflocken
100 g gemahlene Mandeln
2 EL Haferkleie
250 g Roggenschrot

ZUBEREITUNG

1. Den Kefir mit Ahornsirup leicht erwärmen, die Hefe darin auflösen. 2 EL Sonnenblumenkerne grob hacken. Diese mit Koriander, Salz, Haferflocken, Mandeln, Kleie und Roggenschrot mischen.

2. Den Kefir mit der aufgelösten Hefe dazugeben und gut vermischen. Den Teig 10 Min. kneten. Danach zugedeckt 45 Min. an einem warmen Ort gehen lassen.

3. Ofen auf 200° vorheizen. Ein Blech mit Backpapier belegen. Den Teig kräftig durchkneten. 12 runde Brötchen formen und diese zugedeckt nochmals 15 Min. gehen lassen.

4. Die Brötchen nach Belieben sternförmig einschneiden, mit lauwarmem Wasser bestreichen und mit den übrigen Sonnenblumenkernen bestreuen. Im Ofen (Mitte, Umluft 180°) 30–35 Min. backen. Eine ofenfeste Tasse voll Wasser mit hineinstellen.

Nussbrot

wandelbar

30 Min. + 1 Std. 15 Min. Gehen
+ 1 Std. Backen

pro Scheibe ca. 167 kcal, 300 kcal/100 g
6 g E (15 %) · 10 g F (52 %) · 14 g KH (33 %)

ZUTATEN FÜR 1 BROT (20 SCHEIBEN)

300 g Dinkelmehl (Type 1050)
50 g Buchweizenmehl
50 g Sojamehl · 1 TL Salz
1 TL gemahlener Koriander
1/2 TL geriebene Muskatnuss
1 Würfel Hefe (42 g)
375 ml lauwarmes Wasser
1 TL Honig · 4 EL Olivenöl
100 g grob gemahlene Walnüsse
100 g grob gemahlene Haselnüsse
50 g grob gehackte Kürbiskerne
Dinkelmehl zum Bestäuben
Mehl zum Arbeiten

ZUBEREITUNG

1. Das Dinkelmehl mit Buchweizen- und Sojamehl in einer Schüssel mischen. Das Salz, Koriander und Muskat dazugeben.

2. Die Hefe zerbröckeln, in dem lauwarmen Wasser auflösen, mit Honig und Olivenöl unter die Mehlmischung geben und alles gründlich verkneten. Den Teig zugedeckt 1 Std. gehen lassen.

3. Den Backofen auf 200° vorheizen. Ein Blech mit Backpapier belegen. Die Walnüsse mit den Haselnüssen und Kürbiskernen in einer Pfanne ohne Fett leicht anrösten. Die Mischung unter den Teig kneten. Den Teig auf bemehlter Arbeitsfläche zu einem ovalen Laib formen. Nochmals 15 Min. gehen lassen.

4. Eine ofenfeste Tasse mit heißem Wasser in den Backofen stellen. Das Brot auf das Backblech legen, mit etwas Dinkelmehl bestäuben. Im Ofen (Mitte, Umluft 180°) ca. 1 Std. backen. Das Brot auf einem Kuchengitter auskühlen lassen.

Besonders Das Nussbrot vor dem Backen mit Wasser einpinseln und mit Weizenkleie oder in feine Scheiben geschnittenen Haselnüssen bestreuen.

Variante **Nuss-Stangen** bringen Abwechslung auf den Feiertags-Frühstückstisch und sind Hingucker im Buffet-Brotkorb: Den Brotteig wie im Grundrezept zubereiten und 1 Std. gehen lassen. Den Backofen auf 200° vorheizen. Die Nüsse leicht anrösten und abkühlen lassen. Nussmischung unter den Teig kneten. Aus dem Teig etwa 20 kleine Stangen formen und auf ein mit Backpapier belegtes Blech geben. Die Oberfläche mit Wasser einpinseln und nach Belieben mit 1 EL Haferkleie oder Sonnenblumenkernen bestreuen.

Sauerteigbrot

der Klassiker

30 Min. + 2 Std. 15 Min. Gehen + 1 Std. Backen

pro Scheibe ca. 106 kcal, 196 kcal/100 g

5 g E (18 %) · 1 g F (7 %) · 19 g KH (75 %)

ZUTATEN FÜR 2 BROTE (JE 18 SCHEIBEN)

je 250 g Gerste und Grünkern, mittelfein geschrotet
500 g Roggenvollkornschrot
50 g Gluten (Weizenkleber; Reformhaus oder Bioladen)
1 TL gemahlener Koriander
1 TL Kümmel
1 EL Salz
1 Würfel Hefe (42 g)
400 g Dickmilch (3,5 % Fett)
150 g Sauerteig (Reformhaus oder selbst angesetzt; siehe Kasten rechts)
Roggenvollkornschrot zum Bestäuben und Arbeiten

ZUBEREITUNG

1. Alle drei Schrotsorten in eine Schüssel geben, 2 EL davon abnehmen, den Rest mit Gluten, Gewürzen und Salz mischen.

2. Die Hefe zerbröckeln, mit 300 ml Wasser, Dickmilch und Sauerteig verrühren und zu der Schrotmischung geben. Alles gut vermischen und den Teig ca. 10 Min. kneten. Der Brotteig muss glatt und elastisch sein. Den Teig leicht mit Schrot bestäuben und zugedeckt an einem warmen Ort 2 Std. gehen lassen.

3. Den Backofen auf 200° vorheizen. Ein Backblech mit Backpapier belegen. Den Brotteig auf bemehlter Arbeitsfläche kräftig durchkneten. In 2 gleich große Stücke teilen, jedes zu einem runden oder länglichen Laib formen und auf das Backblech legen.

4. Die Oberfläche der Laibe mit Wasser einpinseln und mit dem beiseite gestellten Schrot bestreuen. Die Laibe mit einem scharfen Messer mehrmals einritzen und nochmals 45 Min. gehen lassen.

5. Eine ofenfeste Tasse mit heißem Wasser in den Backofen stellen. Die Brote im Ofen (unten, Umluft 180°) 30 Min. backen. Die Temperatur auf 180° (Umluft 160°) herunterschalten. Die Brote in weiteren 30 Min. fertig backen.

Besonders 100 g Leinsamen in lauwarmem Wasser ca. 4 Std. einweichen, auf einem Sieb gut abtropfen lassen und unter den Brotteig kneten.

Brotbacktipps

Sauerteig selbst ansetzen 200 g Roggenmehl (Type 1370) mit 1 EL Honig und ca. 250 ml lauwarmem Wasser mischen und rühren, bis ein glatter Brei entstanden ist. Den Brei zugedeckt an einem warmen Ort 3 Tage stehen lassen, dabei täglich mit einem Holzlöffel einmal durchrühren. Am dritten Tag ist der Sauerteig fertig. Den Sauerteig bis zur Verwendung in ein Schraubglas füllen und in den Kühlschrank stellen. Hält sich ca. 6 Wochen.

Fürs richtige Klima im Ofen Geben Sie beim Backen von Brot oder Brötchen Wasser in ein ofenfestes Gefäß (z. B. eine Tasse), und stellen Sie es mit in den Backofen. Der Teig kann dann schön aufgehen.

Der Klopftest Um festzustellen, ob ein Brot ausreichend lang gebacken ist, machen Sie den Klopftest. Nehmen Sie das Brot mit einem Handschuh oder Küchentuch hoch, und klopfen Sie mit den Fingerknöcheln auf die Unterseite. Klingt es hohl, ist das Brot fertig. (Foto ganz unten)

Dinkel-Sonnenblumenbrot

fein gewürzt

30 Min. + 14 Std. Gehen + 1 Std. 30 Min. Backen

pro Scheibe ca. 255 kcal, 206 kcal/100 g

5 g E (14 %) · 3 g F (15 %) · 27 g KH (7 %)

ZUTATEN FÜR 1 KASTENFORM VON 30 CM LÄNGE (20 SCHEIBEN)

1 TL Backferment und 150 g Sauerteig (beides aus dem Reformhaus)
1,2 kg Dinkelschrot
je 1 TL gemahlener Koriander und Fenchel
1 TL Salz · 100 g Sonnenblumenkerne
Öl für die Form
etwas Dinkelschrot zum Bestreuen

ZUBEREITUNG

1. 300 ml lauwarmes Wasser mit dem Backferment, dem Sauerteig und 300 g Dinkelschrot verrühren. Zugedeckt über Nacht stehen lassen.

2. Am nächsten Tag die Gewürze und das Salz mit dem restlichen Dinkelschrot mischen. 400 ml Wasser und den Vorteig dazugeben und alles gut verrühren.

3. Den Backofen auf 220° (Umluft 200°) vorheizen. Die Sonnenblumenkerne und noch etwa 400 ml Wasser zum Teig geben. Kneten, bis er Fäden zieht. Die Form mit Öl einpinseln. Den Teig in die Form geben und 2 Std. gehen lassen.

4. Die Teigoberfläche mit Wasser einpinseln, etwas einritzen und mit Dinkelschrot bestreuen. Das Brot im heißen Backofen (Mitte) ca. 1 Std. 30 Min. backen.

Windbeutel mit Basilikumcreme

Windbeutel Grundrezept

mmmh, selbst gemacht
25 Min. + 25 Min. Backen
pro Stück ca. 33 kcal, 142 kcal/100 g
2 g E (21 %) · 1 g F (36 %) · 3 g KH (44 %)

ZUTATEN FÜR 20 KLEINE WINDBEUTEL

100 g Dinkelmehl (Type 1050)
1 TL Weinstein-Backpulver
2 EL Leinsamenschrot (Reformhaus)
4 EL Rapsöl
1/2 TL Salz · 2 Eier

ZUBEREITUNG

1. Den Backofen auf 200° vorheizen. Ein Blech mit Backpapier belegen. Das Dinkelmehl mit Backpulver und Leinsamenschrot mischen.

2. 200 ml Wasser mit dem Rapsöl und Salz aufkochen. Den Topf von der Kochstelle ziehen, das Mehl auf einmal hineinschütten, gut unterrühren.

3. Den Topf zurück auf die Kochstelle stellen und weiterrühren, bis sich der Teig in einem Kloß vom Topfboden löst. Den Topf wieder von der Kochstelle nehmen. Die Eier einzeln unterrühren. Es muss sich immer wieder ein Kloß bilden.

4. Den Teig in einen Spritzbeutel mit glatter Tülle füllen. Kleine Windbeutel auf das vorbereitete Backblech spritzen oder mit zwei Teelöffeln kleine Häufchen auf das Blech setzen.

5. Die Windbeutel im Ofen (Mitte, Umluft 180°) in 20–25 Min. goldbraun backen. Während der ersten 10 Min. den Backofen nicht öffnen, damit die Windbeutel schön aufgehen. Die gebackenen Windbeutel herausnehmen und abkühlen lassen.

Windbeutel mit Nusscreme

Curry-aromatisch
15 Min.
pro Stück ca. 55 kcal, 150 kcal/100 g
3 g E (21 %) · 3 g F (50 %) · 4 g KH (29 %)

ZUTATEN FÜR 20 KLEINE WINDBEUTEL

1 Grundrezept Windbeutel (oben)

Für die Füllung:
25 g Cashewkerne
20 g Pistazien
200 g Frischkäse (16 % Fett absolut)
1 TL Zitronensaft
1/2 TL Currypulver
1 EL Olivenöl · Salz

ZUBEREITUNG

1. Die Windbeutel zubereiten wie oben im Grundrezept beschrieben.

2. Für die Füllung Cashewkerne und Pistazien fein hacken. Den Frischkäse mit Zitronensaft glatt rühren. Die gehackten Nüsse, Currypulver und Olivenöl unterrühren. Die Creme mit Salz würzen.

3. Von den Windbeuteln mit einem scharfen Messer oder mit einer Schere Deckel abschneiden. Die Windbeutel mit der Frischkäse-Nuss-Creme füllen. Die Deckel wieder aufsetzen.

Windbeutel mit Basilikumcreme

italienisch inspiriert
20 Min.
pro Stück ca. 64 kcal, 162 kcal/100 g
3 g E (20 %) · 4 g F (56 %) · 4 g KH (24 %)

ZUTATEN FÜR 20 KLEINE WINDBEUTEL

1 Grundrezept Windbeutel (oben)

Für die Füllung:
1 Bund Basilikum
30 g Pinienkerne
200 g Ricotta (italienischer Frischkäse)
50 g Crème légère
1/2 TL Honigsenf
Salz · Pfeffer

ZUBEREITUNG

1. Die Windbeutel zubereiten wie oben im Grundrezept beschrieben.

2. Basilikum waschen, trockenschütteln, die Blättchen grob hacken. Die Pinienkerne in einer Pfanne ohne Fett kurz anrösten.

3. Ricotta mit der Crème légère und den gehackten Basilikumblättern mit dem Pürierstab fein pürieren. Den Senf unterrühren. Die Basilikumcreme mit Salz und Pfeffer würzen. Die Pinienkerne unterheben.

4. Von den Windbeuteln mit einem scharfen Messer oder mit einer Schere Deckel abschneiden. Die Windbeutel mit Basilikumcreme füllen. Die Deckel wieder aufsetzen.

Windbeutel mit Avocadocreme

mit Chili-Kick
20 Min.
pro Portion ca. 54 kcal, 146 kcal/100 g
3 g E (21 %) · 3 g F (52 %) · 4 g KH (28 %)

ZUTATEN FÜR 20 KLEINE WINDBEUTEL

1 Grundrezept Windbeutel (oben)

Für die Füllung:
2 Stängel frische Minze
1 frische rote Chilischote
1/2 reife Avocado
1 TL Weißweinessig
150 g körniger Frischkäse
Cayennepfeffer · Salz

ZUBEREITUNG

1. Die Windbeutel zubereiten wie oben im Grundrezept beschrieben.

2. Die Minze waschen, trockenschütteln und fein hacken. Chilischote waschen, putzen, längs halbieren, die Samen entfernen. Die Chilihälften quer in feine Streifen schneiden.

3. Von der Avocadohälfte gegebenenfalls den Kern entfernen, das Fruchtfleisch aus der Schale heben und grob würfeln, mit Weißweinessig und Frischkäse pürieren. Chilischotenstreifen und gehackte Minze unterrühren. Mit Cayennepfeffer und Salz würzen.

4. Von den Windbeuteln mit einem scharfen Messer oder mit einer Schere Deckel abschneiden und die Windbeutel mit Avocadocreme füllen. Die Deckel wieder aufsetzen.

Beeren-Muffins

wandelbar
20 Min. + 25 Min. Backen
pro Stück ca. 133 kcal, 202 kcal/100 g
4 g E (13 %) · 7 g F (49 %) · 13 g KH (38 %)

ZUTATEN FÜR 12 STÜCK
100 g Dinkelmehl (Type 1050)
2 TL Weinstein-Backpulver
100 g gemahlene Haselnüsse
50 g blütenzarte Haferflocken
250 g Beeren, frisch oder TK
(z. B. Heidelbeeren, Johannisbeeren, Himbeeren)
1 Ei · 1 TL Naturvanille (Reformhaus oder Bioladen)
3 EL Fruchtzucker
100 ml Rapsöl
200 g Joghurt (1,5 % Fett)
Öl für das Muffinblech

ZUBEREITUNG

1. Den Backofen auf 175° vorheizen. Die Vertiefungen des Muffinblechs dünn einfetten.

2. Dinkelmehl mit Backpulver, Haselnüssen und Haferflocken mischen. Die Beeren waschen, wenn nötig verlesen.

3. Das Ei mit Vanille, Fruchtzucker, Öl und Joghurt glatt rühren. Die Mehlmischung unterrühren. Beeren vorsichtig unterheben.

4. Den Teig in die Blechvertiefungen einfüllen. Die Muffins im Ofen (Mitte, Umluft 160°) in 20–25 Min. goldbraun backen.

Austauschen Hochsommer – Aprikosenzeit! Lassen Sie die gelbsamtigen Früchtchen doch einfach mal im Muffinteig verschwinden. Schmeckt gaumenkitzelnd süßsäuerlich: 200 g frische Aprikosen waschen, entsteinen und das Fruchtfleisch klein würfeln. Den Teig statt mit Haselnüssen mit gemahlenen Mandeln zubereiten, die Naturvanille weglassen. Die Aprikosenstückchen unter den Teig mischen und die Muffins wie oben im Rezept beschrieben backen.

Apfel-Muffins

Apfel-Muffins

zum Mitnehmen
20 Min. + 25 Min. Backen
pro Stück ca. 153 kcal, 167 kcal/100 g
4 g E (13 %) · 3 g F (21 %) · 23 g KH (66 %)

ZUTATEN FÜR 12 STÜCK

2 mittelgroße Äpfel
1 unbehandelte Orange
100 g Amaranth
200 g Weizenvollkornmehl
1 TL Weinstein-Backpulver
1 Ei · 50 g Rohrzucker
100 ml Rapsöl
250 ml Buttermilch
Öl für das Muffinblech

ZUBEREITUNG

1. Den Backofen auf 175° vorheizen. Die Vertiefungen des Muffinblechs dünn einfetten. Äpfel schälen, vierteln, jeweils Stiel, Blütenansatz und das Kernhaus entfernen, die Viertel quer in Scheiben schneiden.

2. Die Orange heiß waschen, gut trocknen und 1 TL Schale abreiben. Die Orange bis ins Fruchtfleisch schälen, dabei die weiße Haut entfernen. Das Orangenfruchtfleisch klein würfeln und mit den Äpfeln vermischen. Den Amaranth kurz anrösten. Mehl mit Backpulver mischen.

3. Das Ei mit Rohrzucker, Öl und der Buttermilch verrühren. Apfel- und Orangenstückchen dazugeben. Amaranth und Weizenmehl unterrühren. Den Teig in die Blechvertiefungen einfüllen.

4. Die Muffins im Ofen (Mitte, Umluft 160°) in 20–25 Min. goldbraun backen.

Tipp 50 g Backpflaumen oder getrocknete Aprikosen klein würfeln, mit den vorbereiteten Äpfeln und Orangenfruchtfleisch vermischen.

Schoko-Bananen-Muffins

fruchtsüß und kakaoherb
25 Min. + 25 Min. Backen
pro Stück ca. 189 kcal, 249 kcal/100 g
5 g E (11 %) · 11 g F (54 %) · 15 g KH (34 %)

ZUTATEN FÜR 12 STÜCK

50 g Edelbitterschokolade (70 % Kakao)
3 mittelgroße Bananen (ca. 400 g)
75 g Dinkelmehl (Type 1050)
2 TL Weinstein-Backpulver
150 g gemahlene Mandeln
2 Eier · 3 EL Honig
100 ml Rapsöl
Öl für das Muffinblech

ZUBEREITUNG

1. Den Backofen auf 175° vorheizen. Die Vertiefungen des Muffinblechs dünn einfetten. Schokolade über dem heißen Wasserbad schmelzen.

2. Die Bananen schälen und mit einer Gabel zerdrücken. Das Dinkelmehl mit Backpulver und Mandeln mischen.

3. Eier mit dem Honig und dem Öl glatt rühren. Die geschmolzene Schokolade und die zerdrückten Bananen unterrühren. Die Mehl-Mandel-Mischung vorsichtig unterheben.

4. Den Teig in die Blechvertiefungen einfüllen. Die Muffins im Ofen (Mitte, Umluft 160°) 20–25 Min. backen. (Rezeptfoto rechts)

Bringt die Küchlein in Form

Muffinbleche gibt es unbeschichtet und antihaftbeschichtet, mit 6 oder auch 12 Mulden. Relativ neu und durchaus praktisch sind die Flexi-Formen aus Silikon. Falls sie kein Muffinblech besitzen, können Sie auch Papier-Backförmchen nehmen: Je zwei ineinander stellen, dann bleibt die Papierform beim Teig-Einfüllen und Backen auch stabil.

Immer schön locker bleiben

Muffinteig geht gut auf und wird schön locker, wenn Sie trockene und flüssige Zutaten zunächst getrennt voneinander mischen. Erst dann alles kurz zusammenrühren, sofort in die Förmchen füllen und backen. Steht der Teig noch lange herum, werden die Muffins schwer und trocken. Wird das Gebäck im Ofen zu schnell braun, es mit Alufolie oder Backpapier abdecken. Und die Miniküchlein immer erst kurz auskühlen lassen und dann stürzen.

Aprikosen-Käsekuchen

ZUTATEN
FÜR 1 TARTEFORM VON
28 cm Ø (12 STÜCK)

2 EL weißes Mandelmus (Reformhaus, Bioladen)
1 Ei · 3 EL Milch
100 g gemahlene Mandeln
75 g Dinkelmehl (Type 1050)

Für den Belag:
600 g frische Aprikosen · 3 Eier
Salz · 500 g Magerquark
3 EL Ahornsirup · 1 EL Orangensaft · 1 EL Gluten (Weizenkleber; Reformhaus oder Bioladen) · Öl für die Form
Mehl zum Arbeiten

fruchtig-frisch
45 Min. + 50 Min. Backen

pro Stück ca. 170 kcal, 137 kcal/100 g
11 g E (26 %) · 9 g F (45 %) · 12 g KH (29 %)

ZUBEREITUNG

1. Den Backofen auf 175° vorheizen. Die Form dünn einfetten. Das Mandelmus mit Ei und Milch verrühren. Mandeln und Dinkelmehl dazugeben und rasch zu einem glatten Teig verarbeiten. Den Teig ausrollen und in die Form legen, dabei einen 1 cm hohen Rand formen. Kühl stellen.

2. Aprikosen kurz in kochendes Wasser legen, kalt abschrecken und die Haut abziehen. Früchte halbieren, dabei den Stein herauslösen.

3. Die Eier trennen, die Eiweiße mit einer Prise Salz steif schlagen. Die Eigelbe mit Magerquark, Ahornsirup und dem Orangensaft verrühren. Eischnee und Gluten unterheben.

4. Die Quarkmasse auf dem Teigboden verteilen. Die Aprikosenhälften darauf verteilen. Den Kuchen im Ofen (Mitte, Umluft 160°) 50 Min. backen.

Austauschen Größere Früchte, weniger Arbeit! Wenn Sie statt der Aprikosen frische Pfirsiche nehmen, sparen Sie sich Zeit beim Häuten. Denn Sie brauchen nur etwa 4 Früchte. Diese werden genauso wie die Aprikosen im Rezept vorbereitet, die Hälften dann in schmale Spalten geschnitten.

Käsekuchen mit Pumpernickelboden

ZUTATEN
FÜR 1 SPRINGFORM VON
26 cm Ø (12 STÜCK)

50 g Pumpernickel
1 unbehandelte Zitrone
4 Eier · 1 Prise Salz
2 EL Rohrzucker
1 kg Magerquark
2 EL Schmand (24 % Fett)
4 EL Agavendicksaft (Reformhaus, Bioladen)
6 EL Vollkorngrieß
Öl für die Form

auf Krümel gesetzt
20 Min. + 45 Min. Backen

pro Stück ca. 138 kcal, 117 kcal/100 g
14 g E (43 %) · 3 g F (19 %) · 13 g KH (38 %)

ZUBEREITUNG

1. Den Backofen auf 175° vorheizen. Die Springform dünn einfetten. Pumpernickel fein zerkrümeln und auf dem Boden der Form verteilen. Die Zitrone heiß waschen, trocknen, die Schale abreiben und den Saft auspressen.

2. Die Eier trennen. Eiweiße mit Salz steif schlagen. Rohrzucker unter Rühren dazugeben. Die Eigelbe mit Quark, Schmand, Agavendicksaft, Zitronensaft und -schale cremig rühren. Den Vollkorngrieß unterrühren.

3. Den Eischnee unter die Quarkcreme ziehen. Den Teig in die Form füllen. Im Ofen (Mitte, Umluft 160°) ca. 45 Min. backen. Den Käsekuchen leicht abgekühlt aus der Form lösen.

Joghurt-Grießkuchen mit Johannisbeeren

ZUTATEN
FÜR 1 SPRINGFORM VON
26 cm Ø (12 STÜCK)

500 g Johannisbeeren
1/2 Vanilleschote
500 ml Milch (1,5 % Fett)
125 g Vollkorngrieß
300 g Joghurt (1,5 % Fett)
4 EL Rapsöl · 2 EL Ahornsirup
3 Eier · Salz · 2 EL Rohrzucker
100 g Mandelblättchen
Öl für die Form

endlich Sommer
30 Min. + 50 Min. Backen

pro Stück ca. 194 kcal, 133 kcal/100 g
7 g E (15 %) · 11 g F (50 %) · 16 g KH (35 %)

ZUBEREITUNG

1. Den Backofen auf 175° vorheizen. Die Form dünn einfetten. Die Johannisbeeren waschen und von den Rispen streifen.

2. Die Vanilleschote längs aufschlitzen, das Mark herauskratzen und mit der Milch zum Kochen bringen. Den Grieß unter Rühren dazugeben. Von der Kochstelle nehmen und ausquellen lassen.

3. Den Joghurt mit Öl und Ahornsirup glatt rühren. Die Eier trennen. Eigelbe und den Grießbrei nach und nach unterrühren. Die Eiweiße mit einer Prise Salz steif schlagen, den Rohrzucker und 50 g Mandelblättchen unterziehen. Eischnee mit den Johannisbeeren unter die Joghurt-Grieß-Mischung heben.

4. Teig in die Form füllen, mit den übrigen Mandelblättchen bestreuen. Den Kuchen im Ofen (Mitte, Umluft 160°) in 50 Min. goldbraun backen, vor dem Herauslösen aus der Form leicht abkühlen lassen.

Austauschen Den Kuchen mit 600 g frischen Kirschen oder 600 g Stachelbeeren zubereiten.

Käsekuchen mit Pumpernickelboden

Joghurt-Grießkuchen mit Johannisbeeren

Erdbeertorte mit Avocadocreme

Mango-Schokoladen-Torte

fruchtig glasiert

40 Min. + 20 Min. Backen

pro Stück ca. 140 kcal, 138 kcal/100 g

4 g E (13 %) · 8 g F (54 %) · 11 g KH (32 %)

ZUTATEN FÜR 1 SPRINGFORM VON 26 cm Ø (12 STÜCK)

50 g Edelbitterschokolade (70 % Kakao)
3 Eier · 1 Prise Salz
4 EL Rapsöl
100 g gemahlene Mandeln
3 vollreife Mangos
1 EL Zitronensaft
4 EL Agavendicksaft (Reformhaus, Bioladen)
1 Päckchen klarer Tortenguss
250 ml frisch gepresster Orangensaft
1 EL gehackte Pistazien

ZUBEREITUNG

1. Den Backofen auf 175° (Umluft 160°) vorheizen. Die Form mit Backpapier auslegen. Die Schokolade über dem heißen Wasserbad schmelzen.

2. Eier trennen. Die Eiweiße mit dem Salz steif schlagen. Eigelbe mit Öl und geschmolzener Schokolade glatt rühren. Den Eischnee und die Mandeln unter den Teig ziehen. Teig in die Form füllen und im heißen Ofen (Mitte) 20 Min. backen.

3. Inzwischen die Mangos längs am Kern entlang aufschneiden. Die Mangohälften schälen und in schmale Spalten schneiden. Zitronensaft mit 1 EL Agavendicksaft verrühren, mit den Mangospalten vermischen.

4. Den Schokoladenkuchen aus dem Ofen nehmen, leicht abkühlen lassen, dann aus der Form nehmen. Den Kuchen rundum mit 1 EL Agavendicksaft bestreichen, mit den Mangospalten belegen.

5. Das Tortengusspulver mit Orangensaft und 2 EL Agavendicksaft verrühren, nach Packungsangabe den Guss kochen und über den Mangos verteilen. Den Rand mit Pistazienkernen bestreuen.

Erdbeertorte mit Avocadocreme

prima vorzubereiten

40 Min. + 20 Min. Backen

pro Stück ca. 135 kcal, 147 kcal/100 g

6 g E (19 %) · 7 g F (49 %) · 10 g KH (31 %)

ZUTATEN FÜR 1 SPRINGFORM VON 26 cm Ø (12 STÜCK)

3 Eier
2 EL Rohrzucker
4 EL Agavendicksaft (Reformhaus, Bioladen)
50 g Sojacrisp
50 g Dinkelmehl (Type 1050)
500 g kleine Erdbeeren
1 reife Avocado
1 EL Zitronensaft
150 g Frischkäse (16 % Fett absolut)
1 EL gehackte Pistazien

ZUBEREITUNG

1. Backofen auf 175° (Umluft 160°) vorheizen. Die Form mit Backpapier auslegen. Die Eier trennen. Die Eiweiße steif schlagen, 1 EL Rohrzucker unter Rühren dazugeben.

2. Die Eigelbe mit Agavendicksaft über dem heißen Wasserbad 10 Min. cremig schlagen. Eischnee, Sojacrisp und Dinkelmehl locker unterheben. Den Teig in die Form füllen. Im heißen Ofen (Mitte) 20 Min. backen.

3. Inzwischen die Erdbeeren waschen und putzen, größere Beeren halbieren. Die Avocado halbieren, den Kern entfernen, das Fruchtfleisch herauslösen und klein würfeln. Das Avocadofruchtfleisch mit Zitronensaft, 1 EL Rohrzucker und Frischkäse pürieren.

4. Den Kuchen aus dem Ofen nehmen, leicht abkühlen lassen, dann aus der Form lösen. Das Backpapier abziehen. Die Avocadocreme auf dem Kuchenboden verteilen und mit den Erdbeeren belegen. Mit den Pistazien garnieren.

Tipp Den Boden können Sie schon am Vortag backen. Creme und Beeren sind am nächsten Tag dann in Nullkommanichts vorbereitet und darauf geschichtet.

Brombeer-Mascarpone-Torte

himmlisch lecker

40 Min. + 20 Min. Backen

pro Stück ca. 184 kcal, 137 kcal/100 g

10 g E (23 %) · 11 g F (55 %) · 10 g KH (22 %)

ZUTATEN FÜR 1 SPRINGFORM VON 26 cm Ø (12 STÜCK)

3 Eier
1 Prise Salz
4 EL Agavendicksaft (Reformhaus, Bioladen)
1 TL Carobpulver (Reformhaus)
50 g Buchweizenmehl
1 EL Gluten (Weizenkleber; Reformhaus oder Bioladen)
500 g Brombeeren
1 unbehandelte Orange
500 g Magerquark
250 g Mascarpone
flüssiger Süßstoff nach Belieben
2 EL gehackte Walnüsse

ZUBEREITUNG

1. Backofen auf 175° (Umluft 160°) vorheizen. Die Form mit Backpapier auslegen.

2. Die Eier trennen. Eiweiße mit Salz steif schlagen. Eigelbe mit Agavendicksaft über dem heißen Wasserbad 10 Min. schlagen. Das Carobpulver mit Buchweizenmehl und Gluten mischen und mit dem Eischnee locker unter die Eigelbcreme heben. Den Teig in die Form füllen. Im heißen Ofen (Mitte) 20 Min. backen.

3. Inzwischen die Brombeeren verlesen, wenn nötig waschen. Die Orange heiß waschen und trockenreiben. 1 TL Schale abreiben, den Saft auspressen. Den Magerquark mit Mascarpone, Orangenschale und -saft cremig rühren und etwas Süßstoff nach Belieben unterrühren. Die Walnüsse unterheben.

4. Den Kuchen aus dem Ofen nehmen, leicht abkühlen lassen, dann aus der Form lösen. Die Mascarponecreme auf dem Boden verteilen und mit Brombeeren belegen.

Dasselbe in Grün: Kiwicremetorte

Den Schokoladenboden wie bei der Mangotorte beschrieben zubereiten. Für die Creme 4 Kiwis schälen und klein würfeln. Mit 2 EL Agavendicksaft 5 Min. bei geringer Hitze dünsten, abkühlen lassen und pürieren. 200 g Frischkäse (16 % Fett absolut) unter das Kiwipüree rühren. 100 g geschlagene Sahne unterziehen. Die Kiwicreme auf dem Schokoladenboden verteilen. Mit gehackten Pistazien und Melisseblättchen dekorieren. Die leckere, aber sehr gehaltvolle süße Sünde enthält pro Stück ca. 158 kcal, 263 kcal/100 g, 5 g Eiweiß (12 %), 13 g Fett (74 %), 5 g Kohlenhydrate (14 %).

Apfel-Haferflocken-kuchen

leicht und lecker
30 Min. + 20 Min. Backen
pro Stück ca. 103 kcal, 117 kcal/100 g
5 g E (21 %) · 3 g F (30 %) · 12 g KH (49 %)

ZUTATEN FÜR 1 SPRINGFORM VON 26 cm Ø (12 STÜCK)

500 g säuerliche Äpfel
100 ml Apfelsaft ohne Zucker
4 EL Apfeldicksaft
3 Eier · 1 Prise Salz
75 g kernige Haferflocken
1 EL Gluten (Weizenkleber; Reformhaus oder Bioladen)
1 TL Zimtpulver
1/2 Vanilleschote
150 g Frischkäse (16 % Fett absolut)
flüssiger Süßstoff nach Belieben
2 Eiweiße
2 EL Mandelblättchen

ZUBEREITUNG

1. Den Backofen auf 175° (Umluft 160°) vorheizen. Springformboden mit Backpapier belegen. Äpfel schälen und vierteln, jeweils Stiel, Blütenansatz und das Kernhaus entfernen. Die Apfelviertel in Spalten schneiden. Den Apfelsaft mit 1 EL Apfeldicksaft erhitzen. Die Apfelspalten darin weich kochen. Abkühlen lassen.

2. Die Eier trennen. Eiweiße mit Salz steif schlagen. Eigelbe mit 3 EL Apfeldicksaft über dem heißen Wasserbad schaumig schlagen.

3. Die Haferflocken mit Gluten und Zimtpulver mischen. Mit dem Eischnee locker unter die Eiercreme heben. Teig in die Form füllen. Den Kuchen im heißen Ofen (Mitte) 20 Min. backen, herausnehmen, leicht abkühlen lassen, dann aus der Form lösen.

4. Die Vanilleschote längs aufschlitzen. Das Mark herauskratzen, mit dem Frischkäse cremig rühren, evtl. etwas Süßstoff untermischen, und auf den Kuchen geben.

5. Die 2 Eiweiße steif schlagen. Mit dem abgekühlten Apfelkompott vermischen. Den Apfelschnee locker auf dem Kuchen verteilen. Mandelblättchen ohne Fett hell anrösten. Den Kuchen damit bestreuen.

Entspannt in den Nachmittag

Für den Apfel-Haferflockenkuchen bereits am Vortag das Apfelkompott zubereiten. Und den Boden backen. Am nächsten Tag vor dem Servieren nur noch die Frischkäsecreme rühren und den Apfelschnee zubereiten. Dann ist der Kuchen flugs geschichtet.

Manche mögen's herb

Die einen stehen auf sanften Frischkäse, die anderen brauchen's eher kräftig: Bestreichen Sie den Flockenboden mit 1–2 EL Hagebuttenmus. Gibt's im Reformhaus. Bringt Farbe und ganz viel Geschmack.

Mandelkuchen

ganz einfach

20 Min. + 30 Min. Backen

pro Stück ca. 151 kcal, 324 kcal/100 g
5 g E (19 %) · 9 g F (66 %) · 5 g KH (15 %)

ZUTATEN FÜR 1 SPRINGFORM VON 24 cm Ø (10 STÜCK)

100 g gemahlene Mandeln
50 g gehackte Mandeln
5 Eier · 1 Prise Salz
50 g Rohrzucker
2 Tropfen Bittermandelöl
1 EL Gluten (Weizenkleber; Reformhaus oder Bioladen)
Öl für die Form

ZUBEREITUNG

1. Den Backofen auf 175° vorheizen. Die Form fetten. Die gemahlenen und gehackten Mandeln in einer Pfanne ohne Fett leicht anrösten. Abkühlen lassen.

2. Die Eier trennen, Eiweiße mit Salz steif schlagen. Die Eigelbe mit Zucker und Bittermandelöl über dem heißen Wasserbad schaumig schlagen.

3. Eischnee, Mandeln und Gluten unter die Eigelbcreme heben. Den Teig in die Form füllen und den Kuchen im Ofen (Mitte, Umluft 160°) 30 Min. backen.

Espresso-Schoko-Kuchen

zum Naschen

20 Min. + 35 Min. Backen

pro Stück ca. 209 kcal, 367 kcal/100 g
5 g E (9 %) · 15 g F (66 %) · 13 g KH (25 %)

ZUTATEN FÜR 1 SPRINGFORM VON 24 cm Ø (10 STÜCK)

100 g Edelbitterschokolade (70 % Kakao)
2 EL Espresso
50 ml Rapsöl
4 Eier · 1 Prise Salz
1 EL Rohrzucker
1 TL abgeriebene Schale von einer unbehandelten Orange
1/4 TL geriebene Muskatnuss
50 g Kokosraspel
100 g Weizenvollkornmehl
1 TL Weinstein-Backpulver
Öl für die Form

ZUBEREITUNG

1. Den Backofen auf 160° vorheizen. Die Form fetten. Schokolade in Stücke brechen. Mit dem Espresso über dem heißen Wasserbad schmelzen lassen. Die geschmolzene Schokolade mit Öl verrühren.

2. Die Eier trennen. Eiweiße mit Salz steif schlagen. Den Rohrzucker unter Rühren dazugeben. Die Eigelbe unter die Schokoladenmasse rühren. Orangenschale und Muskatpulver dazugeben.

3. Kokosraspel mit Weizenvollkornmehl und Backpulver mischen und mit dem Eischnee locker unterheben.

4. Den Teig in die Form füllen, im Ofen (Mitte, Umluft 140°) 35 Min. backen. Leicht abgekühlt aus der Form lösen.

Besonders Den fertigen Kuchen mit 1 EL Agavendicksaft bestreichen und mit 2 EL Kokoschips bestreuen.

Dreinusskuchen

wer kann da widerstehen

25 Min. + 40 Min. Backen

pro Stück ca. 226 kcal, 449 kcal/100 g
5 g E (9 %) · 18 g F (71 %) · 11 g KH (20 %)

ZUTATEN FÜR 1 KASTENFORM VON 30 cm LÄNGE (16 STÜCK)

100 g gehackte Walnüsse · 50 g gehackte Pecannüsse
100 ml Walnussöl
4 EL Honig · 4 Eier
1 EL Carobpulver (Reformhaus)
1/4 TL gemahlene Muskatblüte (Macis)
100 g gemahlene Haselnüsse
200 g Weizenvollkornmehl
2 TL Weinstein-Backpulver
Öl für die Form

ZUBEREITUNG

1. Den Backofen auf 175° vorheizen. Die Kastenform fetten und bis zum Gebrauch kühl stellen. Gehackte Nüsse in einer Pfanne ohne Fett leicht anrösten.

2. Das Walnussöl mit dem Honig glatt rühren. Eier einzeln unterrühren. Carobpulver, Muskatblüte und Haselnüsse mischen und unter die Eiercreme rühren.

3. Weizenvollkornmehl mit Backpulver mischen, unter Rühren dazugeben. Geröstete Nüsse unterheben.

4. Den Teig in die Form füllen, im Ofen (Mitte, Umluft 160°) 40 Min. backen. Leicht abgekühlt aus der Form lösen.

Austauschen Das Walnussöl können Sie natürlich durch Rapsöl ersetzen. Und falls Sie keine Pecannüsse bekommen, können Sie 50 g gehackte Haselnüsse nehmen. Wer's gern herb mag, hebt zusätzlich noch 1 EL Pinienkerne unter den Teig.

Espresso-Schoko-Kuchen

Apfelschnitten

mmmh, selbst gemacht
40 Min. + 30 Min. Backen
pro Stück ca. 168 kcal, 142 kcal/100 g
5 g E (13 %) · 5 g F (31 %) · 22 g KH (56 %)

ZUTATEN FÜR 20 SCHNITTEN

1,5 kg Äpfel (z. B. Boskoop) · 2 EL Zitronensaft · 100 g Amaranth
200 g Magerquark
4 EL Agavendicksaft (Reformhaus, Bioladen)
50 ml Milch (1,5 % Fett)
100 ml Rapsöl · 1 Ei
1 EL Leinsamenschrot (Reformhaus)
300 g Weizenmehl (Type 1050)
2 TL Weinstein-Backpulver
2 Eier · 200 g Schmand (24 % Fett)
Öl für das Blech
Mehl für die Arbeitsfläche

ZUBEREITUNG

1. Ofen auf 175° vorheizen. Ein Backblech fetten. Äpfel schälen und halbieren. Jeweils Stiel, Blütenansatz und das Kernhaus entfernen. Die Äpfel in schmale Spalten schneiden, sofort mit Zitronensaft mischen. Amaranth in einer Pfanne ohne Fett anrösten.

2. Den Quark mit 3 EL Agavendicksaft, Milch und Rapsöl glatt rühren. Das Ei, Leinsamen und Amaranth unterrühren. Weizenmehl und Backpulver mischen und dazugeben. Alles rasch zu einem glatten Teig verkneten. Diesen auf bemehlter Arbeitsfläche ausrollen, auf das Blech legen. Äpfel darauf verteilen.

3. Eier trennen, Eiweiße steif schlagen. Eigelbe mit Schmand und 1 EL Agavendicksaft verrühren. Eischnee unterziehen. Die Creme auf den Äpfeln verteilen, Mandelstifte darüber streuen. Die Apfelschnitten im Ofen

Kirschkuchen vom Blech

immer wieder lecker
45 Min. + 35 Min. Backen
pro Stück ca. 197 kcal, 225 kcal/100 g
4 g E (9 %) · 13 g F (57 %) · 16 g KH (34 %)

ZUTATEN FÜR 20 SCHNITTEN

1,5 kg Kirschen
2 EL Fruchtzucker
100 g Quinoa
4 Eier · 1 Prise Salz
100 ml Rapsöl
2 EL Agavendicksaft (Reformhaus, Bioladen)
200 g gemahlene Haselnüsse
100 g Buchweizenmehl
1 TL Weinstein-Backpulver

ZUBEREITUNG

1. Die Kirschen waschen, halbieren, entsteinen und mit 1 EL Fruchtzucker vermischen. Quinoa in einer Pfanne ohne Fett anrösten.

2. Den Backofen auf 175° vorheizen. Ein Blech mit Backpapier belegen.

3. Die Eier trennen. Die Eiweiße mit Salz steif schlagen. Das Öl mit Agavendicksaft, restlichem Fruchtzucker und den Eigelben glatt rühren. Quinoa und Haselnüsse einrühren.

4. Das Buchweizenmehl mit Backpulver mischen und mit dem Eischnee locker unter die Eigelbmasse heben.

5. Teig gleichmäßig auf das Blech streichen. Die Kirschen darauf verteilen. Den Kuchen im Ofen (Mitte, Umluft 160°) 35 Min. backen.

Pfirsichschnitten mit Kokosbaiser

raffiniert geschichtet
35 Min. + 35 Min. Backen
pro Stück ca. 121 kcal, 145 kcal/100 g
4 g E (12 %) · 8 g F (60 %) · 9 g KH (28 %)

ZUTATEN FÜR 20 SCHNITTEN

1,5 kg frische Pfirsiche
2 EL weißes Mandelmus (Reformhaus, Bioladen) · 2 EL Agavendicksaft (Reformhaus, Bioladen) · 150 g Joghurt (1,5 % Fett)
4 Eier · 100 g Kokosraspel · 100 g gemahlene Mandeln · 1 EL Gluten (Weizenkleber; Reformhaus oder Bioladen)
1 TL Weinstein-Backpulver
40 g Rohrzucker
2 EL Kokoschips

ZUBEREITUNG

1. Den Backofen auf 175° (Umluft 160°) vorheizen. Die Pfirsiche kurz in kochendes Wasser legen, kalt abschrecken und die Haut abziehen. Früchte halbieren, den Stein entfernen, das Fruchtfleisch in Spalten schneiden.

2. Das Mandelmus mit dem Agavendicksaft und Joghurt glatt rühren. Die Eier trennen, die Eigelbe unterrühren. Die Kokosraspel mit den Mandeln, Gluten und Backpulver mischen. Mischung unter die Eiermasse rühren.

3. Den Teig auf das Blech streichen, Pfirsichspalten darauf verteilen. Den Kuchen im heißen Ofen (Mitte) 20 Min. backen.

4. Eiweiße mit Rohrzucker über dem heißen Wasserbad steif schlagen. Backofentemperatur auf 160° (Umluft 140°) herunterschalten. Die Baisermasse wolkenartig auf den Pfirsichen verteilen. Mit Kokoschips bestreuen. Den Kuchen weitere 15 Min. backen.

Beerenschnitten

knusprig, cremig, fruchtig
45 Min. + 20 Min. Backen
pro Stück ca. 101 kcal, 113 kcal/100 g
4 g E (15 %) · 6 g F (55 %) · 7 g KH (30 %)

ZUTATEN FÜR 20 SCHNITTEN

5 Eiweiße
1 Prise Salz
75 g Rohrzucker
1/4 TL Anispulver
150 g gemahlene Mandeln
1 EL Gluten (Weizenkleber; Reformhaus oder Bioladen)
1,2 kg frische Beeren (Himbeeren, Johannisbeeren, Brombeeren, Heidelbeeren)
100 g Sahne
100 g Joghurt (1,5 % Fett)
1 EL Fruchtzucker

ZUBEREITUNG

1. Backofen auf 160° (Umluft 140°) vorheizen. Ein Blech mit Backpapier belegen. Die Eiweiße mit Salz und Rohrzucker über dem heißen Wasserbad schlagen, bis die Masse fest und glänzend ist. Das Anispulver mit Mandeln und Gluten mischen und unterheben.

2. Mandelmasse auf dem Blech verstreichen. Im heißen Ofen (Mitte) ca. 20 Min. backen. Herausnehmen, abkühlen lassen, auf ein kaltes Backblech stürzen. Backpapier abziehen.

3. Die Beeren verlesen, eventuell waschen. Sahne steif schlagen, Joghurt und Fruchtzucker unter Rühren dazugeben. Die Joghurtcreme auf dem Mandelboden verteilen und mit den Beeren belegen.

Tipp Den Mandelteig können Sie gut vorbereiten. Den Kuchen kurz vor dem Servieren mit den Beeren belegen.

Variante Joghurtcreme weglassen und die Beeren mit Tortenguss überziehen. Das Pulver mit einer Mischung aus 3 EL Agavendicksaft aufgefüllt mit 500 ml Wasser anrühren.

Gut zu wissen

Eine Runde zu viel am Buffet gedreht? Ein großer Frust wollte versüßt werden? Ganz im Gespräch versunken einfach **weitergegessen?** Kommt vor. Und darf vorkommen! Auch beim Essen ist nicht jeder Tag wie der andere. Finden Sie hier unsere Tipps für viele alltägliche **Situationen,** die man ganz **locker lowcarb**

und **kalorienarm** nehmen kann. Und zwar guten Gewissens! Und wenn Sie sich einmal ganz schwer fühlen vom langen Brunch am vorigen Tag, vom viel zu späten **üppigen** Geschäftsessen oder vom Kuchenbuffet auf der Geburtstagsfeier – schalten Sie mal einen Tag in den Kalorien- und **Kohlenhydrat-Schongang.**

Alltagssituationen locker lowcarb nehmen

Nehmen Sie teil am Leben mit all seinen vielen Essens-Situationen – auch wenn Sie auf Ihre Figur achten möchten. Nur ein wenig vor- und mitgedacht, und Sie umgehen Kalorien- und Kohlenhydratfallen souverän.

→ **Die kleine Feier im Büro** Dienstjubiläum, Geburtstag oder Beförderung, immer wieder gibt es was zu feiern im Büro. Und da sollten Sie nicht fehlen. Ob es dann aber vor dem Mittagessen der große Chips- und Knabberspaß sein muss oder nachmittags um drei die Sahneschlachtparty? Mitfreuen kann man sich auch gut bei einem Gläschen Prosecco oder Orangen-Sekt und einem kleinen Häppchen dazu. Seien Sie in jedem Fall mäßig bei Alkohol, er lockt den Blutzucker und verursacht Heißhungeranfälle.

→ **Tags zuvor ge-high-carbt** Aber doch bestimmt aus gutem Grunde! Nehmen Sie sich nun einfach einen »Schalttag«. Tut Körper und Seele gut. Ziehen Sie sich einen Tag zurück. Um wieder ins Lot zu kommen. Verbringen Sie den Tag in angenehmer ruhiger Atmosphäre, tun Sie etwas für sich, pflegen Sie sich, bewegen Sie sich an der frischen Luft. Und essen Sie sich satt und fit an frischen, genussreichen Kohlenhydrat-Spar-Speisen [→ Kasten unten].

→ **Lust auf Süßes** Na und? Schauen Sie doch einfach mal bei unseren Lowsweets vorbei [→ Seite 152–158]. Vielleicht ist da ja was dabei für Sie. Und wenn der Blutzucker tatsächlich gerade eine schwindelerregende Talfahrt macht, dann ist jetzt einfach ein Stückchen Bitterschokolade angesagt – das laaangsam im Mund zergeht. Mmh! Auf Dauer wird sich Ihr Blutzucker durch die sanfte LowCarb-Ernährung das Achterbahnfahren sowieso abgewöhnen.

→ **Kaffeeklatsch mit Freundinnen** Wenn Sie es selbst sind, die einlädt, dann finden Sie für Ihre Kaffeegäste sicher etwas Feines bei unseren Backrezepten. Wenn Sie zu Freundinnen eingeladen sind, dann gehen Sie auf keinen Fall hungrig hin. Und greifen nach Möglichkeit zu quarkigen und fruchtigen Stücken. Nehmen Sie kleine Stücke, so können Sie Verschiedenes probieren. Essen Sie mit Genuss, und freuen Sie sich über den netten Nachmittag!

Vitalstoffe im Lot

Unsere LowCarb-Gerichte sind keine einseitige Diät, sondern Vollwert-Fitkost pur.

→ Weil die Basis der Rezepte in diesem Buch **natürliche Lebensmittel** sind. Die Sie mit all ihren gesunden Inhaltsstoffen, z. B. Vitamine, Mineralien, Ballaststoffe, sekundäre Pflanzenstoffe, genießen.

→ Weil Sie so viel vitalstoffreiche **Pflanzenkost** auf den Teller bekommen werden. Angefangen von Rohkost-Salaten bis hin zu raffinierten vegetarischen Gerichten. Was nicht zuletzt auch für einen gesunden Säure-Basen-Haushalt sorgt.

→ Weil Sie statt Fett aus der Küche zu verbannen, angemessene Mengen **supergesunde Fette** aus Fisch, Ölen, Nüssen und Samen genießen werden.

Lowest Carb für Ausgleichs-Tage

Heute soll ein Niedrigenergie-Tag sein. Damit Sie sich wieder unbeschwerter fühlen. Dann wählen Sie Gerichte, die zwar viel auf dem Teller hermachen, aber kaum Kalorien bringen [→ Seite 10]. Die erkennen Sie an der besonders niedrigen Kalorienzahl pro 100 g – sehr gut ist unter 90 kcal/100 g. Und achten Sie auf einen nicht zu hohen Kohlenhydratanteil (etwa bis 30 %), das beugt Heißhungeranfällen wirksam vor. Hier ein paar **Rezeptbeispiele für Genießer:**

→ Möhren-Kokosmilch-Mix (S. 34), Roastbeefröllchen (S. 29), Ziegenkäsetaler auf Feldsalat (S. 39), Hähnchen-Nuggets mit Joghurtsauce (S. 42), Sprossensalat (S. 50), Gegrillte Paprika mit Sardellenstreifen (S. 77) zu gebratenem Barschfilet, Zucchini-Apfel-Gratin (S. 80) zu gebratenem Schweinefilet, Zucchini mit nussiger Käsekruste (S. 86), Gemüse-Trio mit Curry-Mandel-Sauce (S. 90).

→ Fisch und Fleisch – in der beschichteten Pfanne gebraten, gedünstet oder gegrillt – sind die idealen Ausgleichs-Speisen, wenn Sie sie mit Salaten und Gemüse kombinieren.

→ Vielleicht legen Sie an dieser Stelle aber auch einfach einen **Suppentag** ein. Die allermeisten unserer leckeren Süppchen sind wunderbar kalorienleichte Wohlfühl-Kost.

→ Lassen Sie bei anderen Rezepten einfach das dazu empfohlene Häppchen Vollkornbrot weg. Und knabbern Sie stattdessen zwischendurch **knackiges Gemüse** wie Staudensellerie, Kohlrabi, Gurke.

ESSEN AUSSER HAUS – SO GEHT'S LOWCARB

Viele tolle Gerichte für zu Hause haben wir Ihnen im Rezeptkapitel vorgestellt. Einige davon schmecken auch kalt lecker und lassen sich gut verpackt in die Arbeit oder auf den Ausflug mitnehmen. Nun möchten Sie aber bestimmt nicht immer und überall mit einem Lunchpaket bewaffnet sein. Etwa beim Einkaufsbummel oder beim Sightseeing in einer aufregenden Stadt. Was tun, wenn da der Magen murrt? Vielleicht machen Sie einfach ein Päuschen im Straßencafé und sehen Sie den Leuten bei Ihren Beschäftigungen zu – ein Cappuccino, Milchkaffee oder ein Glas Latte Macchiato wird das kleine Loch im Magen schnell füllen und wieder munter machen. Ein Glas stilles Wasser dazu füllt den Magen doppelt. Und wenn es schnell gehen muss, Cappuccino und Kaffee gibt es in vielen Bäckereien und Coffee-Shops auch »to go«. Und was, wenn was Handfestes in den Magen soll? Lowcarb natürlich.

Klug gesnackt, ganz ohne Proviantdose

Kaum ein Ort, in dem Sie nicht mindestens einen kleinen Lebensmittelladen, ansonsten natürlich größere Supermärkte, Obst- und Gemüsemärkte und Fastfood-Restaurants finden.

→ **Der Supermarkt – LowCarb-Snack-Fundgrube:** Hier gibt's frisches Obst und Gemüse satt. Greifen Sie zu Sorten, die man vor dem Verzehr nicht im Wasserbad waschen muss – Weintrauben sind also ungeeignet. Reiben Sie das Obst oder Gemüse einfach gründlich mit einem feuchten Papiertaschentuch ab. Das Wasser dafür kommt aus der Plastikflasche, und die wird im Zweifel gleich mitgekauft. Frische knackige Magenfüller sind z. B. bunte Paprikaschoten, Möhren, Cocktailtomaten, Fenchel, Staudensellerie. Und beim Obst können Sie auch gleich zugreifen: ein kleiner Apfel oder eine kleine Birne, 2 Nektarinen oder Aprikosen, hin und wieder eine (nicht zu weiche) Banane oder im Winter zwei Mandarinen.

Schnelle und frische Snacks sind auch Milchprodukte mit einem Fettgehalt von 1,5 % bis 3,5 % – idealerweise ohne Zuckerzusatz und sonstige Ergänzungen, einfach pur! Kefir oder Buttermilch sind erfrischende Durstlöscher, die auch satt machen. Und wenn Sie keine Milchprodukte vertragen, greifen Sie zu Sojamilch und -drinks, sie werden inzwischen in vielen Supermärkten angeboten.

→ **Beim Metzger und Bäcker:** Besonders beim Metzger oder in der Wurstabteilung vom Supermarkt finden Sie eine Menge Snackideen. Ein kleines Puten-Wiener-Würstchen oder 2–3 Scheiben zartes mageres Roastbeef, einfach lecker. Das kann ausnahmsweise auch mal ohne alles genossen werden. Wenn der Bäcker aber gleich daneben ist, gibt's dazu ein kleines saftiges Roggenvollkornbrötchen. Dann wird abends eben very lowcarb gegessen. Auch wenn der Bäcker nicht das ideale LowCarb-Einkaufsparadies ist: Je höher der Vollkornanteil in den Brötchen desto snack-tauglicher. Kombinieren Sie dazu am besten mageres Eiweißreiches, z. B. Magerquark, Bratenfleisch.

→ **Im Naturkost- oder Bioladen:** Hier finden Sie viele LowCarb-Snacks für »mal eben auf die Hand«. Und natürlich gibt's auch hier viel frisches Obst und Gemüse. Wenn Sie Lust auf ein bisschen Knabberei haben, dann lassen Sie sich doch einmal eine Rippe feinster Bitterschokolade (mit mindestens 70 % Kakaoanteil) auf der Zunge zergehen. Oder Sie knabbern eine Hand voll Nüsse – das stillt den Heißhunger sofort. Fragen Sie an der Frischtheke nach hart gekochten Eiern. Die gibt es in vielen Bioläden nicht nur zur Osterzeit. Schnell gepellte LowCarb-Ovale.

→ **Im Fastfood-Restaurant:** Viele der großen Fastfood-Ketten erkennen den Trend zu gesunder Ernährung und bieten ihren Kunden neue »Vital-Menüs« an. Mit dabei mehr Salate, Joghurt mit Fruchtzubereitungen, auch vegetarische Snacks. Für Ihren LowCarb-Imbiss greifen Sie am besten zu den Salaten und nehmen nur wenig Dressing. Denen sind nämlich oft Zucker und Zusatzstoffe zugesetzt.

Beilagen, die sich auch snacken lassen

→ **Würzige Hirse:** Backofen auf 100° C vorheizen. In einem ofenfesten Topf mit gut schließendem Deckel 250 ml Gemüsebrühe mit 1/4 TL getrocknetem Liebstöckel, 1 Prise Muskat und 1 Lorbeerblatt aufkochen. 125 g Hirse unterrühren, zum Kochen bringen und zugedeckt 5 Min. kochen. Die Hirse zugedeckt im Ofen ca. 25 Min. ausquellen lassen; dann mit der Gabel auflockern, das Lorbeerblatt entfernen und 2 EL gehackte glatte Petersilie untermischen. Dauert 35 Min., reicht für 2–3 Portionen; schmeckt warm als Beilage und kalt unter Gemüsesalate gemischt oder als Hirse-Pilz-Snack (rechts). Sie können die Hirse im Kühlschrank 1–2 Tage aufbewahren.

→ **Polenta:** In einem beschichteten oder gusseisernen Topf 200 ml Wasser mit 100 ml Milch zum Kochen bringen. 1/4 TL Salz und 1 TL Olivenöl dazugeben, 125 g Maisgrieß (Polenta) nach und nach einrühren. Die Polenta in ca. 25 Min. bei milder Hitze unter Rühren zu einem dicken, weichen Brei kochen. Bei Bedarf noch etwas Wasser untermischen. Wenn sich die Masse vom Topfboden löst, ist die Polenta fertig. Dauert 35 Min., reicht für 2–3 Portionen. Brauchen Sie für die Polenta-Knabberei rechts.

Schlanke Snack-Ideen

→ **Minutensteaks:** Braten Sie ein kleines, dünnes Kalbs- oder Putenschnitzel und geben Sie außerdem noch ein paar Pilze in die Pfanne. Etwas salzen, kräftig pfeffern und schon fertig!

→ **Rohkostsalat:** Ob aus Gurkenscheiben, geraspelten Möhren oder klein geschnittener Paprika. Mit etwa 30 g Feta oder körnigem Frischkäse, Salz, Pfeffer und frischen Kräutern ein leckerer, frischer Snack.

→ **Gemüse-Dickmilch:** Einen Becher Dickmilch mit etwas Salz, Pfeffer und frischen Kräutern nach Geschmack würzen. Etwas Fenchel oder Staudensellerie in den frischsäuerlichen Dip tunken.

→ **Tunfischdip:** Eine Dose Tunfisch im eigenen Saft mit einem Klecks Sauerrahm und etwas Zitrone vermischen, salzen und pfeffern und mit Gurkensticks oder Fenchelspalten dippen.

→ **Hirse-Pilz-Snack:** Wenn von der würzigen Hirsebeilage (Rezept im Kasten links) etwas übrig geblieben ist, diesen Rest einfach mit ein paar Champignons oder anderen Pilzen anbraten, einen Klecks Joghurt drauf und genießen.

→ **Polenta-Knabberei:** Die fertig gegarte Polenta aus dem Rezept im Kasten links 2 cm dick auf ein Brett streichen, in Streifen schneiden, kühl stellen. Die Polentastücke mit etwas Käse bestreut im Ofen überbacken. Wieder abkühlen lassen und für unterwegs einpacken und solo oder zu Salat genießen. Oder die Polentastreifen ohne Käse in der Pfanne nochmals kurz scharf anbraten und zu frischem Basilikum-Tomaten-Joghurt snacken.

→ **Avocado-Snack:** Nichts ist schneller und einfacher gelöffelt als eine reife Avocado, halbiert und direkt aus der Hand verspeist. Genießer mischen sich »Sour cream« dazu: 2 EL Sauerrahm mit etwas weißem Aceto balsamico verrühren.

Knackig, saftig, roh: Kohlrabi bleibt auch in der Proviantdose, in Spalten oder Sticks geschnitten, appetitlich weiß.

Immer wieder erfrischend leicht. Naturjoghurt können Sie pur löffeln oder auch mit ein paar Beeren und Nusssplittern.

Sanftsüßes für Durstige: Melonen gibt's im Supermarkt fast rund ums Jahr. Optimal lowcarb sind sie z. B. mit Buttermilch.

Frischkäse – ideale Basis für Dips zu rohem Gemüse und Obst; auch mal zu Garnelen aus dem Kühlregal oder zu Bratenfleisch.

Zum Aus-der-Hand-Knabbern: Ein paar Mandeln geben ordentlich was zu Beißen – und schmecken einfach fein.

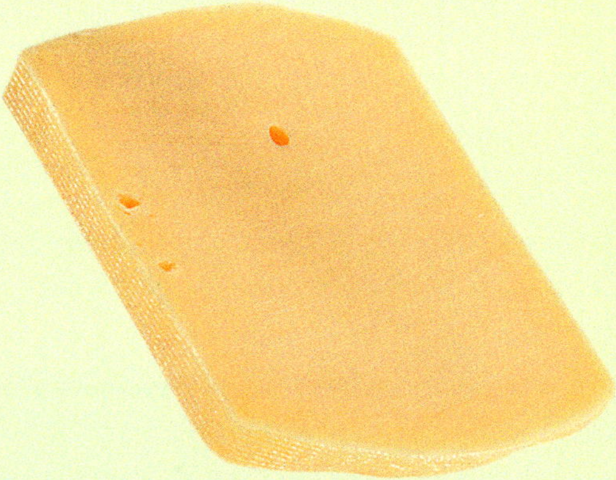

Mit Käse kombinieren: Eine kleine Birne oder einige Stücke Salatgurke, sie machen die Scheibe Käse zum Mini-Imbiss.

Gibt dem Hunger Saures: eingelegter Hering mit saftiger Gurke, dazu ein Scheibchen Pumpernickel, fix … & fertig!

Asia-Snack-Feeling bringen einige Scheiben würziger Tofu und ein paar große Stücke rote oder gelbe Paprikaschote.

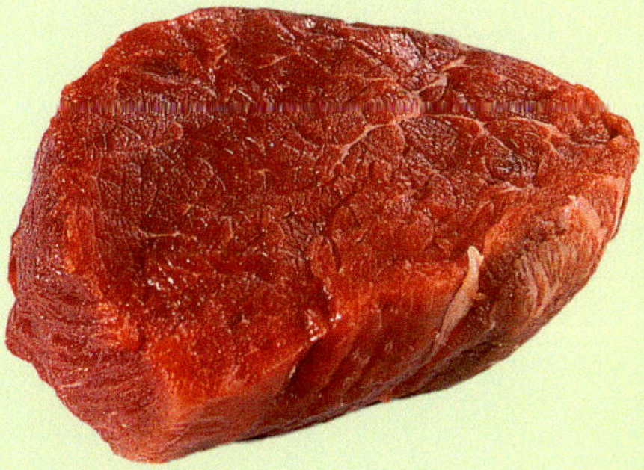

Ein kleines Rindersteak, schnell gebraten und mit ein paar Cocktailtomaten verspeist – Edel-Snack, der Sie in Schwung bringt.

LOWCARB ZUM KOMBINIEREN

Frühlings-frisch

Macht sich gut auf dem Buffet

Herbstlich fruchtig und nussig

Das wärmt im Winter

Superschlanker LowCarb-Genuss

BESONDERE ZUTATEN

AGAR-AGAR Das Geliermittel wird aus Rotalgen extrahiert, eine pflanzliche Alternative zu Gelatine. Man bekommt es als Pulver oder als Flocken. (Reformhaus, Bioladen)

AGAVENDICKSAFT Der bernsteinfarbene süße Saft wird aus dem Herzen der Agave gewonnen. Er eignet sich mit seinem feinaromatischen Geschmack nicht nur für Süßspeisen, Fruchtzubereitungen und Getränke, sondern auch zum Abrunden von herzhaften Gerichten. (Reformhaus, Bioladen)

AHORNSIRUP Für den sanft süßenden Sirup wird der Saft von Ahornbäumen eingedickt. Etwa 90 % der Weltproduktion kommt aus Kanada. Je nach Konzentration hat der Ahornsirup ein mehr oder weniger ausgeprägtes Karamellaroma. Ahornsirup enthält ca. 65 % Zucker und viele Mineralstoffe.

AMARANTH Die kleinen runden Körnerfrüchte des Gartenfuchsschwanzes schmecken mild-nussig. Sie sind besonders reich an hochwertigem Eiweiß, gesunden Fettsäuren und Ballaststoffen, enthalten Kalzium, Magnesium und Eisen. (Reformhaus, Bioladen)

APFELDICKSAFT Der stark eingekochte Apfelsaft schmeckt leicht säuerlich und charakteristisch fruchtig. Damit rundet er vor allem Desserts und Milchprodukte wunderbar ab. (Reformhaus, Bioladen)

BACKFERMENT Das Granulat ist ein natürliches Backtriebmittel auf Basis von Honig, Getreide- und Hülsenfruchtmehl. Es eignet sich für alle Mehlarten. (Naturkostladen)

BIRNENDICKSAFT Er wird wie → Apfeldicksaft durch Einkochen des Fruchtsafts hergestellt. Es schmeckt mild und fruchtig, eignet sich zum Süßen von Desserts, Dressings und Getränken. (Reformhaus, Bioladen)

CAROBPULVER Das durch Vermahlen der Früchte des Johannisbrotbaums gewonnene Pulver schmeckt süß und karamellartig. Es wird als – weniger bittere – Alternative zu Kakao für Backwaren und Getränke verwendet. (Reformhaus, Bioladen)

FRUCHTZUCKER Der Einfachzucker, fachsprachlich Fructose genannt [→ S. 185, Kohlenhydrate], kommt natürlicherweise in Früchten und Honig vor. Industriell wird er aus Zuckerrohr und Zuckerrüben gewonnen. Fruchtzucker hat die stärkste Süßkraft aller Zuckerarten, weshalb man nur wenig davon benötigt. (Reformhaus, Bioladen)

GLUTEN Gluten ist der so genannte Kleber verschiedener Getreidesorten, ein Eiweiß, das große Bedeutung für die Teigbildung hat. Manche Menschen sind allergisch gegen dieses Eiweiß – sie leiden unter Zöliakie – und müssen Gluten in ihrer Nahrung vollständig vermeiden. (Reformhaus, Bioladen)

HIRSE Die kleinen goldgelben Körner enthalten reichlich Ballaststoffe und vergleichsweise viel hochwertiges Eiweiß, darüber hinaus verschiedene Vitamine, Mineralstoffe und Spurenelemente. Hirse wird wie Reis gekocht, z. B. für Aufläufe, Breie und Bratlinge verwendet und als Beilage serviert.

MEERSALZ Das mineralstoffreiche Salz wird aus Meerwasser gewonnen, das in flachen Becken verdunstet. Meersalz gibt es in verschiedenen Feinheitsgraden, auch in Bioqualiät – ohne Bleichmittel und Rieselhilfen.

NATURVANILLE Die getrocknete feinst gemahlene Vanilleschote ist zwar nicht gerade preiswert, kann aber sehr sparsam verwendet werden, da sie sehr rein und kräftig im Geschmack ist. (Reformhaus, Bioladen)

NUSSMUSE Die aus vermahlenen Erdnüssen, Mandeln, Haselnüssen oder Cashewkernen bestehenden Muse gibt es teilweise in grob und fein. Alle sind reich an ungesättigten Fettsäuren sowie an B-Vitaminen und Mineralstoffen. Ein großes Angebot an Nussmusen finden Sie im Reformhaus oder Bioladen. Dort sowie in türkischen Lebensmittelläden gibt es außerdem Sesampaste (Tahin, Tahini) aus gerösteten weißen und zur Verarbeitung gepressten Sesamsamen. Mit allen Musen kann man sowohl süße als auch pikante Speisen verfeinern und aromatisieren.

NUSSÖLE Die hochwertigen Öle werden u. a. aus Mandeln, Walnüssen, Haselnüssen und Macadamianüssen hergestellt. Sie enthalten reichlich mehrfach ungesättigte Fettsäuren. Mit ihrem feinen bis kräftigen Nussgeschmack eignen sie sich zum Aromatisieren von Salaten, Fisch, Geflügel, Saucen und Gebäck. Bereits geöffnete Öle im Kühlschrank lagern, sie verlieren sonst schnell das Aroma. Kaltgepresste Nussöle sollten Sie nur in der kalten Küche einsetzen.

QUINOA Die südamerikanische Körnerfrucht enthält ähnlich wie → Amaranth besonders viel hochwertiges Eiweiß sowie Kalzium, Phosphor und Eisen. Quinoa wird wie Reis gekocht und ist als Beilage, in Suppen oder Aufläufen und Teigen vielseitig einsetzbar. Geröstet schmecken die Körner mild-nussig und werden wie Sesam oder Mohn verwendet. (Reformhaus, Bioladen)

ROHRZUCKER Der hell- bis dunkelbraune Zucker wird aus Zuckerrohr durch Auspressen des Pflanzensafts gewonnen. Ist er nicht raffiniert wird er auch als Vollrohrzucker bezeichnet. Er schmeckt würziger und süßer als normaler Haushaltszucker.

SOJAPRODUKTE Die Sojabohne enthält wie alle Hülsenfrüchte reichlich hochwertiges pflanzliches Eiweiß, zudem nennenswerte Mengen an ungesättigten Fettsäuren. Sojabohnen sind Grundprodukt für die verschiedensten Nahrungsmittel, z. B. Sojamehl, Sojaflocken und Sojasprossen, aber auch für milchproduktähnliche Lebensmittel (Sojadrink, -joghurt, -creme). Für Vegetarier sind Sojaprodukte wichtige Eiweiß- und Kalziumquellen. [→ Tofu]

SÜSSSTOFF, FLÜSSIGER Süßstoffe sind künstlich hergestellte Substanzen mit bis zu 500-fach stärkerer Süßkraft als Haushaltszucker. Süßstoffe sind kohlenhydrat- und damit kalorienfrei. Sie werden ohne Beteiligung von → Insulin [S. 185] verstoffwechselt. Doch Achtung: Ein Übermaß lässt die Geschmacksnerven gegenüber Süßem rasch abstumpfen – ebenso wie es bei Zucker und seinen natürlichen Verwandten der Fall ist. Insbesondere flüssige Süßstoffe eignen sich gut zum Süßen von Cremedesserts, Quarkspeisen, Getränken und Shakes.

TOFU Das cremig-weiche bis schnittfeste Sojaprodukt wird ähnlich wie Käse, jedoch aus Sojamilch hergestellt. Tofu ist eiweiß- und kalziumreich. Er ist leicht verdaulich und eignet sich wegen seines neutralen Geschmacks für Süßes und Pikantes: roh – pur oder in Cremes – sowie gegart, meist gebraten. Er wird auch geräuchert angeboten.

WEINSTEINBACKPULVER Das Backtriebmittel besteht aus Reinweinstein, Natron und Maisstärke. Es ist im Gegensatz zu konventionellem Backpulver phosphatfrei und wird von Magenempfindlichen besser vertragen.

GLOSSAR DER ERNÄHRUNGS-FACHBEGRIFFE

BALLASTSTOFFE Ballaststoffe sind in allen pflanzlichen Lebensmitteln enthalten: in Gemüse und Obst, in Getreide und Samen. Sie befinden sich vor allem in den Randschichten. Deshalb enthält Vollkornmehl mehr Ballaststoffe als helles Auszugsmehl. Weizen- oder Haferkleie sind Ballaststoffe pur. Unter den Gemüsearten sind Kohl und Hülsenfrüchte besonders ballaststoffreich. Zwar kann der Körper aus Ballaststoffen keine Energie gewinnen, denn sie sind praktisch unverdaulich. Dennoch sind Ballaststoffe für eine gesunde Ernährung sehr wichtig: Sie können im Darm stark quellen, was die Darmtätigkeit angeregt. Ballaststoffe binden darüber hinaus Gifte in der Nahrung, ebenso körpereigenes Cholesterin, das in der Folge ausgeschieden wird. Nicht zuletzt tragen Ballaststoffe zu einem ausgeglichenen Blutzuckerspiegel bei, weil Kohlenhydrate aus einem ballaststoffreichen Darmbrei nur allmählich ins Blut freigesetzt werden. [→ Kohlenhydrate]

EIWEISS (PROTEIN) Eiweiß aus der Nahrung ist wie Kohlenhydrate und Fette ein Energielieferant. Viel wichtiger aber: Nahrungseiweiß versorgt den Körper mit lebenswichtigen Aminosäuren (Eiweißbausteinen), die er für den Aufbau von Muskeln, Organen, Knochen, Haut, Haaren und Nägeln benötigt. Auch Hormone und andere Botenstoffe bestehen aus Eiweißbausteinen. Unseren täglichen Eiweißbedarf decken wir mit tierischen Lebensmitteln – Milchprodukte, Eier, Fleisch, Fisch – und mit pflanzlicher Nahrung. Tierisches Eiweiß ist für den Menschen im Bezug auf die enthaltenen Aminosäuren hochwertiger. Pflanzliche Eiweißquellen wie Hülsenfrüchte, Sojaprodukte, Nüsse und Samen, Vollkorn, Gemüse können in Kombination jedoch denselben Wert erreichen. [→ S. 12]

FETT Fette sind wie Kohlenhydrate und Eiweiß ein Hauptnährstoff, und zwar der energiereichste. Nahrungsfette sind aber in unserer Ernährung deshalb unverzichtbar, weil sie Träger der fettlöslichen Vitamine (A, D, E, K) sowie lebensnotwendiger Fettsäuren sind. Fettsäuren nennt man die funktionellen Bausteine, aus denen Fette zusammengesetzt sind. Jede Fettart vom Distelöl bis zum Walfett hat ihre ganz charakteristische Fettsäure-Zusammensetzung, das so genannte Fettsäuremuster. Es gibt drei Fettsäure-Arten, die nach ihren chemischen Aufbau unterschieden werden: gesättigte, einfach ungesättigte, mehrfach ungesättigte Fettsäuren. Sie haben entsprechend ihren chemischen Eigenschaften auch in unserem Körper ganz unterschiedliche Funktionen. [→ S. 13]

GLYKÄMISCHER INDEX Der Glykämische Index beschreibt die Blutzuckerwirkung kohlenhydrathaltiger Lebensmittel. Definiert wird der Glykämische Index als »die relative Fläche unter der 2-Stunden-Blutzuckerkurve, die sich durch die Zufuhr von 50 g Kohlenhydraten ergibt«. In der Tat steigern verschiedene Nahrungsmittel trotz gleicher Kohlenhydratmenge den Blutzucker verschieden stark und lang. Kohlenhydrathaltiges, das einen schnellen starken Blutzuckeranstieg auslöst, hat einen hohen Glykämischen Index. Nahrungsmittel, die nur einen geringfügigen und langsamen Anstieg des Blutzuckers auslösen, haben einen niedrigen Glykämischen Index und werden entsprechend positiv bewertet. [→ Kohlenhydrate, Insulin]

GLYKÄMISCHE LAST Die Glykämische Last gibt im Gegensatz zum 50-g-normierten Glykämischen Index die tatsächliche Belastung des Organismus durch Kohlenhydrate an. Sie ist ein Maß dafür, wie viel Insulin benötigt wird, um die Kohlenhydrate der tatsächlich verzehrten Menge des Nahrungsmittels in die Körperzellen zu transportieren. [→ Insulin]

INSULIN Das Bauchspeicheldrüsen-Hormon reguliert den Blutzucker. Wird aus der Nahrung im Darm viel Zucker auf einmal ins Blut abgegeben (Nahrungsmittel mit hohem Glykämischem Index!), wird viel Insulin ausgeschüttet. So kann schnell viel Zucker aus dem Blut in die Zellen eingeschleust und der Blutzuckerspiegel wieder eingependelt werden. Zucker dient den Zellen als Kraftstoff. Doch wenn nicht so viel Energie gebraucht wird, wie im Blut an Zucker vorhanden ist, wird dieser zu Depotfett umgewandelt. Jahrelange zu energiereiche und vor allem zu zuckerreiche Nahrung belastet die Bauchspeicheldrüse stark, kann sie sogar schädigen. Denn sie muss ständig hohe Mengen an Insulin produzieren. Niedrige bis mäßig hohe Blutzuckerspiegel stellen damit eine Langzeit-Vorbeugung vor Typ-II-Diabetes dar.

KALORIEN Kilokalorien (kcal), kurz Kalorien, sind eine Einheit, in der Nahrungsenergie gemessen wird. Energielieferanten in unserer Nahrung sind die drei Hauptnährstoffe Eiweiß, Fett, Kohlenhydrate sowie Alkohol: 1 g Eiweiß liefert 4 kcal, 1 g Fett liefert 9 kcal, 1 g Kohlenhydrate liefert 4 kcal, 1 g Alkohol liefert 7 kcal. Kilokalorien werden in Kilojoule (kJ) umgerechnet, indem man sie mit dem Faktor 4,184 multipliziert.

KOHLENHYDRATE Kohlenhydrate gehören mit Fett und Eiweiß zu den energieliefernden Hauptnährstoffen. Es gibt zwei Arten: süß schmeckende Kohlenhydrate und solche mit neutralem Geschmack. Die süßen Kohlenhydrate heißen »Zucker«: Trauben-, Frucht-, Rohr- und Milchzucker. Sie sind reichlich in Obst, Honig, Zuckerrüben, Zuckerrohr enthalten. Chemisch gesehen sind diese Zucker einzelne Moleküle (Einfachzucker) bzw. Molekül-Paare. Kohlenhydrate mit neutralem Geschmack sind dagegen aneinandergereihte Zucker, die durch das Verketten ihren Süßgeschmack verloren haben. Zu ihnen gehört z. B. die Stärke, Hauptbestandteil von Kartoffeln, Maiskörnern, Getreide- und Reiskörnern, von getrockneten Hülsenfrüchten und allen Mehlen. Alle Arten von Kohlenhydraten werden vor der Aufnahme in den Stoffwechsel in Einfachzucker zerlegt. Das dauert bei der langkettigen Stärke natürlich viel länger als bei den kurzen, süßen Kohlenhydraten. Entsprechend dauert es auch länger, bis stärkereiche Nahrung vollständig ins Blut aufgenommen ist, als zuckerreiche. Noch langsamer geht die Aufnahme der Kohlenhydrat-Bausteine ins Blut, wenn die Nahrung zusätzlich ballaststoffreich ist (Gemüse, Hülsenfrüchte, Vollkornprodukte). Das verhindert wirkungsvoll starke Insulinschwankungen und Heißhungergefühle. [→ Ballaststoffe, Insulin]

SEKUNDÄRE PFLANZENSTOFFE Unter dem Begriff sekundäre Pflanzenstoffe werden mehr als 30.000 verschiedene Substanzen subsummiert, die ausschließlich von Pflanzen gebildet werden und einen nachgewiesen positiven Effekt auf die Gesundheit haben.

BÜCHER UND ADRESSEN, DIE WEITERHELFEN

Mehr zum Thema LowCarb aus dem GRÄFE UND UNZER VERLAG

LowCarb – Die Ernährungsrevolution von **Doris Muliar/Nicolai Worm** — Die ideale Ernährung für ein dauerhaft schlankes Leben. Das erste deutschsprachige Kochbuch zu dem neuen und bahnbrechenden LowCarb-Ernährungskonzept.

LowCarb-Kompass von **Marion Grillparzer** — Praktische Einkaufshilfe im Einsteckformat für alle, die sich gesund auf LowCarb-Art ernähren möchten. Mit über 800 Lebensmitteln und ihren Gehalten an Eiweiß, Fett, Ballaststoffen und Kohlenhydraten.

Die gesunde Turbo-Diät von **Sven-David Müller** — Das Turbo-Schlankmach-Büchlein für eine Woche LowCarb. Drei genussreiche Mahlzeiten täglich mit viel Eiweiß und Ballaststoffen, wenig Kohlenhydraten. Hier wird auch auf den GLYX geachtet. Dazu gibt's ein ein kleines Workout-Programm.

Low Carb – Die neue Gute-Laune-Diät von **Marion Grillparzer** Schon 100 Gramm Kohlenhydrate täglich machen satt, leistungsstark und gut gelaunt. Auf dem Speiseplan stehen viel Obst und Gemüse, Fisch und Fleisch, Nüsse, Hülsenfrüchte, Milchprodukte, Pflanzenöle. Mit dabei: ein gezieltes Fitness-Programm.

Interessantes im WordWideWeb

Mit Internet-Suchmaschinen finden Sie unter den Stichwörtern »**lowcarb**« und »**low carb**« in Kombination mit »**forum**«, »**chat**« diverse Foren, in denen sich Interessierte über das Thema austauschen.

Anleitungen zum Bewegungstraining aus dem GRÄFE UND UNZER VERLAG

Nordic Fitness von **Dr. Mathias R. Schmidt/Norbert Winski/Andreas Helmkamp** — Optimales Ganzkörpertraining mit Nordic Walking, Nordic Jogging und Nordic Blading, Nordic Ski, Nordic Cruising (Langlauf abseits der Loipe) und Schneeschuhgehen. Alles zu den Techniken, Trainingspläne und Gesundheits-Grundwissen.

Die BBP-Box – Bauch, Beine, Po von **Margit Rüdiger** — Bauch, Beine und Po optimal trainieren und formen: Auf den Karten finden sich die einzelnen Übungen Schritt für Schritt, übersichtlich und konkret erklärt. Im Buch gibt's Basis- und Zusatzinfos zum Training.

Power Yoga von **Martina Allendorf/Elke Lehnert** — Die dynamischen Trainingsabfolgen entstammen dem Ashtanga Yoga. Sie fördern das Herz-Kreislauf-System, verstärken den Muskelaufbau, verbessern die Elastizität. Für mehr Energie sowie innere Ruhe und Konzentration.

REZEPTREGISTER VON A BIS Z

Damit Sie Rezepte mit bestimmten Zutaten noch schneller finden, stehen in diesem Register zusätzlich auch beliebte Zutaten wie Avocado, Bohnen, Möhren, Putenschnitzel über den entsprechenden Rezepten, bzw. vor den Seitenzahlen mit zugehörigen Rezepten – ebenfalls alphabetisch geordnet und fett gedruckt.

I

J

K

L

M

T

Ü

W

Z

REZEPTIDEEN FÜR JEDEN TAG

Kohlenhydrate bewusst genießen

ISBN (10) 3-7742-8826-7
ISBN (13) 978-3-7742-8826-3
192 Seiten | € 19,90 [D]

ISBN (10) 3-7742-6742-1
ISBN (13) 978-3-7742-6742-8
176 Seiten | € 14,90 [D]

ISBN (10) 3-7742-7231-X
ISBN (13) 978-3-7742-7231-6
64 Seiten | € 7,50 [D]

ISBN (10) 3-7742-8786-4
ISBN (13) 978-3-7742-8786-0
64 Seiten | € 7,50 [D]

ISBN (10) 3-7742-8828-3
ISBN (13) 978-3-7742-8828-7
128 Seiten | € 6,90 [D]

Lieblingsrezepte für alle, die gesund und schlank durchs Leben gehen wollen: für morgens, mittags, abends, fürs Büro und zum Feste feiern.

GU

Willkommen im Leben.

IMPRESSUM

Die Autoren

Elisabeth Fischer
Die Expertin für schlankes, gesundes Schlemmen war Küchenchefin in einem vegetarischen Restaurant, hat mehr als 25 Kochbücher und Ernährungsratgeber verfasst, ist Mitarbeiterin von Frauen- und Gourmetzeitschriften. Darüber hinaus entwickelt sie gesunde Esskonzepte für die Gemeinschaftsverpflegung. Mit ihren LowCarb-Frühstücken, -salaten, -gemüsen und -desserts in diesem Buch ist es ihr einmal mehr gelungen, rundum vollwertige Genießerrezepte zu kreieren. (www.elisabeth-fischer.com)

Doris Muliar
Die gebürtige Österreicherin und Wahlkölnerin hat bereits zahlreiche Bücher zu den Themen Gesundheit und Fitness geschrieben. Unter anderen auch in diesem Verlag und zum gleichen Thema: »LowCarb – Die Ernährungsrevolution«. Am liebsten entwickelt sie Rezepte, die nicht nur lecker, sondern auch unkompliziert und schnell zubereitet sind. Ihr Motto: »Für pfiffige und gesunde Gerichte braucht man nicht mehr als einen Topf, eine Pfanne und zwei Flammen.« Das hat die begeisterte Seglerin in ihrer Kombüse gelernt.

Christa Schmedes
Christa Schmedes lebt in München, arbeitet als freie Mitarbeiterin für namhafte Zeitschriften- und Buchverlage und als Stylistin in den Studios bekannter Foodfotografen. Seit 1993 schreibt sie als freie Autorin Koch- und Backbücher. Ihre Stärke ist es, mit wenigen Zutaten einfache, aber kreative Rezepte zu erstellen. Ihre große Leidenschaft: neue Backrezepte zu kreieren, was für dieses Buch eine Herausforderung bedeutete, die sie gerne annahm.

Gregor Velske
Der Diplom-Ökotrophologe und begeisterte Koch hat für dieses Buch viele der leckeren Snacks, die Eiergerichte sowie die LowCarb-Suppen und -Aufläufe entwickelt. Bei seinen Rezepten steht Qualität für Gregor Velske an erster Stelle. Daher kocht er am liebsten mit frischen Zutaten der Saison, die er gern auf dem Wochenmarkt einkauft. Besonders wichtig war ihm hier, dass die Gerichte raffiniert, aber leicht und schnell nachzukochen sind.

Claudia Lenz
Die Ernährungswissenschaftlerin arbeitet seit Jahren für führende Koch- und Sachbuchverlage sowie als Referentin zu Themen rund um gesunde Ernährung und Lebensmittelkunde. Sie stellt hier die sanfte LowCarb-Ernährung vor und die Tipps zur Umsetzung im Alltag.

Die Fotos

Studio L'Eveque Foodfotografie
Tanja und Harry Bischof arbeiten schon lange intensiv für Werbung, Bücher und Zeitschriften im Foodbereich. In ihrem Studio in der Münchner Innenstadt assistieren Krisztina Babics und Hannelore Bellini. Hier kreiert das vierköpfige Team Foodaufnahmen von höchstem Anspruch mit appetitanregendem, trendigem Styling.

Programmleitung: Doris Birk

Leitende Redakteurin: Birgit Rademacker

Idee und Konzept: Anne Taeschner

Redaktion und Lektorat: Redaktionsbüro Claudia Lenz, München, mit Unterstützung durch Cora Wetzstein, Gräfe und Unzer Verlag

Korrektorat: Susanne Elbert, Waltraud Schmidt

Layout, Typographie und Umschlaggestaltung: independent Medien-Design, München; Umschlag: Sandra Gramisci; Innenlayout: Claudia Ehrl

Herstellung: Markus Plötz

Satz: Knipping Werbung GmbH, Berg/Starnberg

Reproduktion: Fotolito Longo, Bozen

Druck: Appl, Wemding

Bindung: Oldenbourg, Monheim

ISBN (10) 3-7742-8827-5
ISBN (13) 978-3-7742-8827-0

Auflage	4.	3.	2.	1.
Jahr	2008	2007	2006	2005

Wichtige Hinweise
Die Anregungen in diesem Buch stellen die Meinung beziehungsweise die Erfahrungen der Autoren dar und wurden von ihnen nach bestem Wissen und Gewissen erstellt. Sie bieten jedoch keinen Ersatz für kompetenten medizinischen Rat. Jede Leserin, jeder Leser sollte für das eigene Tun auch weiterhin selbst verantwortlich sein. Weder die Autoren, noch der Verlag können für eventuelle Schäden, die aus den im Buch gegebenen praktischen Hinweisen resultieren, eine Haftung übernehmen.

Titelfoto und Innentitel: Lauch in Gorgonzola -Cremesauce (Seite 86) sowie Hähnchenschnitzel mit Zucchini und Auberginen (Seite 140)

Ihr GRÄFE UND UNZER VERLAG
Redaktion Kochen & Verwöhnen
Postfach 86 03 25
81630 München
Fax: 089/41981-113
e-mail: leserservice@graefe-und-unzer.de

GRÄFE UND UNZER

Ein Unternehmen der
GANSKE VERLAGSGRUPPE